KB074188

요즘 세대와
원 팀으로
일하는 법

LEADING WITHOUT AUTHORITY

Copyright ⓒ 2020 by Keith Ferrazzi

All rights reserved.

Korean translation copyright ⓒ 2022 by E*PUBLIC

This translation published by arrangement with Random House, a division of

Penguin Random House LLC through EYA(Eric Yang Agency)

이 책의 한국어판 저작권은 EYA(Eric Yang Agency)를 통해

Random House와 독점 계약한 ㈜이퍼블릭에 있습니다.

저작권법에 의하여 한국 내에서 보호를 받는 저작물이므로

무단전재 및 복제를 금합니다.

팀원들의 조용한 퇴사를 지켜보는
팀장에게 주는 여덟 가지 조언

요즘 세대와 원 팀으로 일하는 법

키이스 페라지 지음
황선영 옮김

LEADING
WITHOUT AUTHORITY

마일스톤

나이와 직급에 상관없이 새로운 리더십을 향해 나아가는
이 시대의 리더들에게 이 책을 바칩니다.

일러두기

원어는 맨 처음에 나오는 단어에만 붙였다.
그러나 이해를 돕기 위해 추가로 붙인 경우도 있다.

차 례

서문 _새로운 업무 세계에 어울리는 새로운 업무 규칙 · · · · 06

1. 첫 번째 규칙_당신의 팀은 누구까지인가? · · · · · · · · · 27

2. 두 번째 규칙_모든 일은 당신의 책임이다 · · · · · · · · · 55

3. 세 번째 규칙_함께 성장할 기회를 제공하라 · · · · · · · · 93

4. 네 번째 규칙_더 깊고 풍성한 파트너십을 구축하라 · · · · 133

5. 다섯 번째 규칙_진심은 언제나 통한다 · · · · · · · · · · 173

6. 여섯 번째 규칙_아낌없이 칭찬하고 기꺼이 축하하라 · · · 217

7. 일곱 번째 규칙_함께하지 못할 사람은 없다 · · · · · · · · 249

8. 여덟 번째 규칙_더 멀리, 더 높이 함께하라 · · · · · · · · 279

감사의 글 · 289

LEADING
WITHOUT AUTHORITY

서문

: 새로운 업무 세계에 어울리는 새로운 업무 규칙

이제 하나의 사일로silo*나 한 가지 기능만 수행하는 팀 안에서는 일이 완성되지 않는다. 중요한 일은 항상 복합기능팀cross-functional team이 추진하기 때문이다. 우리에게는 지위나 직함이 아닌 목적과 열정, 끈기에 자극받는 사람이 필요하다. 해결책을 찾아내고, 그것을 실행에 옮길 팀을 꾸릴 사람이 필요하다. 더 이상 훌륭한 인재를 고용하는 것이 중요하지 않다. 이제는 팀을 탁월하게 만들 인재를 고용해야 한다.

_ 글로벌 대형 마트 체인 타깃Target의 최고경영자 브라이언 코넬Brian Cornell

---

* 사일로(silo): 회사 안에서 다른 부서들과 정보를 공유하지 않는 부서

우리는 역사적으로 중대한 시기에 살고 있다. 이제껏 인류가 지금보다 더 많은, 그리고 풍족한 기회를 누린 적은 없었다. 과학의 눈부신 발전과 기술 혁신은 우리의 삶을 더 편하고, 한 걸음 나아가게 했다. 하지만 사람들은 여전히 피곤해하고, 짜증을 내고, 기운이 없다고 한다. 마치 찰스 디킨스의 소설에 나오는 이분법적인 세상 같다. 한마디로 우리는 최고의 시기이자 최악의 시기를 살고 있다.

어디를 가든 한탄 섞인 넋두리가 들려온다. 뉴욕에 위치한 세계적인 은행의 담당자, LA에 있는 항공우주회사의 계약자, 모스크바의 헤지펀드까지 나는 다양한 도시의 여러 기업, 수많은 사람들과 일한다. 이들의 불평불만은 늘 똑같다. 겉으로는 영역 싸움이나 예산 다툼, 불합리한 조직에 대한 불평처럼 보인다. 하지만 자세히 들여다보면 그것은 개인의 실패로 인한 두려움에서 온 진실한 감정이다.

이에 대해 기술 발전이 불러온 심리적 압박 때문이라고 생각하는 사람이 많을 것이다. 하지만 나는 그렇게 생각하지 않는다. 그보다는 지금까지 일해온 방식의 근본적인 결점과 불안정한 기반이 공교롭게도 하필 이때 드러난 것뿐이다. 포용과 협력 같은 가치를 강조하는 기업에서도 지위와 관계없이 사람들의 불평이 자자하다. 지위와 연차를 막론하고 혼란스러운 변화의 시기에 동료들과의 관계가 생산적이지 못하다며 서로에 대한 불평과 불만을 쏟아낸다. 일하는 방식이 진즉에 달라졌어야 하는데, 기술이 발전하면서 변화가 당장 일어나야 하는 상황이 닥친 것이다.

조직 내 모든 사람이 권위와 상관없이 사람들을 이끌어야 한다는 생각은 오늘날 미국의 비즈니스 세계에서 가장 흥미롭고 도전적인 생각 중 하나다. 나는 파머스에서 일하는 2만 명의 창의력(2만 가지의 인생 경험과 수백만 가지의 통찰력)과 '권위를 가진 리더' 6~8명으로 구성된 최고경영진의 한계를 비교해보았다. 이런 변화는, 우리가 수용하기만 한다면 일에 대한 책임에서 우리를 자유롭게 해줄 수 있다. 그러면 혁신과 변화가 더는 몇몇 리더나 팀의 책임이 아닌 모든 직원에게 기회로 작용할 것이다.

_ 파머스그룹주식회사Farmers Group, Inc.의 회장 겸 최고경영자 제프 데일리Jeff Dailey

⋁⋁⋁ 권위의 한계

1990년대에 경영대학원을 졸업한 나는 딜로이트 컨설팅Deloitte Consulting에서 신입 컨설턴트로 일했다. 하지만 얼마 지나지 않아 그 일이 내 적성에 맞지 않는다는 사실을 깨달았다.

좀 더 흥미롭고, 회사에도 도움이 될 만한 일을 찾아야겠다고 생각했다. 동창들, 교수님, 그리고 지인들에게 전화를 걸어 일감을 달라고 부탁했다. 딜로이트가 사람들의 이목을 끌게 하려는 마음, 그리고 새 일거리를 얻겠다는 생각으로 나는 주말이면 미국 전역을 돌면서 작은 콘퍼런스에서 연설을 했다. 일리노이주에서는 새로운 비즈니스 품질에 관한 상을 만들기도 했다. 그 상 덕분에 일리노이는 경제 계획을 추진할 수 있었고, '딜로이트 파트너스Deloitte Partners'는 일리노이의 비즈니스 리더들을 만날 수 있었다.

그렇게 노력한 결과는? 입사 첫해에 받은 업무 평가는 말 그대로 끔찍했다. 주어진 임무를 수행하지 못한 결과였다. 하지만 상사들은 회사를 위해 노력하는 내 모습을 긍정적으로 봐주셨다. 감사하게도 내게 경비 계정을 만들어주고, 내가 풀타임으로 딜로이트를 계속 홍보할 수 있게 해주었다.

그 결과는? 비공식적이긴 하지만 일 년도 채 지나지 않아 나는 딜로이트에서 마케터 업무를 개발하는 일을 하게 되었다. 아무도 나에게 보고하지 않았고, 실질적인 권위도 없었다.

나는 마케팅 업무를 하는 직원 중에서 내가 접근할 수 있는 모든 사람을 끌어들였다. 상대의 직함(이나 나에게 직함이 없다는 사실)에는 전혀 신경 쓰지 않았다. 한마디로 권위에 연연하지 않았다. 당시 딜로이트의 최고경영자였던 팻 로콘토Pat Loconto에게 일 년에 두 번 저녁 식사를 함께하자는 요청을 하기도 했다. 그리고 로콘토와 식사하는 동안 나는 그에게 진실한 모습을 보이려고 애썼다.

권위를 버린 동시에 나는 딜로이트에 확실한 영향을 끼치겠다고 마음먹었다. 당시 딜로이트는 컨설팅 업계에서 최고의 인정을 받기 위해 다방면으로 노력하고 있었다. 브랜드명을 개발하는 것도 그 노력 가운데 하나였다. 나는 지위를 얻기 위해 십 년씩이나 기다릴 이유가 없다고 생각했다. (그때만 하더라도 통상 십 년씩이나 걸렸다.) 대신 회사 안팎으로 영향력 있는 사람들을 만나고, 그들과 긴밀한 관계를 구축하는 데 집중했다. 그렇게 나는 딜로이트의 최고마케팅책임자CMO가 되었고, 나중에는 회사 역사상 가장 젊은 파트너로 이름을 올렸다.

1994년, 나는 딜로이트를 떠나 스타우드 호텔Starwood Hotels로 자리를 옮겨 글로벌 최고마케팅책임자가 되었다. 덕분에 당시 〈포춘Fortune〉 500에 선정된 기업들 가운데 가장 젊은 최고마케팅책임자로 이름을 올릴 수 있었다. 최고경영자였던 배리 스턴리히트Barry Sternlicht와 나는 힘을 합쳐 강력한 글로벌 브랜드를 만들어나갔다. 그는 내게 전 세계에 있는 '모든' 스타우드 사업부의 마케팅 자원을 관리할 수 있는 권한을 주었다. 우리는 고객이 어디에 있든 일관된 서비스를 제공하기 위해 애썼다. 시간이 지나면서 나는 딜로이트에서 했던 것처럼 효율성과 일관성을 목표로 스타우드의 마케팅 자원을 통합했다.

하지만 모든 과정이 순조로웠던 것은 아니다. 이런 나의 생각에 반대하는 사람도 있었다. 유럽 지부 담당자였다. 그는 유럽 지부에 할애된 마케팅 예산을 자신이 더 효율적으로 관리하고 결정할 수 있다고 했다. 그가 시장을 더 잘 아는 것은 사실이었다. 하지만 글로벌 브랜드에 투자하는 것이 내게 주어진 임무였다. 우리는 결국 유럽 마케팅 업무를 함께 추진했고, 그는 나에게 권한을 넘겨야 했다.

그러던 중 스타우드의 글로벌 회장이 자리에서 물러났고, 그 자리를 이어받은 사람은 공교롭게도 유럽 지부 담당자였다. 나는 최고마케팅책임자 자리에서 물러났고, 나에게 주어진 대부분의 예산은 세계 각지에 있는 지역별 사업부의 마케팅 담당자들에게 돌아갔다. 빈껍데기만 남은 것이다.

그때의 패배를 통해 교훈을 얻기까지 꽤 오랜 시간이 걸렸다. 되돌아보니 스타우드에서 직함과 권위를 얻은 뒤 나는 내가 그 일자리를 얻을 수 있게 도와준 사람들과 좋은 리더가 갖춰야 할 자질을 간과했다. 나는 사람들과 관계를 맺고 그들을 이끄는 데는 성공했다. 하지만 어느 정도 권위가 생기자 딜로이트에서 했던 것과 달리 그들과 긴밀한 관계를 구축하는 데 예전만큼 시간을 투자하지 않았다. 나는 회사가 나와 내 팀에 걸맞은 커다란 권한을 부여할 거라 생각했다. 최고경영자의 지지를 받은 만큼 중요한 임무를 맡았다고 생각했고, 지지에 응하기 위해서라도 임무를 끝까지 수행할 작정이었다. 회사에서 사실상 쫓겨나기 전까지는 말이다.

2004년 신생 기업의 최고경영자로 일하면서 첫 책《혼자 밥 먹지 마라Never Eat Alone》를 쓰기 시작했다. 책은 불티나게 팔렸다. 너그럽고 솔직한 모습을 보이되 리더에게도 약점이 있다는 사실을 인정하면서 사람들과의 소통을 통해 기회를 만들고 관계를 발전시키는 방법을 다룬 책이었다. 내가 딜로이트에서 일할 때 겪은 경험담이었다. 책을 쓰던 무렵, 나는 기업가로서 수천 명의 VIP, 그리고 인플루언서들과 우호적인 관계를 유지하고 있었다. 나는 그 비결을 사람들과 공유하고 싶었다.

그리고 그 무렵 나는 페라지 그린라이트Ferrazzi Greenlight라는 컨설팅 회사를 세웠다. 조직의 성장을 목표로 팀 간의 협력 방식에 변화를 주는 것이 우리의 임무였다. 혁신적인 방법을 마련하고 다양한 업무 수행이 가능한, 이른바 복합기능팀을 만드는 일이었다. 세계 최정상의 리더들과 비정부기구NGO들이 우리 회사에 일을 맡겼다. 태도와 문화에 변화를 불어넣어 경쟁자보다 더 빠르게 혁신적인 조직으로 거듭나게 하는 것이 우리의 목표였다.

수십 년 간 수많은 팀을 코치하면서 내가 스타우드에서 저지른 실수를 똑같이 저지르는 사람들을 많이 보았다. 많은 책임자들이 일할 때 직함이나 지위, 예산 통제권에 의존하고 관료적인 문제에 너무 많은 에너지를 소모했다. 나는 그들이 직원들을 이끄는 데 그 에너지를 쓰는 것이 낫다고 생각했다. 또한 나는 공식적인 권위가 없는 사람들이 자기 순서가 오기를 기다리면서 옆으로 물러나 있는 모습을 자주 보았다.

2016년, 딜로이트는 인사부 관계자들을 대상(직원 5만 명 이상)으로 설문 조사를 시행했다. 그 결과 24%만이 일을 하기 위해 위계질서를 따른다는 사실이 드러났다. 보고서에는 이렇게 쓰여 있었다. "조직은 전통적이고 기능적인 모델에서 벗어나 팀들이 서로 연결되고 유연해지도록 체계를 변경하고 있다." 보고서는 이렇게 이어진다. "리더십의 개념 자체가 근본적으로 재정의되고 있다. 사람들은 이제 '지위에 따른 리더십 positional leadership'개념에 이의를 제기한다. 리더들은 대신 전문 지식과 비전, 판단력을 동원하여 팀원들의 충성심을 끌어내야 한다."

권위와 상관없이 사람들을 이끄는 일은 매우 중요하며, 하루가 다르게 필요성이 증가하고 있다. 미국의 컨설팅 업체 가트너Gartner의 예측에 의하면, 2028년이면 알고리즘이 중간 관리자의 일자리를 대체하여 결국 복합기능팀으로 구성된 네트워크가 대부분의 일을 하게 될 것이라고 한다. 가트너는 이런 네트워크를 "중요한 성과를 올리는 자율적이고 실적이 좋은 팀들의 집합"이라고 표현한다.

나의 초기 멘토 중 한 분이자 세계경제포럼의 창립자인 클라우스 슈밥Klaus Schwab은 우리가 지금 '제4차 산업혁명'의 시대에 살고 있다고 말한다. 그에 따르면 제4차 산업혁명은 워낙 복잡하고 빠른 속도로 일어나서 "모든 시민과 조직이 '상호 책임과 협력'을 통해 혁신하고, 투자하고, 가치를 창출할 수 있도록 권한을 부여하는" 새로운 유형의 리더십이 요구된다.

> 자포스Zappos는 기업 문화를 가장 중시한다. 우리는 직원들의 잠재력이 기업(이나 직원들)이 예상하는 것보다 훨씬 크다고 생각한다. 그저 직원들에게 올바른 환경을 제공해야 한다. 나는 '동반 향상co-elevation'을 책으로, 그리고 하나의 개념으로 사람들에게 소개할 생각에 신이 난다. 자포스는 이 새로운 단어를 사용해서 직원들이 잠재력을 펼칠 수 있는 환경을 조성하고, 우리의 기업 문화를 한 단계 끌어올릴 수 있을 것으로 기대한다.
>
> _ 자포스닷컴Zappos.com의 최고경영자 토니 셰이Tony Hsieh

앞으로 한 걸음 더

권위와 상관없이 사람들을 이끄는 방법은 21세기의 유일한 조직 모델이 될 수밖에 없다. 문제는, 책임자들이 안정적이고 효율적으로 모델을 적용하는 방법을 모른다는 데 있다. 딜로이트의 설문 조사만 봐도 그렇다. 많은 사람들이 복합기능팀의 유용성은 인정하지만 "복합기능팀을 꾸리는 데 능숙하다고 느끼는 사람은 21%, 직원들이 네트워크 안에서 함께 일하는 방식을 이해하는 사람은 12%밖에 되지 않았다." 이런 식으로는 일이 제대로 돌아가지 않는다.

낡은 법칙은 더 이상 효과를 발휘하지 못한다. 그런데 안타깝게도 아직 많은 사람들이 그 법칙을 붙잡고 있다. 왜일까? 그들이 참가 중인 새로운 게임에는 법칙도 없고, 이 게임을 잘하는 방법이 적힌 매뉴얼도 없기 때문이다.

이 책에서 나는 처음으로 새로운 업무 세계에 어울리는 새로운 업무 규칙을 소개한다. 이 책을 통해 권위와 상관없이 사람들을 이끄는 능력이 필수인 세상에서 성공할 수 있는 완전하고, 총체적이고, 증명된 방법을 독자들에게 제시하려 한다. 권위를 떠나 사람들을 이끄는 일을 새롭게 이해하고 그 의미를 깨우치는 것이다. 이를 통해 내가 '동반 향상co-elevation'이라고 부르는 새로운 업무 운영 시스템을 적용하면 된다.

'동반 향상co-elevation'은 간단히 말해, 유연한 파트너십과 팀을 통한 협력으로 문제를 해결하는 임무 중심적 접근법을 뜻한다. 당신이 동료와 동반 향상하면 그 사람은 당신의 팀원이 된다. 상대가 한 명이든 여러 명이든 상관없다. 이렇게 될 때 솔직한 피드백과 상호 책임을 바탕으로 긴밀하고 창의적인 관계를 형성할 수 있다. 동반 향상이 추구하는 것은 '함께 더 높이 올라가는 것'으로, 이 과정에서 서로에 대한 너그러운 마음과 공동 임무에 대한 사명감이 생긴다. 동반 향상의 결과는 조직도상의 공식적인 의사소통 채널을 통해 이루어낸 성과보다 대부분 결과가 좋다.

동반 향상을 로드맵으로 여기면 된다. 그러면 불확실에 대한 불안과 압박감을 이겨내는 데 도움이 될 것이다. 이 책에서 소개하는 동반 향상의 모든 규칙과 기술은 직장을 조직하는 새로운 원칙을 발전시키는 데 목적이 있다. 직원들은 각자 위계질서 밖에서 더 큰 성공을 목표로 한 개

이상의 비공식적인 팀을 이끌어야 한다. 동반 향상을 통해 권위와 상관 없이 사람들을 이끌려면 내가《혼자 밥 먹지 마라》에서 말한 개인적인 자질과 습관이 필요하다. 너그러운 마음으로 상대방을 대하고, 감사하는 마음을 갖고, 약점이 있음을 인정하고, 상대를 용서하고, 좋은 일은 축하 할 줄 알아야 한다.

나는 동반 향상을 통해 정말 좋지 않은 사이라도 서로에게 이로운 관계로 발전할 수 있다고 생각한다. 동반 향상을 시도하면 긍정적인 태도로 일할 수 있고, 더 혁신적인 아이디어를 떠올릴 수 있으며, 일을 더 빨리 처리할 수 있다.

이런 마음을 순진하다고 생각할지도 모른다. 하지만 페라지 그린라이트 컨설팅은 새로운 업무 세계에서 성공하려면 이런 개인적인 자질이 꼭 필요하다는 사실을 증명했다. 우리는 상호 책임에 바탕한 팀원들 간의 신뢰가 매출 증가와 생산성 향상, 더 큰 혁신, 그리고 더 깊은 몰입으로 이어진다는 사실을 증명했다. 이런 관계는 빠른 변화의 소용돌이 속에서도 수익 증가와 주주 가치의 상승이라는 결과로 이어졌다.

나는 MBA 과정을 마친 뒤 신입사원으로 출발하여 〈포춘〉 500 기업의 임원, 기업가, 신생 기업 설립자, 그리고 최고경영자의 길을 거쳤다. 한 단계 한 단계 올라갈 때마다 이 책이 있었더라면 얼마나 좋았을까 하는 생각을 했다. 당신이 중간 또는 상급 관리자라면 동반 향상이 조직의 앞날에 매우 중요하고, 활기를 불어넣는다는 사실을 반드시 기억해야 한다. 동반 향상을 통해 실적 향상에 방해가 되는 모든 사일로를 제거할 수 있으며, 나아가 획기적인 결과를 얻을 수 있다. 특히 공식적으로 관리 책임이 거의 없거나 아예 없지만 장래가 유망한 직원에게는 동반 향상이 리더십 능력을 보여주는 데 반드시 필요한 도구가 될 것이다. 기업가에게는 팀워크를 위한 새로운 가능성을 열어주어 기업에 관한 비전을 확장하는 데 도움이 될 것이며, 최고경영진에게는 최정상에서의 협업과 협력을 위한 강력한 새 모델이 될 것이다. 조직 전반에 걸쳐 직원들의 행동에 변화를 불러올 수 있는 모델로 동반 향상을 활용해보라.

동반 향상은 리더와 팀, 그리고 조직이 관료적 장애물을 뛰어넘어 더 좋은 결과를 더 빨리 얻을 수 있도록 돕는다. 다른 사람과 동반 향상하면 더 큰 규모의 팀과 더 큰 임무를 시작할 수 있다. 이렇게 하다 보면 예전에는 상상조차 하지 못했던 놀라운 성과를 이룰 수 있다.

나의 목표는 당신이 동반 향상을 자유자재로 활용할 수 있도록 돕는 것이다. 주어진 업무의 한계와 영역을 넘어 영향력을 발휘하고 실적을 올리길 바란다. 동반 향상을 시도하면 직장에서나 일상에서나 남들보다 유리한 위치를 점할 수 있다. 이것이 바로 동반 향상이 지닌 힘이다. 본문을 통해 이를 어떻게 적용해야 조직의 기대를 넘어설 수 있는지 설명할 것이다. 일하는 조직의 규모나 성격은 상관없다. 빠르게 성장하는 신생 기업부터 사기업, 비영리 자선 단체, 그리고 글로벌 기업까지 동반 향상은 어디에서나 가능하다.

또한 이 책에는 페라지 그린라이트의 코치와 컨설턴트, 연구원들이 세계 최고의 리더들과 일하면서 연구하고, 관찰하고, 테스트한 내용도 담겨 있다. 즉 이 책에 실린 규칙과 습관, 처방은 나와 함께한 수많은 동료들의 통찰력과 경험 덕분에 빛을 볼 수 있었다.

이 책을 준비하면서 나는 수백 명의 최고경영자와 리더들을 인터뷰했다. 그들을 만나고 함께 일할 기회를 얻은 것은 행운이었다. 이 책 전반에 걸쳐 그들의 이야기를 들을 수 있을 것이다. 여러 경영자와 리더들이 들려주는 조언과 새로운 업무 규칙에 관한 그들의 경험이 당신에게 도움이 되길 바란다.

솔직히 말해, 나는 엄청난 속도로 변화하는 세상에 반응하고 적응하는 리더들의 모습을 보며 감동했다. 배우고, 성장하고, 더 나은 리더가 되려는 그들의 열정과 집념에 경외심을 갖게 되었다. 그들의 통찰력과 도움이 없었다면 이 책은 세상에 나오지 못했을 것이다.

많은 기업들이 규모와 상관없이 조직의 목표를 달성하는 데 동반 향상이 도움이 된다는 사실을 인정하고 있다. 동반 향상이 없었더라면 그들의 목표는 여전히 여러 부서와 사업부 사이의 죽은 공간에 머물렀을 것이다. 한 가지 확실한 것은, 경비실 직원부터 최고경영자에 이르기까지 모든 사람들이 동반 향상을 활용할 수 있다는 것이다. 누구나 목표를 달성하고, 생각이 비슷한 사람을 끌어들이는 리더가 될 수 있다.

나는 가깝게는 디트로이트에서 멀리 밀라노, 그리고 두바이의 기업에서 동반 향상의 효과가 나타나는 것을 확인했다. 〈포춘〉 500에 선정된 기업 중 여러 곳이 페라지 그린라이트 덕에 커다란 변화를 경험하고, 수익과 주주 가치를 높이는 데 성공했다. 직원 수만 18만 명이 넘는 제너럴 모터스의 경우 북미 사업부를 쇄신하는 동안 동반 향상의 여러 핵심 원칙을 적용했다. 던 앤 브래드스트리트Dun & Bradstreet의 최고경영자와 임원들은 동반 향상을 기업의 해결책으로 편입시켜 난공불락이던 여러 사일로를 제거하는 데 성공했다. 그리고 그해 제너럴 모터스의 주가는 20%나 상승했다.

우리는 실리콘밸리에 있는 신생 기업, 예컨대 박스Box, 드롭박스 Dropbox, 리프트Lyft, 도큐사인DocuSign, 우버Uber, 줌Zoom, 코인베이스 Coinbase의 리더들에게도 동반 향상을 소개했다. 그 과정에서 이들 기업은 시대에 뒤떨어진 조직 체계를 뛰어넘어 곧바로 동반 향상이 가능한 복합기능팀으로 이루어진 유연한 네트워크를 구축하는 기회를 얻었다.

동반 향상은 전염되며, 목표 달성을 위해 더 많은 사람을 계속해서 끌어들인다. 그 과정에서 적극적으로 행동하며 혁신을 지향하는 성향이 생긴다. 동반 향상은 '개인의' 변화를 통해 조직의 변화를 이끌어낸다. 조직에서 일하는 모든 직원은 직함이나 지위와 상관없이 협력적인 파트너십을 바탕으로 리더십을 발휘해야 한다. 혁신에 대한 끊임없는 압력은 동반 향상을 요구한다. 다른 방법으로는 도저히 처리할 수 없을 만큼 다양한 기회가 빠른 속도로 찾아오기 때문이다.

> 디지털 혁명은 모든 업종에서 경쟁을 위한 진입 장벽을 낮추고 있다. 옛날 방식의 조직 체계에서는 프로젝트나 계획에 참여하기 전에 '상사의 허락'을 받아야 했다. 하지만 이런 방식으로는 더 이상 살아남을 수 없다. 권위와 상관없이 사람들을 이끄는 방식이 우리가 앞으로 나아가야 할 길이다. 그 길을 걷다 보면 직원의 직함이나 지위와 상관없이 민첩하게 움직이고 협력적인 파트너십을 형성하는 방법을 배우게 될 것이다.
>
> _ ABM의 최고경영자 스콧 살미르스Scott Salmirs

⫴ 다시 시동을 걸 때

스트레스를 받을 때 관리자들은 익숙한 방식으로 돌아가려고 한다. 실제로 나는 경영진이 시장의 변화를 따라가기를 거부할 때 노동자들이 겪는 아픔을 자주 목격했다. 멀리 갈 것도 없이 우리 아버지가 그랬다.

내 아버지는 철강 노동자로 일했다. 하지만 1970년대와 1980년대에 저렴한 데다 질까지 좋은 일본 제품이 미국 시장을 밀고 들어오자 아버지는 본의 아니게 실직을 거듭하게 되었다. 그때마다 우리 가족은 휘청거렸고, 그 아픔은 아직 어린 아이였던 나에게까지 새겨졌다.

퇴근한 아버지는 비경제적이고 비효율적인 작업 방식에 관해 자주 불평하셨다. 도움이 될 만한 아이디어를 내려고 해도 현장 주임이 아버지 말씀을 무시한다고도 하셨다. 노동자는 아무 소리도 하지 말아야 한다는 말도 들으셨다고 한다. 현장 주임은 아버지께 작업 속도를 늦추라는 말도 했다. 혼자만 작업 속도가 빠르면 상대적으로 느린 노동자들이 무안해지고, 현장 주임에 대한 이미지도 나빠진다는 이유였다. 아버지 눈에는 미국 철강 업계(와 철강 업계가 원료를 제공하는 자동차 업계)가 가진 문제점이 쉽게 눈에 띄었다. 작업 현장의 최전선에서 일하셨기 때문이다. 결국 아버지는 경영진의 근시안적인 태도로 인해 일자리를 잃으셨다. 펜실베이니아 서부의 공장 지대에 사는 수많은 다른 노동자들도 마찬가지였다.

나는 그런 대우가 부당하다고 생각했다. 문제를 해결해야겠다고 생각했다. 아버지의 격려를 받으며 열심히 공부했고, 결국 미국에서 가장 훌륭한 사립대학 두 곳에서 전액 장학금을 받았다. 나는 1988년에 예일대학교를 졸업했는데, 다른 동기들처럼 월스트리트로 진출하지 않았다. 그해 졸업생 가운데 제조업 분야로 간 사람은 내가 유일했다. 나는 우리 가족처럼 곤경에 처한 다른 가족들을 돕고 싶었다.

나는 전사적 품질 경영Total Quality Management 전문가가 되었다. 전사적 품질 경영의 가장 큰 원칙 두 가지는 노동자에게 자율권을 주는 팀워크, 그리고 품질 향상을 위한 지속적인 개선이다. 나는 공장에서 일하면서 아버지 같은 노동자들이 혁신을 경험하고 해결책을 개발하도록 도왔다. 나는 품질 경영 운동의 초창기에 참여했는데, 이 운동은 실제로 1990년대에 미국 기업들이 20년 전 잃어버린 경쟁력을 되찾는 데 도움이 되었다.

이제 다시 한 번 큰 변화를 꾀할 때가 왔다. 업무 처리 방식을 완전히 바꿀 순간이다. 당신은 지금 그 방법이 적힌 가이드북을 쥐고 있다. 만일 당신이 지금 직장에서 끊임없는 압박을 받는 대신 일하면서 활력을 느낄 수 있다면? 누군가의 희생이 아닌 각자 스스로를 돌보면서 좋은 성과를 낼 수 있다면? 당신의 발전을 방해하는 사람들이 당신을 지지해준다면? 기쁜 소식은, 기업들이 직면한 여러 문제의 해답이 활용되지 못하고 있을 뿐 이미 우리에게 답이 있다는 것이다. 아버지가 일하던 시절에도 마찬가지였다.

드와이트 아이젠하워Dwight D. Eisenhower는 2차 세계대전 당시 유럽 연합군의 최고 사령관을 맡았던 사람이다. 그는 리더십에 대해 "누군가가 어떤 일을 하고 싶게 만드는 기술"이라고 정의했다. 나는 이와 비슷한 '팀원의 푸른 불꽃blue flame 찾기'라고 불리는 개념을 뒤에서 소개할 것이다.

당신은 이 책을 통해 동반 향상 관계를 형성하는 방법과 동반 향상이 가능한 팀을 개발하는 방법을 배울 것이다. 이를 위해 나는 단계별 가이드를 제공하려 한다. 이 책을 읽다 보면 동반 향상과 더불어 동반 개발 co-development의 힘도 느끼게 될 것이다. 동반 개발은 '함께 더 높이 올라가려는' 동반 향상의 목표를 달성하도록 돕는 코칭 방법론이다. 이런 방법론은 동료들끼리 사용할 수 있다. 이제 당신은 감사하는 마음, 상대를 칭찬하는 태도, 성과를 축하하는 습관의 중요성을 새로운 눈으로 보게 될 것이다.

《혼자 밥 먹지 마라》와 마찬가지로 이 책에는 여러 가지 전략과 팁, 제안이 실려 있다. 하지만 모든 내용이 독자에게 와 닿지는 않을 것이다. 그런 만큼 이 책에 나오는 제안을 반드시 수행하겠다는 생각보다는 필요할 때 활용할 수 있는 도구 세트로 생각해주길 바란다. 한 가지 제안을 시도해보고, 그런 다음에 다른 제안을 시도하면 된다. 이 과정에서 당신에게 가장 효과적인 제안을 찾을 수 있을 것이다. 문제에 직면하여 상황상 함께 일하는 사람에게 마음을 터놓아야 할 때 이전의 일 처리 방식을 고수하고 싶은 유혹이 들 수 있다. 이 책에서 소개하는 습관들을 몸에 익혀두면 당신이 가진 권위를 활용하거나 상의하달식 관리 방식으로 돌아가려는 충동을 억제할 수 있다.

이 책을 읽다 보면 신입사원에서 최고경영자까지 다양한 지위의, 다양한 직무를 하는, 다양한 사람들을 만날 수 있다. 당신에게 해당하지 않는 내용이라고 생각해서는 안 된다. 상상력을 동원해서 각각의 주인공이 놓인 상황을 당신의 상황과 연관시켜 보길 바란다. 모든 사람에게 적용된다는 것, 이것이 동반 향상의 원칙이다.

또 한 가지, 이 책에 등장하는 모든 이야기들은 관련자들의 동의를 얻어 실었다. 다만 그분들의 개인 정보를 보호하기 위해 가명을 사용하거나 특정인임을 알 수 있는 정보는 감췄다. 내 의도는, 실수하는 사람들을 민망하게 하는 것이 아니라 그들에게 힘을 불어넣는 것이다. 책을 읽다 보면 느끼겠지만 동반 향상과 관련된 이야기라 해도 항상 훈훈하거나 듣기 좋은 것은 아니다. 나만 해도 수많은 실수를 저질렀고, 그로 인해 난처했던 경험도 많다. 그런 만큼 실패가 동반 향상의 필수조건이라는 사실도 누구보다 잘 알고 있다.

동반 향상에는 시간과 노력, 인내심, 연습이 필요하다. 동반 향상은 그 관계에 속한 사람들이 매일 세상에 모습을 드러내는 새로운 방식이기도 하다. 그런 만큼 새로운 방법으로 생각하고, 의사소통해야 하며, 그에 따라 행동해야 한다. 그런 면에서 이 책은 일을 더 건강하게 하는 방법을 제시한다. 물론 시행착오가 없을 수는 없다. 나는 물론이고 이 책에 소개된 사람들도 수많은 시행착오를 경험했다.

일하다 보면 마음이 약해지는 순간, 당신도 모르게 감정을 이입하게 되는 순간이 있을 것이다. 그렇더라도 너무 걱정하지는 마라. 동반 향상으로 나아가는 길에는 그만큼 고충과 난관이 따르니까 말이다.

빠르게 변화하는 오늘날의 환경에서 우리는 조직 전반에 걸쳐 끊임없이 변신하고, 리더로서 시대의 흐름에 뒤처지지 않아야 한다. 그러려면 엄청난 속도로 혁신하고, 포용력으로 사람들을 이끌고, 신속하고 대담한 결정을 내릴 줄 알아야 한다. 우리가 성공을 이루고 세상에 긍정적인 영향을 끼치기 위해서는 더욱 효율적인 협업이 가능하도록 장애물을 제거하는 것이 매우 중요하다.

_ 시스코Cisco의 회장 겸 최고경영자 척 로빈스Chuck Robbins

||| 중력이 작용하는 방향으로 나아가라

나는 동반 향상의 힘을 확신한다. 동반 창조co-create의 정신이 인간의 잠재력을 끌어낸다고 믿기 때문이다. 동반 향상은 자기 자신은 물론 상대방, 그리고 내가 속한 조직이 더 잘되게 한다. 이를 알기에 나는 동반 향상을 인생의 모든 측면에 적용하고 있다. 부모로서 아이를 키우는 데도, 친구와 우정을 쌓는 데도, 인생의 동반자를 찾는 데도 동반 향상을 행동 규범으로 삼았다.

동반 향상에는 사람들에게 영감을 불어넣고 동기를 부여하는 힘이 있다. 사회생활과 연애에 동반 향상의 원칙을 적용했다고 전해온 사람도 있다. 심지어 결혼 서약에 동반 향상의 원칙을 넣었다는 사람도 있었다.

어느 날 친구가 손목 안쪽에 새로 새긴 문신을 사진으로 보내왔다. 자세히 들여다보니 알파벳 소문자로 ʻcoelevate(동반 향상하다)ʼ라고 써 있었다. 그는 신부를 존경하는 마음을 담아 문신을 선택했고, 자신의 인생에서 가장 중요한 관계를 위한 기준을 정한 것이다. 사진과 함께 온 문자에는 "친구야, 네가 나에게 지워지지 않을 흔적을 남겼구나"라고 써 있었다.

동반 향상을 개인적인 신념으로 갖게 되면 다른 사람들보다 좀 더 빨리 중요한 우위를 점할 수 있다. 업종의 성격과 관계없이 경쟁 우위를 확보할 수 있다. 비정부기구나 대학교, 병원도 마찬가지다. 반대로 이런 일처리 방식을 포용하지 못하는 조직은 시대에 뒤떨어질 수밖에 없다. 만일 당신이 오래된 방식을 고집한다면 얼마 가지 못할 것이다. 거대한 변화의 파도는 이미 밀려오고 있다. 그 속에서 살아남으려면 민첩하게 움직여야 하고, 변화를 받아들여야 한다.

미래학자 레이 커즈와일Ray Kurzweil은 기술 변화의 실질적인 영향은 시간이 지나면서 점진적으로 커지는 것이 아니라 기하급수적으로 커진다고 했다. "따라서 우리가 21세기에 경험하는 것은 100년에 걸쳐서 일어날 법한 진보가 아니라 (오늘날의 속도로 봤을 때) 2만 년에 걸쳐서 일어날 법한 진보"라는 말이다.

앞으로 몇 년 간 우리는 지금껏 본 적 없는 변화와 그에 따른 혼란을 경험할 것이다. 살아 있기에 가능한 경험이다. 작가 피터 디아만디스 Peter Diamandis는 미래는 풍족할 것이라고 했다. 그는 기술이 우리를 "자원으로부터 해방해주는 메커니즘"이라고 설명했다. 기술 덕분에 "한때 부족했던 것이 풍성해질 수 있다." 하지만 피터의 관점에서 봤을 때 풍족함이 모두에게 호화로운 삶을 제공하는 것은 아니다. "그보다는 모두에게 가능성으로 가득한 삶을 제공한다."

피터는 세계적으로 저명한 과학자이자 기업가이다. 그는 엑스프라이즈 재단XPRIZE Foundation의 설립자인 동시에 싱귤래리티 대학교 Singularity University의 공동 설립자다. 그리고 나는 이 학교에서 학생들에게 행동 과학을 가르치고 있다. 나는 피터를 나의 가장 친한 친구이자 파트너라고 부를 수 있음을 행운으로 여긴다. 그는 나를 자신의 변신 코치로 생각해준다. 하지만 내 생각은 다르다. 동반 향상에 대한 피터의 생각 덕분이다. 그에 따르면 "한때는 부족했지만 이제는 풍성해진" 세상에서 가능성으로 가득한 삶을 즐기려면 결핍이 내재된 모든 집요한 행동에서 벗어나야 한다. 옛날식 업무를 대표하는 융통성 없는 사일로와 지휘 체계가 이런 행동을 부추긴다. 피터는 나와 내가 하는 일이 그런 변화에 영향을 미치길 기대한다.

나는 "중력이 작용하는 방향으로 나아간다"라는 표현을 즐겨 사용한다. 동반 향상이 인간의 고유한 본능을 일깨우는 기본적인 동인動因임을 강조하기 위해서다. 모든 인간은 어딘가에 소속되기를 원한다. 그리고 이런 욕구는 모든 리더에게 기회로 제공한다. 인류가 탄생한 이래 부족의 일원이 되는 것은 개인에게나 부족에게나 생존에 도움이 되었다. 우리가 부족의 행복에 이바지할 때, 즉 동반 향상할 때 우리의 삶이 개선된다.

나는 이 원칙을 기반으로 페라지 그린라이트를 창립했다. 그리고 20년에 걸쳐 조직의 성장을 촉진하는 다양한 행동을 조사했다. 나는 우리에게 가장 중요한 원칙 중 한 가지는 인간이 근본적으로 하게 되어 있는 것들을 살펴보는 일이라고 생각한다. 내가 "중력이 작용하는 방향으로 나아간다"라는 표현을 자주 쓰는 이유도 여기에 있다. 가능성이 있어 보이는 새로운 행동이나 기술을 검토할 때면 나는 팀원들에게 이렇게 묻는다. "우리가 지금 중력이 작용하는 방향으로 가고 있습니까, 아니면 중력에 맞서고 있습니까?"

책을 본격적으로 시작하기 전에 마지막으로 한마디만 더 하고 싶다. 동반 향상을 실천한다는 것은 중력만큼이나 강하고 오래가는 힘과 함께 한다는 의미다. 인간은 누구나 동반 향상에 적합하게 태어났다. 비협조 적으로 보이는 사람도 사실은 동반 향상, 동반 창조, 동반 개발하자는 당신의 초대를 기다리고 있다. 바람이 뒤에서 받쳐주고 있으니 좋은 리더로 거듭날 기회를 놓치지 마라.

강조하건대, 동반 향상은 당신과 주변 사람들이 영웅처럼 멋진 일을 해낼 수 있게 도와주는 초능력이다. 우리 모두 이런 능력을 갖추고 있다. 당신이 어느 위치에 있건 무슨 일을 하건 더 훌륭하고, 더 효과적이고, 더 영향력 있고, 더 몰입하는 리더가 될 수 있다. 하지만 첫걸음을 떼는 일은 오직 당신만 할 수 있다. 곧 알게 되겠지만 모든 것은 당신에게 달려 있다.

당신의 팀은
누구까지인가?

Who's Your Team?

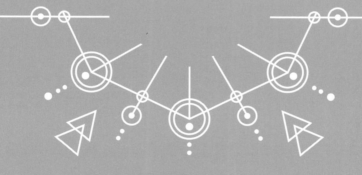

지위가 권력을 부여하지는 않는다. 권력을 부여하는 것은 영향력이다. 조직의 어떤 직급에서 어떤 역할을 하든 누구나 영향력을 행사할 수 있다. 주변 사람들에게서 최고의 면을 끌어내는 일에 집중하면 사업 번창은 물론 성공도 뒤따른다. 우리는 일에 관한 뿌리 깊은 생각이 빠르게 변화하는 중대한 시기에 살고 있다. 우리는 조직 내에 건설적인 피드백을 위한 공간을 마련하고, 직원들이 서로의 성장에 발판이 될 수 있는 일터를 꾸려야 한다. 한마디로, 동반 향상의 가치를 알고 장려하는 조직을 만들어야 한다.

_WW 인터내셔널WW International의 최고경영자 민디 그로스먼Mindy Grossman

피해자로 보지 않고 더 큰 팀의 리더로 보게 돕는 것이었다. 어느 회사든 사내 정치는 존재하고, 그로 인해 누군가는 상처를 입는다. 해결책은 스스로 팀을 만들고, 그 팀을 이끄는 것이다. 새로운 시대의 리더는 자신에게 직접 보고하지 않는 사람들까지 이끌 수 있어야 한다. 공식적인 권위가 없더라도 임무에 꼭 필요한 사람들을 이끌 줄 알아야 한다. 이것이 바로 내가 제안하는 새로운 업무 규칙의 첫 번째 원칙이다. 목표와 임무, 그리고 프로젝트의 성격을 불문하고 정식 팀원들만 이끌어서는 안 된다. 당신은 그보다 훨씬 큰 집단에 속한 사람들까지 이끌 책임이 있다.

하지만 대부분의 사람들은 자신이 맡게 된 공식 팀원들에게만 의무감을 느끼고, 그 속에 속한 사람들만 챙긴다. 일이 잘 풀릴 때는 이렇게 해도 상관없다. 하지만 이제는 다르다. 많은 업무가 더 많은 역할과 기능을 수행하는 팀에 유리하게 바뀌고 있다. 이제 리더는 새로운 팀원 '모두'를 똑같이 아끼고 걱정해야 한다. 같은 팀이라는 사실을 아직 모르는 사람들에게도 똑같은 충성심과 동료애를 보여줘야 한다. 이것이 훌륭한 성과를 낼 수 있는 유일한 방법이다.

매트릭스 안에서 길을 잃다

샌디의 상황은 전권이 주어지지 않았음에도 관리자에게는 책임질 일이 수시로 생겨난다는 것을 잘 보여준다. 샌디에게는 새로운 인센티브 지급 프로그램을 개시할 책임은 있지만 다른 부서들이 그 프로그램을 따르게 할 권한까지는 없다. 게다가 그녀는 인사부의 모바일 앱 프로젝트도 책임지고 있다. 하지만 그녀로선 다른 팀 직원들이 회의에 참석하게 하는 건 버거운 일이다.

마찬가지로 제인과 영업부 직원들은 분기 매출 목표를 달성할 책임이 있다. 그런데 인사부는 영업부 팀원들에게 동기를 부여하는 데 필요한 인센티브 프로그램에 대한 통제권을 가져가려고 한다.

1990년대 SAP와 오라클Oracle 같은 대형 소프트웨어 업체들의 등장으로 기업들은 비용 절감은 물론 직원들을 관리하기가 훨씬 수월해졌다. 재무, 인사, 조달, 공급망을 담당하는 부서뿐만 아니라 법률팀과 마케팅팀에서 이용하는 여러 절차들도 자동화됐다. 고위 간부와 컨설턴트들은 중앙집권화되는 이런 '매트릭스Matrix' 구조의 장점을 내세웠다. 전 세계적으로 일관된 품질을 제공하면서 비용을 절감할 수 있고, 불필요한 반복을 없애고 절차를 간소화하는 데 도움이 된다는 것이었다. 하지만 이런 시스템이 장점만 있었던 것은 아니다. 이 과정에서 통제권과 소유권, 권위를 둘러싼 문제로 많은 갈등이 빚어졌다.

매트릭스가 도입되었을 때 조직 내에서는 수직적인 사일로 간의 협업에 대한 기대가 컸다. 결과는 어땠을까? 아쉽게도 기대한 만큼의 효과는 나타나지 않았다. 전통적인 사일로 안에서 일할 때와 별반 다르지 않았다. 수직적인 사일로를 그저 나란히 세워놓은 것이나 다름없었다. 샌디의 경우처럼 영역과 통제권과 소유권, 권위를 둘러싼 전투는 여전히 계속되고 있었다.

전통적인 업무 규칙을 따르다 보면 이런 생각이 드는 경우가 많다.

"이 일을 하려면 나에게 권한이 있어야 해." "이건 내 일이 아니야." "그는 나에게 직접 보고하는 사람이 아니야." "나에게는 이 일을 처리할 권한이 없어."

안타깝게도 이런 생각은 오늘날의 새로운 업무 현실을 반영하지 못한다. 이것이 바로 민첩하고 빠르게 움직이는 신생 기업들이 산업 전체를 혼란에 빠뜨릴 수 있었던 이유다. 매트릭스 구조를 갖추고 확고하게 자리 잡은 산업의 거물들이 버티고 있는 환경에서도 말이다.

어쩌면 새로운 업무 환경의 가장 큰 특징은 '철저한 상호 의존성'일지도 모른다. 여전히 고위 간부들이 예산을 편성하고 있지만 일 자체는 철저하게 상호 의존적인 관계로 구성된 네트워크를 통해 이루어진다. 이 네트워크는 필요에 따라 알아서 뻗어나간다. 그 어떤 책임자도 끊임없이 찾아오는 도전에 대처할 수 있는 권위와 돈, 자원을 갖고 있지 않다. 내 고객 중 한 명의 말을 인용하자면 "우리는 너무 위대한 일을 해야 해서 혼자서는 도저히 해내지 못한다."

《혼자 밥 먹지 마라》에서 나는 개인적인 네트워크 안에서 이루어지는 진실하고, 너그럽고, 서로 지지해주는 관계를 통해 기회를 창출하는 것이 중요하다고 강조했다. 이는 책이 출판된 2005년에도 맞는 말이었고, 지금도 맞는 말이다. 그리고 새로운 업무 환경에서 노력해야 할 부분이 한 가지 더 생겼다. 바로 인적 네트워크다.

대부분의 사람들은 상호 의존적인 네트워크를 통해 서로 연결되어 있다. 그만큼 일의 효율은 사람들을 이끌고, 그들에게 영감을 불어넣고, 인적 '네트워크'를 이롭게 하는 능력에 의해 결정된다. '여러 네트워크로 이루어진 네트워크'를 떠올리면 된다.

이제 당신의 업무 상황을 살펴보자. 당신이 책임자라면 일을 처리하는 데 필요한 모든 자원에 대한 통제권을 갖고 있는가? 만일 팀원이라면 당신의 책임자는 효율적인 업무 처리에 필요한 모든 자원에 대한 통제권을 쥐고 있는가? 당신에게 그런 권한이 있다고 생각한다면 당신은 지금 조직에 미칠 수 있는 영향을 과소평가하고 있다. 곰곰이 생각해보면 일을 처리하기 위해서 당신에게 직접 보고하는 사람들이나 정식 팀원이 아닌 사람들에게도 이미 의지하고 있을 것이다. 그런데도 많은 사람들이 지위를 막론하고 "누가 책임자인가요?" "누구한테 권한이 있죠?"와 같은 케케묵은 질문에 여전히 집착한다.

오래된 업무 규칙을 따르다 보면 시대에 뒤처질 수밖에 없다. 일 처리를 위해 자원에 대한 통제권을 얻는 데 시간을 들이는 것은 낭비다. 차라리 그 시간에 인맥을 쌓고, 직접적인 통제 범위 밖에 있는 사람들과 동반 향상할 방법을 찾는 것이 좋다. 이렇게 하는 것이 결과적으로 더 나은 성과를 거두는 데 도움이 될 것이다. 상호 의존이 중시되는 시대에 임무를 완수하고 조직이 앞으로 나아가게 하기 위해서는 통제 범위 밖에 있는 사람들과 더 많이 그리고 더 깊이 협업해야 한다. 다시 말해, 자기 스스로를 리더이자 혁신가로 생각해야 한다.

산업에 커다란 변혁을 일으키려면 전통적인 조직 안에서는 불가능하다. 아무도 본 적 없는 속도와 규모의 혁신이 필요하다. 사고방식의 근본적인 변화를 통해 기업 안팎으로 경계를 넘는 도전 과제를 받아들여야 한다. 리더십의 미래는 각각의 프로젝트에 적합한 팀원을 파악하는 능력에 달려 있다. 팀원들이 정해졌으면 다음에는 새로운 해결책을 찾고 놀라운 성과를 올릴 수 있도록 동반 향상해야 한다.

_ 버라이즌 비즈니스 그룹Verizon Business Group의 총괄부사장 겸 그룹의 최고경영자

타미 어윈Tami Erwin

내 팀에는 누가 있을까?

나는 함께 일하는 팀원들에게 항상 같은 질문을 던진다. "지금 당신의 목표를 달성하는 데 도움을 줄 수 있는 중요한 사람이 누구죠? 조직도 상에서 당신과 아무 관련 없는 사람을 언급해도 좋습니다."

이 질문에 대한 답에 등장하는 사람이 바로 당신의 팀원이다. 그 사람이 공식적으로 누구에게 보고하는지는 상관없다. 그가 바로 당신이 일하는 데 필요한 팀원이며, 권한이 없더라도 당신은 그를 이끌 줄 알아야 한다.

샌디는 내가 던진 질문의 의도를 곧바로 이해했다. 문제는 그녀가 맡은 프로젝트가 매우 많아서 손을 내밀 만한 잠재적인 팀원 수가 너무 많다는 데 있었다.

"출발점을 정하세요. 중요한 프로젝트 한 가지를 고르고, 그 프로젝트의 성공에 꼭 필요한 사람을 한 명만 꼽아보세요. 거기서부터 시작하면 됩니다. 생각해봅시다. 누구에게서 시작해야 그 프로젝트가 추진력을 얻

을 수 있을까요?"

샌디는 그 사람이 영업부의 제인이라는 사실을 바로 알아차렸다. 하지만 여러 이유로 제인과 샌디가 더 깊은 관계를 형성하는 것은 어려워 보였다.

우선 샌디는 제인을 수상하게 여겼다. 제인은 샌디에게 정보를 투명하게 제공하지 않았고, 영업부의 인센티브 프로그램을 논의하고 발전시키는 회의에 샌디를 초대하지도 않았다. 그녀의 행동은 샌디가 판매팀의 프로젝트에 관여하지 않기를 바라는 것처럼 보였다. 상황이 이렇다 보니 샌디는 제인을 의심하고 원망할 수밖에 없었다.

"지금 저더러 제인이 마치 저희 팀에 있는 것처럼 대하라는 말씀이시잖아요." 샌디는 이렇게 말했다. "누군가가 저희 팀에 오면 저는 그 팀원을 지지해주고 챙겨줍니다. 그 사람의 목표를 이해하려 애쓰고, 목표를 달성할 수 있도록 돕죠. 오랜 관습이나 사내 정치로부터 그들을 보호하려고 최선을 다하고 있어요. 그런데 저더러 제인을 그런 식으로 대하라고요? 농담하시는 거죠? 오히려 저희 팀원들을 제인에게서 보호해야 할 판이에요!"

나는 내 말이 농담이 아님을 분명하게 밝혔다. 샌디가 리더로서 책임을 다하려면 제인이 아무리 수상쩍더라도 그녀를 받아들여야 한다고 생각했다. "누구나 의견이 맞지 않는 사람과 팀으로 일한 경험이 있어요. 그런 사람과 일하다 보면 서로에게 맞춰 나가는 방법을 배우게 되죠. 이제 제인과 맞춰 나갈 방법을 찾아야 해요."

나는 샌디에게 제인을 그녀의 팀원으로 받아들이라고 부탁하는 일이 쉽지 않다는 것을 알고 있었다. 샌디가 제인을 위험한 경쟁자로 인식하고 있었기 때문이다. 사람들 사이에 감정적 연결고리가 생기려면 경험을 공유해야 하는데, 샌디와 제인에게는 그런 경험이 없었다. 제인과 동반 향상하려면 샌디는 아무런 경험의 공유 없이 그녀와 긴밀한 관계를 구축해야 했다. 그것은 대단히 어려운 일이었다.

이쯤에서 고백하건대, 나에게는 두 명의 양아들이 있다. 둘째를 처음 만난 것은 아이가 열두 살때였다. 피가 섞인 사이가 아닌 만큼 나는 그 아이가 첫걸음마를 떼는 모습을 지켜보지 못했다. 아이가 호기심 섞인 눈으로 이것저것 물어보았을 때 답해주지 못했고, 아이가 반항기를 거칠 때도 쫓아다니지 못했다. 아이가 내 삶에 들어왔을 때 나는 그 아이를 친아들처럼 사랑하겠다고 다짐했다.

아이는 우리 집에 오기 전까지 많은 위탁 가정을 전전했다. 그러면서 다짐했다고 한다. 더 이상 헛된 희망은 품지 않겠다고.

아들과 친해지는 과정은 쉽지 않았다. 하지만 나는 사랑과 이해로 아이를 감싸 안으려고 했다. 이제 내 자식이니까. 이것이 바로 내가 아이에게, 그리고 나 자신에게 할 수 있는 약속이었다. 나는 모든 것을 쏟아부었다. 쉽지 않았지만 내가 그만큼 하지 않으면 아들과 좋은 관계를 형성할 수 없다는 것을 알았기 때문이다.

이제 나는 샌디에게 용기를 내서 제인과 판매팀 직원들을 그녀의 팀으로 받아들이라고 부탁하고 있다. 샌디와 제인에게는 공통의 목표가 있다. 이것은 샌디가 반박할 수 없는 문제다. 두 사람에게는 회사의 수익을 늘리는 데 일조해야 하는 같은 임무가 있다.

문제는 샌디가 아직 더 큰 그림을 보지 못하고 있다는 데 있다. 그녀는 제인의 프로그램이 인사부에 망신을 줄까봐 걱정하느라 제인의 계획에 포함된 다른 요소들이 매출을 올리는 데 효과적일 수 있다는 생각까지는 하지 못하고 있다.

"판매팀이 실패하면 아무도 승리할 수 없습니다." 나는 샌디에게 이렇게 말했다. "둘이 함께 맡은 임무가 있잖아요. 인센티브 계획을 이용해서 회사의 수익을 증대시키고 경쟁자들을 상대로 혁신할 방법을 찾아야 하는 임무요. 이 이유만으로도 충분합니다. 그리고 제인과 영업부 직원들과 더 나은 해결책이 있는지 고민해보지도 않았지요?"

나는 샌디에게 제인을 받아들이고, 새로운 팀원처럼 대할 것을 제안했다. 샌디가 그런 일을 굉장히 잘한다는 사실을 알고 있었다. 그러면서 샌디에게 제인을 대할 때 이렇게 생각해보라고 덧붙였다. "제가 어떻게 도와드려야 다음 분기 영업부 실적 개선에 도움이 될 인센티브 프로그램을 만들 수 있을까요? 경비를 적절하게 유지하고, 수익을 증대시키고, 회사를 더 탄탄하게 만드는 데 도움이 되어야겠죠?"

다행히 샌디는 제인과의 관계, 그리고 자신 앞에 놓인 상황을 객관적으로 보게 되었고, 자기 앞에 놓인 기회를 아는 듯했다. "어쩌면 더 큰 승리를 이끌어낼 수 있을지도 모르겠습니다."

이런 식으로 누군가와의 관계를 새롭게 인식하는 것이 동반 향상의 첫 번째 단계다. 협상 테이블에 나올 때는 자신의 생각을 뒤집을 각오가 되어 있어야 한다. 더 큰 결과를 원한다면 여러 가지 가능성에 대한 호기심을 가져야 한다. 당신의 일 처리 방식이 항상 옳다는 확신은 접어두라.

당신의 팀에 당신보다 더 나은 의견을 가진 사람이 있을 수 있다는 생각을 항상 염두에 둬라.

샌디는 그날 퇴근 시간을 조금 앞두고 제인을 찾아갔다. 그러고는 처음으로 제인이 마치 팀원인 것처럼 그녀와 이야기를 나눴다. 샌디는 제인에게 너무 외곬처럼 굴어서 미안하다고 사과한 뒤 새로운 마음으로 함께 시작할 수 있느냐고 물었다.

샌디의 말에 제인도 마음을 터놓았다. 샌디는 제인이 그동안 자신을 인센티브 관련 회의에 참여하지 못하게 한 이유를 듣고 깜짝 놀랐다. 권력 다툼인 줄만 알았는데, 사실은 영업팀 직원들의 열의 없는 태도가 창피해서였다고 했다. 해당 분기 영업 사원들의 실적은 손익 분기점 이하로 떨어질 것이라고 했다.

알고 보니 샌디와 제인은 같은 배를 타고 있었다. 서로를 팀원으로 받아들이고 나니 자연스럽게 마음이 풀어졌다. 둘은 이제 주어진 임무에 시간과 에너지를 쏟기만 하면 된다.

그 후로 며칠 동안 샌디는 제인, 그리고 판매팀과 함께 인센티브 프로젝트에 온 힘을 쏟았다. 샌디는 인사부를 대표해서 회의에 참석했고, 판매팀 직원들은 프로젝트에 관심을 보이기 시작했다. 매출과 그에 따른 인센티브 문제에 관한 이슈를 제기할 수 있었기 때문이다. 인사부와 영업부가 하나의 팀으로 기능하자 인사부가 추진하는 중앙화 된 시스템을 보완하는 인센티브 프로그램이 드디어 탄생했다. 다른 부서들 역시 새롭게 태어난 이 부분 맞춤형 프로그램의 여러 가지 요소를 적극적으로 도입했다. 심지어 새로운 아이디어를 더하기도 했다. 샌디의 적극적인 도움으로 각 부서의 직원들도 이 프로그램에 대한 이해가 높아졌다. 덕분에 인센티브 지급 프로그램은 완전히 달라졌고, 인사부의 이미지도 급상승했다.

샌디와 제인은 힘을 합쳐 완전히 새로운 시스템을 만들어냈다. 부서별 맞춤형 인센티브 프로그램을 탄생시킨 것이다. 만일 샌디가 생각을 바꾸지 않았더라면 이런 기분 좋은 결과는 얻지 못했을 것이다.

> 큰 변화가 일어나려면 조직에서 일하는 모든 사람이 그 일에 매달려야 한다. 내 일이 아니라는 생각을 버리고 의사결정에 직원을 더 많이 투입하는 조직이 성공한다. 최고의 직원은 팀원들과 동반 향상하고, 일을 해내고 임무를 완수하는 데 필요한 사람이라면 누구든 끌어들일 수 있는 사람이다. 여러 부서와 사일로를 가로질러서 팀을 꾸리고 이끄는 것보다 더 중요한 기술은 없다.
>
> _ 일드스트리트YieldStreet의 창립자 겸 최고경영자 밀린드 메헤레Milind Mehere

첫 번째 규칙: 실천 방법

사람들을 이끌 때는 이유를 막론하고 목표를 달성하는 데 도움이 되는 사람은 '전부' 고려해야 한다. 그런 다음 그 사람을 팀의 일원으로 끌어들이면 된다. 이는 당신이 통제하는 자원에 달린 한계를 넘어서서 당신이 원하는 영향과 결과가 무엇인지 생각해볼 절호의 기회이기도 하다.

그렇다면 어디서부터 어떻게 시작해야 할까? 임무는 무엇이며, 그것을 어떻게 향상시킬 수 있을까? 만일 당신이 영업부에서 일하고 있다면 상품을 만들고 마케팅하는 사람들을 팀에 끌어들여 상품을 시장에 내놓는 방식을 다시 계획하고 싶을 것이다. 다른 팀과의 관계가 썩 좋지 않은 상황이라면 이 문제를 해결할 사람을 끌어들이고 싶을 것이다. 그렇다면 샌디처럼 가장 큰 문제부터 해결해야 한다. 리더는 직원들이 목표를 최대한 높게 잡고 문제 해결의 돌파구를 찾게 하는 사람이다. 그럴 수 있는 유일한 방법은 당신의 일에 도움이 될 만한 사람을 전부 팀에 끌어들이는 것이다.

이제부터 동반 향상을 시작하는 법에 관한 팁과 실천 방법을 소개하려고 한다. 초기의 성공을 계속해서 이어나가는 방법, 그리고 팀을 조직하는 가장 좋은 방법을 알려줄 것이다.

||| 방법1_ 가장 쉬운 일부터 시작하라

권위와 상관없이 사람들을 이끄는 일을 샌디처럼 어렵게 생각할 필요는 없다. 나는 당신에게 동반 향상이라는 긍정적인 경험을 함께할 수 있는 사람을 찾으라고 제안하고 싶다. 당신과 팀원들의 관심을 받을 만큼 비전을 이해할 수 있는 사람이면 좋겠다. 아직 비전이 완성되지 않았더라도 상관없다. 동반 향상하는 관계가 필요해지기 전에 미리 인맥을 쌓아놓을 수 있으면 더 좋다. 그래야 나중에 그 사람과 함께 까다롭고 야심 찬 프로젝트를 진행하기가 수월하다.

　이제 당신에게 추진력을 더해줄 잠재적인 파트너와 새로운 팀원들에게로 관심의 초점을 옮길 차례다. 당신과 함께 일하길 꺼리는 사람들을 설득하려고 시간을 낭비하지 마라. 그동안의 경험에 의하면, 처음에는 협업을 반대했지만 성과가 나타나는 것을 보고 나중에 합류하는 경우가 많았다.

||| 방법2_ 가장 급한 문제부터 해결하라

　선택의 여지가 없는 일도 발생할 것이다. 예를 들면 모두가 궁지에 빠졌다고 느끼는 위기 상황에서 팀을 꾸려야 할 수 있다. 제인과 샌디의 경우 함께 일하는 것에 대한 장단점을 따져볼 시간이 별로 없었다. 그냥 곧바로 함께 일하는 수밖에 없었다.

　요즘 직장에서 어떤 일로 스트레스를 받는가? 무엇 때문에 밤잠을 설치는가? 당신의 머릿속에 꽉 들어차 있는 생각은 무엇인가?

　동반 향상에 관한 대화를 잠재적인 해결책으로 어느 대목에 집어넣을 수 있을까? 제인과 샌디가 그랬듯 당신 역시 급한 상황 덕분에 생산적인 동반 향상에 필요한 인맥을 쌓기가 상대적으로 쉬워질 수 있다.

||| 방법3_ 존경하고 배울 점이 있는 사람들을 찾아라

　당신은 매일같이 놀라운 사람들과 마주칠 것이다. 그 사람들은 당신의 역량을 끌어올리고 당신이 목표를 더 효율적으로 달성하도록 돕는다. 다음 프로젝트 회의에서 당신이 보고할 차례가 왔을 때는 어떻게 말해야 할지, 어떤 말을 해야 할지 고민하지 마라. 대신 누가 가장 통찰력 있고 자신의 소신을 드러내는지 유심히 살펴라.

당신이 존경하는 누군가와 프로젝트를 동반 창조하는 모습이 머릿속으로 그려지는가? 단순히 프로젝트를 위해서가 아니라 학습 경험이나 그 사람과의 관계를 발전시키기 위해 함께 일할 만한 사람이 떠오르는가? 배울 만한 특별한 지식을 갖고 있거나 배경이 독특한 사람을 알고 있는가? 숨은 인재처럼 보이는 사람이 눈에 띄는가? 자신의 재능을 충분히 발휘하지 못하는 것 같은 사람이 보이는가? 당신이 제시한 아이디어에 눈빛이 달라지는 사람이 있는가? 만일 당신이 진짜 돌파구가 될 아이디어를 실천에 옮길 계획이라면 그 임무를 함께 수행하기에 이상적인 파트너는 누구인가? 그런 사람을 찾아 팀에 편입하면 된다.

멀리 떨어진 다른 공간에서 일하는 팀원들과 동반 향상하는 것은 쉬운 일이 아니다. 그런 사람과 가까이 지내려면 더 많이 노력해야 한다. 화상 회의나 영상 통화를 적극 활용하여 더 잘 알고 지내길 원하는 사람에게 당신을 스스로 소개하라. 그런 다음 따로 통화를 하거나 만남의 자리를 마련하면 특별한 업무상의 용건 없이도 자연스럽게 대화를 나눌 수 있다. 딱히 용건이 없는데도 멀리서 일하는 팀원들을 챙기는 경우는 드물다. 그런 만큼 약간의 수고를 더한다면 그 사람들의 눈에 띌 수 있을 것이다.

||| 방법4_ 당신이 도울 수 있는 사람을 찾아라

대부분의 사람들은 누군가의 지도나 격려를 받으면 향상된 성과를 내놓는다. 만일 당신이 특정한 임무나 프로젝트에 전념하고 있는 상황이라면, 그런데 누군가의 능력 부족으로 일이 제대로 진행되고 있지 않은 상황이라면 지도자의 입장에서 그 사람을 코치해보는 것은 어떨까? 해당 프로젝트나 임무에 긍정적인 변화가 나타나길 바란다면 당신이 먼저 그 사람의 경력에 긍정적인 변화를 주는 것도 좋은 방법이다.

대화를 하고, 적극적으로 협업하고, 상호 발전을 위한 채널을 열어두면 놀라운 일이 벌어진다. 팀원과 동반 향상하면 팀이 더 많은 일을 이루어내는 것을 넘어 당신도 더 크게 성장할 수 있다. 그동안 당신의 마음속에 쌓여 있던 불만을 어느 정도 해소할 기회도 생긴다. 사실 그런 불만은 오래 품고 있어봤자 도움 될 것이 없다.

||| 방법5_ 피하고 싶은 사람을 대면하거나 문제를 직시하라

하기 싫어서 미루고 있는 프로젝트가 있다는 사실을 솔직하게 인정하라. 당신뿐 아니라 누구에게나 그런 불편한 일은 있다. 혹시 그동안 게으름을 피웠는가? 아니면 해결하기가 어려운 일인가? 혹 실패할까봐 걱정되는가? 그것도 아니면 어디서부터 시작해야 할지 모르는 상황인가?

어쩌면 문제는 특정인에게서 비롯된 것일 수도 있다. 함께 일하는 동료 가운데 당신의 신경을 거스르는 데 탁월한 재주가 있는 사람이 있을지도 모른다. 링 안에 들어가 격투를 벌이고 싶게 만드는 사람이 있을 수도 있다. 두 사람 모두 마음속이 곪아 가는 중일 수 있다. 이렇게 사이가 불편한 사람이 떠오른다면 이번 기회에 그 사람과의 관계를 개선해보자. 당신이 특정한 사람이나 프로젝트를 멀리하는 이유 중 하나는 당신의 성공이 그 사람이나 프로젝트에 달려 있어서이기 때문일 수 있다. 미국의 시인이자 사상가인 랄프 왈도 에머슨Ralph Waldo Emerson도 한 책에서 이렇게 말했다. "언제나 하기 두려운 일을 해야 한다."

||| 방법6_ 팀을 체계적으로 관리하고 팀의 규모를 키워라

이런 식으로 팀을 구축하는 데 익숙해지면 동반 향상 시스템을 더 체계적으로 활용하고 싶을 것이다. 나는 딜로이트 컨설팅에서 임원으로 일하면서 'RAPrelationship action plan(인맥 관리 실천 계획)'이라는 쉽고 빠른 인맥 관리 시스템을 개발했다. RAP을 여러 최고경영자와 대통령 후보들에게 전수했음은 물론 페라지 그린라이트에서도 사용했다.

피터 드러커Peter Drucker의 말처럼 "측정할 수 있으면 관리할 수 있다." 여러 프로젝트에서 다양한 사람들과 동반 향상하기 시작했다면 프로젝트나 팀을 위한 RAP을 준비하는 것이 좋다. 먼저 진행하고 있는 프로젝트에 가장 필요한 인맥을 중요한 순서대로 정리해보자. 이때는 "이 특정한 RAP의 목적이 무엇인가?"라는 질문을 던져봐야 한다. 필요한 내용을 적어두고, 동반 향상하는 팀의 팀원들과 함께 얻고자 하는 구체적인 결과를 분명하게 밝혀야 한다.

프로젝트나 임무별로 맨 처음 작성한 RAP 명단에는 보통 5~10명 정도의 이름이 들어간다. 샌디와 제인의 경우 둘의 공통 임무는 최고의 인센티브 프로그램을 만드는 것이었다. 프로그램의 목표는 판매팀이 거래를 더 많이 성사시키고, 수익을 늘리고, 사업이 더 번창하도록 돕는 것이었다. 샌디와 제인은 RAP에 직속 상사의 이름을 둘 다 올렸고, 판매팀의 핵심 인플루언서 이름도 몇 명 적었다. 영업 사원들에게 동기를 부여할 수 있는 방법을 찾기 위해선 이 핵심 인사들에 대한 정보가 필요했다. 두 사람이 얻어내는 정보가 많아지면서 RAP에 오르는 이름도 늘어갔다.

우선 여러 RAP 목록의 우선순위를 간단하게 A-B-C로 정해보자. 상대적으로 더 중요한 프로젝트는 항상 있기 때문이다. 그런 다음 당신이 '동반 향상 연속체co-elevation continuum'라고 부르는 기준에 따라서 명단에 있는 사람과 당신의 관계를 하나씩 평가해보자.

인간관계의 대부분은 이 연속체 위에 있는 다섯 가지 상태 중 한 가지에 해당한다. 이 중 가장 흔히 볼 수 있고 비즈니스로 맺어진 인간관계의 대부분은 '공존 상태'에 있다고 보면 된다. 이 상태에서는 사람들이 임무를 완수하기 위해 함께하긴 하지만 같은 팀에서도 서로 적당한 거리를 둔다.

그러다가 그다음 상태인 '협력 상태'에 마지못해 진입한다. 자신이 가진 자원과 직책만으로는 임무를 완수하기 어렵다는 사실을 깨닫는 순간 사람들은 협력 상태에 이른다. 필요에 의해 이 상태에 진입했기 때문에 사람들은 협력하는 모습을 보인다. 하지만 그럴 필요가 없어지면 다시 기본 상태인 공존으로 돌아간다.

협력이 어려워지면 '저항 상태'에 빠진다. 이 상태에서는 팀원들 간에 긴장감이 맴돌고, 양쪽 모두 스트레스를 받는다. 수동적으로 또는 의식적으로 협력을 피하기도 한다. 협력해야 성공 가능성이 커지는데도 말이다.

서로 간에 개인적인 믿음이나 친밀감이 없고 협력이라는 말에 짜증이 나고 답답한 관계는 '원망 상태'에 해당한다. 이 상태에서는 양쪽 모두 업무적으로든 사적으로든 더 이상 관계를 발전시키려는 의지가 없다. 협력하려는 시도는 그저 수박 겉핥기 수준이다. 거북이가 등딱지 속으로 숨은 상태라 할 수 있다.

마지막 상태는 '동반 향상 상태'다. 이것이야말로 큰 변화를 끌어내는 최고의 상태다. 우리는 모든 인간관계가 이 상태를 향해 나아가도록 노력해야 한다.

각각의 인간관계가 질적인 측면에서 연속체 위 어디에 있는지를 파악했다면 이제 다음과 같이 숫자를 붙여보자.

-2 원망 상태

-1 저항 상태

 0 공존 상태

+1 협력 상태

+2 동반 향상 상태

예를 들어 회계팀 소속의 밥과 과거에 껄끄러웠던 기억이 있다면 −2(원망 상태)에 표시하면 된다. 하지만 밥은 이제 당신의 우선순위 'A'에 해당하는 프로젝트의 팀원이다. 그런 만큼 밥과 어떤 문제가 있든 그 문제를 적극적으로 해결할 수밖에 없다. 그래야만 밥과의 관계를 원망 상태에서 동반 향상 상태로 끌어올릴 수 있다.

||| 방법7_ 인맥 관리 실천 계획을 실전에서 활용해보라

RAP은 당신이 일의 초점을 어디에 맞춰야 하는지 알려준다. RAP이 있으면 어디에 가장 특별하고 긴급한 관심을 쏟아야 하는지 알 수 있다. RAP을 여러 개 마련하는 것은 당신이 집중하고 싶은 동반 향상 관계, 그리고 가장 많은 관심을 필요로 하는 공동의 목표를 최우선으로 챙기는 손쉬운 방법이다.

이 숫자를 추적하면 각 팀원과의 관계뿐만 아니라 전체적인 관계도 파악할 수 있다. RAP에 적힌 숫자를 전부 합쳤을 때 평균이 +2에 가까워질수록 잘하고 있다고 생각하면 된다. 샌디의 경우 여러 팀과의 동반 향상을 목적으로 RAP 시스템을 사용하기 시작한 지 몇 개월 만에 전체적인 RAP의 평균 점수가 −1에서 +1.6으로 올라가는 것을 목격하고는 기쁨의 환호성을 질렀다. 그것은 샌디의 노력이 효과가 있었음을 분명하게 보여주는 증거였다.

이런 식으로 인간관계를 측정한다고 해서 전부 거래적 관계가 되는 것은 아니다. 나는 개인적으로 이런 측정 방법이 특정 인맥의 중요성을 알려주는 역할을 한다고 생각한다. 그래서 가끔 동반 향상하는 사람에게 그 사람이 받은 RAP 점수를 공개하기도 하는데, 우리가 함께 성취하고 싶은 일을 논의하기 위해서다. 예를 들면 나는 나일에게 다가가 이렇게 말한다. "이 프로젝트를 수행하기 위해 가장 중요한 인맥을 쭉 살펴보았어요. 그동안 나일 씨와 충분히 의논하지 못했는데, 모두 제 불찰입니다. 이제부터라도 함께 일하면서 이런 부분들을 개선할 수 있었으면 좋겠습니다. 제가 더 노력하겠습니다."

동반 향상을 받아들이면서 우리는 허드슨 베이의 악명 높은 사일로를 무너뜨리고 있다. 동반 향상은 책임감을 중시한다. 동반 향상하면 우리가 하는 일에 책임을 지고, 우리를 앞으로 나아가게 해줄 일을 적극적으로 찾아 나서게 된다. 우리는 팀으로서 일할 때만 성공할 수 있다. 서로에게 전념하고 고객에게 최고의 상품을 제공하겠다는 굳은 결심이 필요하다. 우리 회사에는 더 이상 경계도 없고 사일로도 없다.

_ 허드슨 베이 컴퍼니Hudson's Bay Company의 최고경영자
헬레나 포크스Helena Foulkes

변화를 이끄는 팀이 변화를 일으킨다

인센티브 프로그램의 성공에 힘입어 샌디는 승진을 했고, 곧바로 새로운 프로젝트에 돌입했다. 프로젝트의 목적은 인사부가 기업에서 부수적이고 기능적인 역할을 하는 것이 아니라 기업의 성장을 위한 핵심 동인으로 거듭나게 돕는 것이었다.

샌디와 제인이 서로를 팀원으로 받아들이기 전까지 그들은 대치 상태에 있었다. 샌디는 전체적인 기능을 중시했고, 제인은 개인의 자율권을 중시했다. 그들이 몸담고 있는 금융 업계는 현재 비용 절감 압박에 시달리고 있다. 자금이 풍부하고 간접비도 적은 핀테크fintech 신생 업체들이 젊은 고객들을 전통적인 은행에서 멀어지도록 유인하고 있기 때문이다. 구글, 애플, 아마존, 페이스북 모두 은행과 비슷한 서비스를 도입했거나 도입할 조짐을 보이고 있다. 앞으로 금융 업계의 이윤은 지금보다 줄어들 것이다. 이런 위협에 맞서려면 인사부는 비용을 통제하고, 영업부는 수익을 올려야 한다. 하지만 말처럼 쉬운 일이 아니다. 샌디와 제인이 각자의 사일로 안에서 서로를 노려보기만 해서는 효과적인 인센티브 프로그램을 만들 방법이 없었다. 두 사람은 우선 개인적인 관계를 개선해야 했다. 그러고 나서 임무를 공유하며 동반 향상하는 같은 팀의 일원이 되어야 했다.

제인과의 첫 회의를 앞둔 샌디에게 나는 회의가 끝나갈 즈음 제인에게 고맙게 생각하는 것들을 말해주면 좋을 것 같다고 조언했다. 내 말에 샌디는 발끈했다. "그런 일이 일어나려면 아주 오랜 시간이 걸릴 것 같군요." 그러면서 샌디는 나에게 두 사람 사이에 있었던 나쁜 일들을 들려줬다. 샌디의 말이 끝난 뒤 나는 그럼 제인에게 고맙게 생각하는 것을 직접 말하는 대신 따로 적어뒀다가 보여달라고 했다.

일주일 뒤, 샌디는 제인에게 고마워할 일이 많다는 것을 깨닫고 깜짝 놀랐다. 그녀가 적은 내용은 다음과 같았다.

- 이번주에 영업부의 핵심 멤버들이 우리 팀에 와서 함께 일할 수 있었던 것을 고맙게 생각한다. 제인 덕분이다. 제인이 아니었더라면 그분들을 만나지 못했을 것이다.
- 나는 포괄적인 인센티브 프로그램을 만드는 방법은 알지만 영업 경력은 없다. 제인에게 영업 경력이 있는 것을 감사하게 생각한다.
- 정신없이 바쁜 일정 속에서도 제인이 이 프로젝트에 최선을 다해 줘서 고맙다.
- 지난번에 제인이 내 말을 귀 기울여 들어줘서 정말 고마웠다. 회사에서 원하는 것과 크게 차이나지 않게 인센티브 프로그램을 만들 방법에 관해서 이야기를 나눌 때였다.
- 제인이 함께 일해 줘서 대단히 감사하게 생각한다. 혼자 일하던 2주전만 해도 프로젝트에 진전이 없었는데 이제는 실질적인 진전이 있다.

샌디는 결국 그다음에 제인을 만났을 때 그녀에게 메모를 보여주었다. 그러고는 문장을 공식적으로 다듬어 인사부 책임자와 제인의 상사인 영업부 책임자에게 한 부씩 보냈다. 샌디와 제인의 관계는 믿기 어려울 만큼 좋아졌다. 샌디가 제인을 팀원으로 받아들이기 전까지는 상상도 못했던 일로, 이제 둘은 서로를 믿고 서로에게 의지하고 있다.

이 이야기는 놀랍지만 드문 일은 아니다. 당신 역시 "내 팀에 누가 있는가?"라는 질문을 던져보면 이런 놀라운 경험을 할 수 있다.

오래된 업무 규칙

팀은 상사에게 보고하는 사람들로 한정된다.

새로운 업무 규칙

팀은 프로젝트를 완성하거나 임무를 수행하는 데 중요한 기업 안팎의 모든 사람으로 구성된다.

오래된 업무 규칙

업무상의 관계는 시간이 지나면서 자연스럽게 형성되고 특별히 노력하지 않아도 발전시킬 수 있다.

새로운 업무 규칙

업무상의 관계는 우리 '팀'에 있는 사람들과 함께 적극적으로 발전시켜야 한다. 이것이 바로 동료와 협력하고 생산적으로 일할 수 있는 방법이다. 제대로 일하고, 더 빨리 해내는 데 있어 중요한 부분이다.

모든 일은
당신의 책임이다

Accept that It's all on you

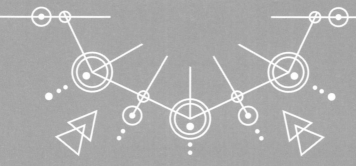

우리는 아무도 해결하지 못한 문제에 도전하고 아무도 만들지 못한 것을 만들길 원한다. 그러려면 변명을 늘어놓지 않고, 혁신에 앞장서고, 권위와 상관없이 사람들을 이끌 누군가가 필요하다. 혁신하는 리더는 일하면서 자연스럽게 배운다. 시제품의 빠른 스케치, 시험 운전, A/B 테스트와 같은 것들을 시도한다는 뜻이다. 훌륭한 리더는 결과가 좋은 테스트를 통해서 배우고, 결과가 좋지 않은 테스트를 통해서는 더 많이 배운다. 혁신가에게는 의외의 결과도 전부 배움의 기회다.

_ 인튜이트Intuit의 회장 스콧 쿡Scott Cook

모든 일은 당신의 책임이다

"적어도 5년이래요."

LA에 있는 한 병원의 응급실에서 일하고 있는 의사 지나는 경영진으로 승진하려면 그만큼의 시간이 필요하다는 말을 들었다. 병원의 최전선에서 일하고 있는 만큼 지나는 자신이 더 큰 일을 할 준비가 되어 있다고 생각했다. 이제는 병원 정책과 전반적인 환자 치료에 더 깊이 관여하고 싶었다.

"병원을 더 효율적으로 관리할 방법을 고민하고 싶어요. 그것이 제가 정말로 열정을 느끼는 분야거든요. 우리 병원뿐만 아니라 전반적인 의료 서비스를 재정비하고 싶어요." 그녀는 나에게 이렇게 말했다. "의료진이 환자를 대하는 방법에 큰 변화를 주고 싶습니다."

하지만 지나의 상사는 그녀가 그 병원에서 일한 지 얼마 안 됐기 때문에 경영진으로 승진하려면 최소 5년은 더 있어야 할 것이라고 말했다고 한다. 나의 친구이자 고객의 지인인 지나에게 나는 이렇게 말했다. "그렇군요. 잘 알겠습니다. 그러면 승진을 5년이 아니라 3년 만에 해봅시다. 일단 임무를 3단계로 나눠보죠. 응급실이 환자 치료를 주도적으로 이끌 수 있게 도우면서 병원 전체가 동참할 수 있게 만들고 싶은 거죠? 그러려면 일에 대해 충분히 인정을 받아야 해요. 그래야 지나 씨가 원하는 전반적인 의료 서비스를 개편하는 일에 도움이 될 수 있으니까요. 제가 제대로 이해했습니까?"

내 말에 지나는 고개를 저었다. "아뇨, 여기저기 물어봤는데 다들 5년 이상 걸린다고 했어요. 이 업계에서 경영진으로 더 빨리 승진하는 일은 일어나지 않습니다."

나는 이런 반대 의견을 거의 매일 듣는다. "그런 아이디어는 저희 업계에서는 통하지 않아요." "저희가 어떻게 일하는지 잘 모르시는 것 같습니다."

내 생각은 다르다. 완고하고 위계질서가 뚜렷한 조직일수록 변화를 일으킬 수 있는 리더십이 절실하다. 병원이 좋은 예다. 모든 분야가 그렇겠지만 병원은 특히 더 변화에 민감해야 한다.

여기서도 마찬가지로 동반 향상co-elevation이 중요하다. 동반 향상하는 리더처럼 생각하고 행동하면 생각보다 빠른 시간 내에 리더로서의 잠재력을 인정받을 수 있을 것이다. 이것이 바로 내가 이번 장에서 전달하고 싶은 메시지다.

권한이나 지위와 상관없이 조직에서 당신이 리더가 되는 방법은 사람들을 이끌기 시작하는 것이다. 리더의 임무가 주어지기 전에 먼저 나서서 그 일을 맡아라. 선택은 당신에게 달려 있다. '모든 것이 나에게' 달려 있다는 사실을 받아들여야 동반 향상을 시작할 수 있다.

먼저 나서서 일을 책임져라

대화를 나누며 나는 지나가 준비되어 있다고 느꼈다. 그녀는 훌륭한 리더가 갖춰야 할 자질인 자신감, 열정, 지능, 에너지를 가지고 있었다. 지나는 환자들을 치료하는 데 진심이었고, 이는 그녀가 일하는 병원의 방침과도 맞아떨어졌다. 하지만 지나 눈에는 응급실이 비효율적으로 운영되는 것 같아 보였다. 아무도 언급하지 않는 문제가 많았고, 지나는 그 문제들을 해결하고 싶었다.

다시 지나에게 물었다. "만일 요술 지팡이를 휘두를 수 있다면 응급실에서 누구의 능력을 가장 끌어올리고 싶은가요? 누가 일을 더 잘하면 응급실에 가장 큰 변화가 일어날 거 같은가요?"

지나는 고민할 것도 없이 수간호사 데번이라고 답했다. 데번은 많은 일을 하고 있었는데, 그중 하나가 응급실에서 사용하는 의료용품을 주문하는 것이었다. 하지만 데번이 그 일을 썩 잘하는 것 같지는 않았다. 특정 용품들이 자주 떨어졌고, 그로 인해 의사와 간호사들은 부랴부랴 다른 병동에서 검사용 장갑이나 멸균 가제를 빌려야 했다.

나는 지나에게 데번이 그 일을 잘할 수 있게 도울 방법을 고민해보라고 조언했다. "그러면 환자를 치료하는 데도 좋은 영향을 미칠 거예요." 그러곤 이렇게 덧붙였다. "지나 씨의 리더십 역량을 키울 기회이기도 하고요."

하지만 이번에도 지나는 고개를 내저었다. "그건 제가 할 일이 아니에요." 그러면서 지나는 데번이 자신보다 나이도 많고 쉽게 발끈하는 성격이라고 했다. 게다가 데번은 그 병원에서 무려 25년째 일하고 있었다. "저는 가능하면 데번과 마주치지 않으려고 애쓴답니다."

나는 지나에게 그녀가 방금 응급실에서 일하는 사람들에게 부정적인 영향을 끼치고 환자를 치료하는 의료진에게 걸림돌이 되는 원인을 밝혀냈다는 사실을 상기시켰다. 그래도 지나는 순순히 동의하지 않았다. 그러면서 데번이 성격상 자신의 도움을 달가워하지 않을 것이라고 했다. 그녀보다 지위가 높은 의사들도 의료용품의 공급 문제가 참을 만하다고 생각한다는 말도 했다.

지나에게 부담을 주고 싶진 않았지만 뼈아픈 진실을 말해줘야 했다. 내가 지나를 아끼고 그녀의 도전을 응원한다는 사실을 그녀가 알아주길 바라는 마음을 담아 말했다. "지나 씨, 문제는 데번이 아닙니다. 문제는 당신이에요."

"데번을 대면하기 두려워하는 행동은 환자와 응급실, 그리고 병원 전체를 실망하게 하는 일입니다. 왜 해결책을 묻어두려고 하지요?"

지나는 여전히 꿈쩍하지 않았다. "저는 데번이 그 일을 더 잘하게 만들 방법이 떠오르지 않습니다. 문제를 어떻게 해결해야 할지 저도 모르는데 어떻게 데번에게 가서 그 문제를 해결하라고 말할 수 있나요? 설령 제게 해결책이 있더라도 데번은 제 얘기를 듣고 싶어 하지 않을 거예요. 저는 데번이 어떤 사람인지 잘 알아요. 아마 방어적으로 나올 거예요. 다른 사람들이 자기 영역을 건드릴 때마다 그랬거든요."

나는 지나의 말을 다 들어준 뒤 다시 말했다. "솔직히 말해서 난 데번에게 신경 쓸 시간이 없어요. 그럴 시간에 지나 씨에게 집중하겠어요. 다른 사람이 모두 달라지기를 기다릴 생각이라면 승진에 대한 기대는 접는 게 좋겠군요. 이 말은 곧 지나 씨를 찾아오는 환자들에게 최선을 다할 수 없다는 의미이기도 합니다."

나는 하루에도 몇 번씩 이 말을 듣는다. "그 사람은 제 말을 듣지 않을 거예요. 효과가 없을 게 분명해요."

안타깝게도 이 말은 리더로 나서지 않는 사람들의 변명일 뿐이다. 특히 직책상 다른 사람들을 이끌 필요가 없는 사람일수록 이 말을 자주 한다. 진짜 리더는 지시를 내리는 일에 연연하지 않는다. 그것보다 중요한 일은 다른 사람들을 초대하고, 격려하고, 그들이 새로운 가능성에 기대를 품게 만드는 것이다. 또 진정한 리더는 자신이 답을 안다고 생각하지 않는다. 오히려 그 반대다. 최고의 리더는 열린 마음으로 일을 시작하고, 함께 해결책을 찾아보자고 다른 사람들을 초대한다. 정말로 위대한 리더는 함께 배우고 성장하면서 다른 사람의 성공에도 관심을 갖는다. 성공적인 리더는 모두 그렇다. 그래서 성공적인 리더십을 갖추기 위해서는 지위를 막론하고 다른 사람들을 이끌 마음가짐이 있어야 한다.

"응급실에 가서 데번이 비품 관리를 더 잘해야 한다고 여기저기 떠들라는 말이 아닙니다. 좋은 질문을 던지는 것부터 시작해야 합니다."

그러면서 나는 지나에게 리더가 되기 위한 첫걸음을 내딛기 위해 응급실의 의료용품 공급 문제에 대한 해결책을 찾아낼 필요는 없다고 덧붙였다. 지나는 그저 데번과의 동반 향상이 자신에게 달려 있다는 사실을 받아들이기만 하면 됐다.

핵심 인맥을 책임지고 관리하라

나는 지나에게 데번도 자신의 문제를 이미 알고 있을 것이라고 말했다. 문제를 스스로 해결해야 한다고 생각하고 있을 것이라고도 덧붙였다. 어쩌면 데번은 문제 해결을 위해 노력하고 있는데, 다른 요소들이 방해하고 있을 수도 있다. 데번이 성격상 다른 사람에게 도움을 청하는 것을 달가워하지 않는다는 점도 짚고 넘어가야 했다. 데번은 자신의 명성에 흠집이 날까봐 걱정하고 있을지도 모른다. 문제를 입 밖으로 꺼냈다가 감당하지 못할까봐 전전긍긍하고 있을 수도 있다.

지나는 이제야 내 말뜻을 이해하는 것 같았다. 자신이 리더가 될 수도 있다는 사실을 처음으로 깨달은 듯했다. 지나는 첫 번째 목표가 응급실에서의 환자 치료 방식을 개선하는 것이라고 했다. 또 그 목표를 달성하기 위해 팀원으로 발탁해야 할 첫 번째 사람은 데번이라고 했다. 지나는 자신이 리더로 성장하려면 동료에게 손을 내밀어야 한다는 사실을 알아차린 것이다.

핵심 인맥을 쌓고 관리하는 일은 일종의 기술이나 마찬가지다. 기술이 있어야만 변화를 불러올 수 있다. 사람이 수시로 들고나는 상황에서 오랜 시간을 두고 인맥을 쌓는 건 어려운 일이다. 그 사람과 함께 이뤄내고 싶은 업무가 있다는 사실을 염두에 두고 적극적으로 관계를 쌓아가야 한다.

나는 지나에게 데번이 어떤 사람인지 알아보라고 했다. 단, 데번에 관한 추측은 접어두고 그가 직장과 일상생활에서 무엇을 중시하는지 알아보라고 했다. "데번이 하루를 어떻게 보내는지 알아보세요. 병원에서 어떤 일을 맡고 있는지, 개인적 관심사가 무엇인지도요."

그러면서 이렇게 제안했다. "긍정적인 분위기에서 대화를 나누되 회사에 떠도는 소문에 관해서는 금해야 합니다. 데번이 잘하는 부분에 대해서는 솔직하게 칭찬하세요. 커피를 한 잔 갖다 주는 것도 좋아요. 그러고는 함께 커피를 마실 수 있는지 물어보세요. 더 좋은 방법은 데번을 점심 식사에 초대하는 거예요. 그 자리에서 지나 씨가 주말을 어떻게 보냈는지를 비롯하여 여러 이야기를 들려주세요. 지나 씨가 의사가 되고 싶었던 이유, 뉴욕과 비교했을 때 LA에 사는 것의 장점 등을 얘기하세요. 지나 씨의 진솔한 모습, 그리고 조금은 약한 모습도 보여주세요. 지나 씨가 편하게 다가갈 수 있는 사람이라는 것을 보여줘야 합니다. 중요한 것은 관심이에요. 데번의 취미와 인생에 호기심을 보여야 합니다. 목표는 데번과 실제로 친해지는 겁니다. 그런 다음엔 아이디어를 공유하는 거죠. 그러면 결국엔 함께 실력을 키우고 더 높이 올라갈 방법을 찾게 될 겁니다. 데번을 팀원으로 발탁하세요."

홀륭한 리더는 내 말을 이해한다. 파파이스Popeyes의 최고경영자 셰릴 배첼더Cheryl Bachelder 역시 이런 식으로 인맥을 쌓는 것의 중요성을 강조했다. 배첼더는 자신의 책《Dare to Serve》(국내 미출간)에서 이렇게 질문했다. "당신을 위해 일하는 직원들에 관해 얼마나 알고 있는가? 오늘날 그들을 있게 한 사건을 서너 가지 정도는 아는가?"

그런 통찰력이 있는 리더는 무엇이 팀원들에게 동기를 부여하는지, 그들이 원하는 것이 무엇인지 이해한다. 그런 만큼 더 효율적인 대화를 나누고, 팀원들의 말을 오해하는 일도 적다.

나는 계속해서 지나에게 아이디어를 제시했다. "혹시 데번이 요리하는 걸 좋아합니까? 요가는요? LA에 살잖아요. 독서는 어떻죠? 데번이 연극을 보러 가거나 스포츠를 즐기기도 하나요? 지나 씨가 먼저 자신의 얘기를 충분히 털어놓으면 데번도 자신의 얘길 털어놓을 겁니다."

하지만 지나는 아직도 회의적이었다. 지나에게 데번은 여전히 피하고 싶은 어려운 사람이었다. 지나는 데번과 대화하면 살얼음판 위를 걷는 것과 비슷한 기분이 든다고 했다. 그런 그녀에게 나는 데번과 친하게 지내라고 제안하고 있었다.

지나가 물었다. "데번이 정말로 저와 친하게 지내는 걸 불편해하지 않을까요?"

나는 확실하게 대답했다. "네, 그동안의 경험상 대부분의 사람들은 동료와 친해지는 걸 불편해하지 않습니다."

그렇다. 사람들은 대체로 함께 일하는 동료들과 가까이 지내고 싶어 하고, 자신의 문제를 함께 논의하고 도움을 받고 싶어 한다. 누군가를 도울 의향도 있다. 물론 동료와의 신뢰가 있을 때 가능한 일이다. 교감하지 못하는 상대와는 협력하려고 하지 않는다. 안전하다고 느끼지 못하기 때문이다.

데번의 경우 지나와의 신뢰 관계가 형성되기 전까지 고민을 털어놓지 않을 것이다. 나는 지나에게 이렇게 말했다. "데번과 더 가까워지고 데번을 격려할 수 있는 가장 쉬운 방법은 둘의 성장을 함께 축하하는 거예요. 데번의 업무 가운데 지나 씨가 어떤 면을 존중하는지 알려주세요. 눈에 보이는 무엇이든 진심으로 축하해주세요."

지나는 수긍하듯 고개를 끄덕이며 내 말을 메모했다.

"서로 더 잘 알게 되면, 그러니까 어느 정도 신뢰가 쌓이고 둘이 친해지고 있다는 생각이 들면 자연스럽게 다음 단계로 넘어가면 됩니다. 데번과 함께 응급실 시스템을 개선할 방법을 찾으면 된다는 말입니다 우선, 지나 씨가 어떤 일에 힘쓰고 있는지 알려주세요. 더 나은 의사, 더 강인한 리더가 되고 싶다고 말하세요. 환자들을 더 잘 치료하고 전반적으로 치료의 질을 높이고 싶다고요. 데번에게 아이디어가 있는지 물어보세요. 특별하지 않더라도 지나 씨 역시 아이디어를 제시해야 합니다. 데번이 비품을 더 효과적으로 주문했으면 좋겠다는 말로 시작하지 않아도 됩니다. 의견을 주고받으면서 진짜 대화를 나누는 것이 중요해요. 아이디어를 내고 데번의 아이디어에도 귀를 기울이세요. 데번에게 피드백을 주고 피드백을 받기도 하세요. 이런 식의 협업이 지나 씨가 쌓는 모든 인맥의 기본이 되어야 합니다. 더 나은 응급실을 만들겠다는 같은 목표로 함께 해결책을 찾아야 해요. 중요한 건 꾸준한 협업입니다. 이것이 바로 동반 향상의 핵심 원칙이에요. 나는 분명 두 사람이 더 나은 해결책을 찾을 거라고 장담합니다."

나는 말을 이어나갔다. "응급실 업무를 개선할 방법에 관해 아이디어를 주고받는 게 편해지면 지나 씨가 의사로서 성장하고 발전하는 데 도움이 될 만한 방법을 상의하세요. 지나 씨가 어떤 부분에서 애를 먹고 있는지, 그 문제를 해결할 방법이 무엇인지 조언을 구하는 겁니다. 동반 향상의 목표 중 하나는 더 높이 올라가고, 서로 솔직하게 말할 수 있는 사이가 되고, 함께 성장하기 위해 상대방을 초대하는 것입니다. 데번은 병원에서 오랫동안 일했습니다. 지나 씨가 어떻게 하면 일을 더 잘할 수 있을지 물어봐도 됩니다. 지나 씨가 지금 일을 얼마나 잘한다고 생각하는지도 물어보세요. 설령 데번의 평가가 긍정적이지 않더라도 감사를 표하세요. 지나 씨의 업무를 공식적으로 평가하는 사람은 데번은 아니니까요. 지나 씨는 그저 의견을 물은 것일 뿐입니다. 데번은 솔직하게 얘기했을 것입니다. 지나 씨도 데번이 원한다면 언제든 솔직한 피드백을 줄 수 있습니다."

내 말은 계속 이어졌다. "이런 대화가 응급실의 의료용품 재고 관리 시스템을 개선하는 것에 관한 대화로 이어지려면 데번에게 지나 씨가 도울 일은 없는지 묻는 겁니다. 이쯤 되면 데번도 지나 씨 마음을 알 겁니다. 이때 물품 재고 관리 시스템의 개선에 대한 얘기를 하세요. 데번에게 재고 관리 시스템이 어떻게 돌아가는지 물어보고, 시스템에 관해 더 자세히 알고 싶다고 말하면 됩니다. 필요하다면 지나 씨가 도울 수 있다고 말하세요. 내가 한 말들이 금방 일어나지는 않을 것입니다. 그래도 꽤

찮습니다. 만일 데번이 도움을 거절하면 그와 더 긴밀한 관계를 형성하는 데 집중하면 됩니다. 목표는 계속해서 관계를 유지하는 겁니다. 생각보다 많은 시간이 걸릴 수 있다는 걸 잊지 마세요."

그러면서 나는 지나에게 열심히 노력해도 데번과 잘 지내지 못할지도 모른다고 경고했다. 어떤 관계에서든 일이 풀리지 않을 가능성이 있기 때문이다. 만일 데번의 반응이 좋지 않으면 다른 사람들과 응급실의 다른 문제에 초점을 맞추면 된다는 말도 해줬다.

"내가 한번에 너무 많은 말을 했지요? 하지만 이 말들은 변화를 이끄는 첫걸음이 될 거예요. 데번과 긍정적인 관계를 형성하고, 다른 동료들과도 이런 식으로 인맥을 쌓아보세요. 그러면 5년이 아닌 더 빠른 시간 안에 승진하게 될 것입니다."

지나는 고개를 끄덕이며 대답했다. "알겠습니다. 한번 해볼게요."

이제 지나는 첫발을 내디딜 준비가 되어 있었다. 그녀는 데번과 더 알고 지내보기로 마음먹었고, 결국에는 그와 동반 향상하는 관계를 구축하겠다고 다짐했다.

나는 마지막으로 당부했다. "열심히 해보세요. 데번 말고 다른 사람과 인맥을 쌓을 기회가 생긴다면 그 기회도 놓치지 말고요. 지금부터 응급실에서 리더 역할을 한다면 책임자로 승진하는 시간이 줄어들 겁니다. 목표를 이루지 못해도 많은 것을 배우게 될 것입니다. 그 시간을 환자 치료 방식을 개선하려는 지나 씨의 임무를 완수하는 데 쓴 것이나 다름없으니까요."

계속 한계에 도전하라

지나와 나는 그 후로도 계속 연락을 주고받았다. 지나는 데번과의 관계에서 진전이 있을 때마다 나에게 알렸다. 그녀는 데번에게 먼저 손을 내밀었고, 그와 관계를 쌓는 것이 중요하다는 사실을 진지하게 받아들였다. 데번은 모르겠지만 지나는 이미 동반 향상을 시작한 것이다.

지나는 임무 수행을 위해 병원 직원들에게 존경받고 있는 어머니 같은 간호사에게도 도움을 청했다. 지나는 그분에게 데번과 더 가까워지는 방법에 관해 조언을 구했다. 데번을 오랫동안 봐온 만큼 그분은 지나에게 데번에 대한 많은 정보를 공유해주었다. 지나가 좋은 의도로 묻는다는 확신이 생기자 더 많은 조언을 해주었다.

시간이 지나면서 지나와 데번의 대화도 많아졌다. 처음에는 업무와 관련된 이야기가 주를 이뤘지만 차츰 개인적인 부분에 관한 이야기도 나누게 되었다. 지나는 데번에게 남편과 어린 딸에 관해 이야기했고, 이미 장성한 자녀들을 두고 있는 데번은 지나의 이야기를 들으면서 아이들을 키우던 시절을 떠올렸다. 두 사람은 휴식 시간을 함께하거나 점심을 같이 먹기도 했다. 이렇게 되면서 어느덧 데번은 지나의 멘토 역할을 하기 시작했다. 둘은 업무와 관련된 고충을 허심탄회하게 논했고, 점점 더 친해지면서 응급실을 더 효과적으로 운영하기 위한 방법을 찾는 데 힘을 합치기로 했다.

지나와 데번은 끊임없이 아이디어를 주고받았다. 지나의 질문이 기폭제가 되는 날이 많았다. 결국 데번은 응급실 물품 공급 문제를 해결할 방법을 고민하게 되었고, 얼마 후 응급실은 더 이상 재고 부족 문제를 겪지 않게 되었다.

이 일을 겪으며 지나는 업무 중에 자신이 모르는 일이 대단히 많이 발생한다는 사실을 알게 되었다. 지나와 데번이 함께 생각해낸 해결책들을 실행하려면 물품 조달과 회계 부분에서 변화가 일어나야 했다. 하지만 두 영역 모두 데번의 통제 범위 밖에 있었다. 이 사실을 깨닫는 순간 지나는 그동안 병원이 돌아가는 방식도 제대로 모르면서 응급실의 물품 재고 문제를 데번의 탓이라 생각한 자신이 부끄러워졌다.

나는 데번을 한 번도 만나본 적이 없다. 하지만 수년 동안 데번과 같은 사람을 꽤 많이 만났다. 데번이 응급실의 여러 가지 문제를 해결해야겠다고 생각한 것은 지나가 그와 동반 향상하겠다고 마음먹었기 때문이다. 그리고 데번은 지나와 이야기를 나누는 과정에서 그녀가 응급실의 미래를 걱정하고 있으며, 자신에게도 진심이라는 사실을 깨달았을 것이다. 다시 말해, 지나가 데번의 든든한 지지자가 되어준 것이다. 데번의 눈에 지나는 병원에서 일하는 다른 사람들에게 덜 방어적이고 솔직해보였다. 이에 데번은 한결 편해진 마음으로 지나에 대한 호기심을 드러냈다. 결국 이 둘은 마음을 합쳐 동반 향상 관계를 형성했다.

두 사람이 함께한 업무는 상사가 지시한 것이 아니었다. 그들은 주도적으로 일을 찾아냈고, 힘을 합쳐 밀고 나갔다. 그 과정에 지위나 권위가 끼어들 자리는 없었다. 지나는 의사인 만큼 병원에서 지위가 높았다. 하지만 데번은 병원에서 25년을 일했고, 연장자였다. 두 사람은 팀원으로서 함께 일했고, 응급실 업무를 개선하고 서로의 발전을 위해 집중했다.

이런 식으로 동반 향상하는 팀에게는 어마어마한 힘이 있다. 휴렛패커드Hewlett-Packard부터 레넌, 매카트니Lennon and McCartney에 이르기까지 많은 사람들이 이런 관계를 연구했다. 그들은 이런 식의 역동적인 관계가 인간 본성에 깊이 뿌리박혀 있다고 생각했다. 〈포브스Forbes〉의 편집장 리치 칼가아드Rich Karlgaard와 마이클 말론Michael S. Malone은《팀이 천재를 이긴다Team Genius》에서 이렇게 밝혔다. "우리 종족이 특별한 이유는 어쩌면 언어를 사용한다는 것보다 이런 재능을 가지고 있다는 것일지도 모른다. 사람은 혼자서는 못할 일도 다른 사람과 함께 하면 해낼 수 있다는 사실을 본능적으로 이해한다."

나는 이것이 바로 〈48시간〉, 〈델마와 루이스〉, 〈내일을 향해 쏴라〉, 〈맨 인 블랙〉과 같은 할리우드 버디 무비가 인기를 끄는 이유 중 하나라고 생각한다. 우리는 극단적인 상황에 내몰린 두 사람의 이야기에 자연스럽게 매료된다. 그들이 힘을 합쳐 위기에 대처하고, 두려움과 도전에 직면하는 모습에 빠져든다.

어떻게 보면 대부분의 버디 무비가 동반 향상에 관한 이야기다. 한 인물이 다른 인물에게 손을 내밀고, 또 다른 인물에게도 손을 내밀면서 변화의 불꽃이 점화된다. 〈레미제라블〉, 〈에린 브로코비치〉, 〈셀마〉, 〈노마 레이〉, 〈밀크〉, 〈메릴 스트리프의 실크우드〉 같은 영화는 다른 사람의 지지를 얻기 위해 노력하는 한 사람의 이야기를 다룬다. 그들은 결국 어려운 일에 도전하고 큰 변화를 일으키면서 마침내 집단 전체의 지지를 얻는다. 지나와 데번도 그랬다. 두 사람은 병원의 여러 사람들과 동반 향상하기를 선택했고, '환자 치료'라는 사명에 대한 그들의 열정이 퍼져나가게 할 수 있었다.

그렇다면 5년 안에 승진하려던 지나의 계획은 어떻게 됐을까? 마지막 연락에서 지나는 2년 만에 승진했다는 기쁜 소식을 전했다. 지나는 병원 업무 개선 프로젝트에도 이름을 올렸다. 권위와 상관없이 사람들을 이끌면서 그녀는 병원에서 주도적으로 일하고 비전을 보여주는 사람으로 명성을 얻었다. 동반 향상을 통해 성과를 올리면서 리더로서의 재능을 유감없이 발휘했고, 그 과정에서 응급실 전체의 업무 문화를 바꾸는 데도 이바지했다.

우리 모두는 리더로 나설 능력과 기회를 가지고 있다. 나는 여기서 한발 더 나아가 우리가 리더로 나설 '책임'도 있다고 주장하고 싶다. 지나의 경우 그런 변화는 "그것은 제가 할 일이 아닙니다"와 "그 사람은 상대하기 너무 까다로워요" 같은 변명을 포기한 순간 시작되었다. 우리는 누구나 지나처럼 용기를 내서 리더의 길을 걸을 수 있는 능력이 있다.

우리는 비즈니스 문제의 해결책을 찾기 위해 동반 향상을 도입했고, 동반 향상을 통해 팀을 발전시켰다. 우리의 규모는 더 커졌고, 팀들은 다양한 기능을 수행하고 있으며, 다양한 시각을 살피는 조직으로 거듭났다. 팀원들과 동반 향상 관계를 형성하면 넘지 못할 것 같았던 장애물도 넘을 수 있다는 사실을 깨달았다. 동반 향상은 개인적으로, 그리고 업무적으로 발전할 수 있도록 실용적인 접근법을 제시한다. 그런 발전이 우수한 팀으로 가는 토대가 된다. 다시 말해 동반 향상이 효과적이라는 뜻이다.

_ 리갈쉴드LegalShield의 최고경영자 제프 벨Jeff Bell

두 번째 규칙: 실천 방법

당신이 내 강연을 들으러 오는 사람들과 비슷하다면 이렇게 말할 가능성이 크다. "제가 어떤 사람들을 상대하는지 모르시네요." "제가 일이 얼마나 많은지 잘 모르셔서 그래요." "지금 하시는 말씀은 제 업무와는 전혀 상관이 없어요."

마음을 들킨 것 같다면 지금부터 집중해주길 바란다. 나는 이런 생각이 당신의 앞길을 방해하는 일이라는 걸 알려줄 것이다. 이런 생각으로는 당신의 특별함을 끌어내지 못한다.

나는 당신이 직장에서 까다로운 상사, 기대에 미치지 못하는 후배, 그리고 수많은 압박에 시달리는 것을 알고 있다. 나 역시 위에서 소개한 변명들을 해본 적이 있다. 하지만 당신을 마냥 다독여주기엔 동반 향상이 매우 중요하다. 당신이 바쁜 것도 알고, 사내 정치에 대해서도 누구보다 잘 안다. 주도적이고 새로운 일 처리 방식을 찾아내고도 도입을 미루거나 거부하는 기업이 있다는 것도 안다. 얼핏 생각하면 여태까지 해온 것처럼 맡은 일에만 집중하고 다른 사람들은 어떻게 되든 상관하지 않는 것이 더 쉽게 느껴질지 모른다.

하지만 그런 것은 중요하지 않다. 이제 우리는 맡은 일에만 집중하며 살 수 없다. 끊임없이 가해지는 변화와 혁신에 대한 압박에서 벗어나려면 자리에서 일어나 당신의 팀이 되어줄 사람들에게 손을 내밀어야 한다. 마땅한 팀원을 찾은 뒤엔 함께 노력해야 한다. 서로를 알아가기 위해 애쓰고, 힘을 합치고, 진심 담긴 피드백을 주고받고, 서로의 길잡이가 되

어 주어야 한다. 당신만 팀원들에게 피드백을 주는 것이 아니라 당신도
그들의 의견을 받아들여야 한다.

팀원이 당신을 찾을 때까지 마냥 기다려서는 안 된다. 기회라고 생각
되면 지나처럼 일단 뛰어들어야 한다. 그들이 비협조적이어도 용기를
내서 동반 향상을 이끌어야 한다. 이런 방식으로든 다른 방식으로든 인
맥을 재정의하고 확장하는 일은 모두가 할 수 있다는 사실을 인정하는
데서 시작된다. 이것은 경영진이나 조직 문화가 책임질 일이 아니다. 바
꿔 말해, 당신의 행동을 통해 주변 사람들의 반응을 이끌어내야 한다는
뜻이다. 수동적인 마음에서 벗어나 서로를 지지해주는 팀을 만들겠다는
적극적인 마음가짐이 필요하다.

내 아이들에 관한 얘기를 더 하려 한다. 열두 살에 둘째가 우리 집에
왔을 때 적응하기 힘들어했다고 앞에서 언급했다. 아이는 우리를 만나
기 전에 이미 열다섯 집을 거쳐 왔다. 그 과정에서 수많은 마음의 상처를
받았고, 그로 인해 다른 사람들이 자신을 거부하기 전에 만나는 모든 사
람을 먼저 밀어내는 습관이 생겼다. 그런 상황에서 내가 아이와 무작정
타협했다면 어떻게 됐을까? 나는 아이의 아빠였고, 내 목표는 좋은 아빠
가 되어 아이를 돌봐주는 것이었다. 아이의 마음을 열고 아이와 친해지
려고 노력하는 것은 전부 '나의 일'이었다. 나는 아이를 대신해 학교 선
생님을 찾아가 부탁했고, 다른 사람들에게 도움을 구하기도 했다. 아이
의 마음을 열기 위해서였다. 물론 이 과정에서 성숙한 어른의 역할을 제
대로 소화하지 못한 경우도 많았다. 그럴 때마다 마음을 다잡았다. 다른
대안은 없었다. 팔짱을 낀 채로 아이가 '자라기'를 기다릴 순 없었다.

마찬가지다. 중요한 일이라면 당신도 기다릴 수 없다. 내가 이 이야기를 하는 이유는 우리 팀원들이 아이들 같아서가 아니라 아이들도 다른 사람들과 다르지 않다는 것을 말하고 싶어서다. 사람들은 대부분 자신의 성공을 응원해주는 리더와 동료들에게 긍정적으로 반응한다.

지나가 데번의 도움을 받으면 병원에서 더 많은 일을 할 수 있다는 사실을 깨달았듯이 모든 사람은 각자의 분야에서 더 많은 것을 성취할 수 있다. 투명한 자세로 더 많은 일을 하기 위해 전념하는 태도야말로 진정한 리더다.

고위 간부들이 맥주를 마시면서 회사 경비 계정에 있는 돈을 몰래 썼다며 깔깔거린다고 생각해보자. 그것은 투명함이 부족한 행동이다. 하지만 간부팀을 코치하다 보면 이런 일 못지않게 투명하지 않은 이야기를 끊임없이 듣게 된다. 예를 들어 문득 당신에게 좋은 아이디어가 떠올랐다고 생각해보자. 하지만 그 아이디어를 말하면 누군가가 기분이 상할 수 있다. 그래서 당신은 가만히 있기로 결심했다. 과연 이것은 프로다운 행동일까? 동료가 옳지 않은 방향으로 향하는데도 그 위험성에 대해 경고해주지 않는 것은 용납할 수 있는 행동일까? 동료에게 문제를 직접 알려주지 않고 그 사람이 없는 자리에서 문제를 논하는 것은 과연 올바른 일일까?

만일 당신의 목표가 투명하게 행동하고 동료들과 조직 내에서 리더가 되는 것이라면 "그러면 안 된다"라고 말하고 싶다. 당신의 솔직한 생각을 밝히지 않는 것은 임무를 다하지 않는 것이나 다름없다. 리더로서 본분을 다하면서 팀원들과 동반 향상해야 한다.

||| 여섯 가지 치명적인 변명

나는 정말이지 별의별 변명을 다 들어봤다. 하지만 그건 별로 중요하지 않다. 그 '이유들'은 전부 실질적인 목표와는 거의 상관이 없기 때문이다.

나 역시 포기하고 싶을 만큼 어려운 일들을 수없이 겪었다. 실패도 많이 했다. 실패를 피할 수는 없다. 세스 고딘Seth Godin은 지난 몇 년 동안 나에게 많은 가르침을 줬다. 고딘은 "이 방법이 효과가 없을지도 모릅니다"라는 말은 "모든 중요한 프로젝트의 중심에, 그리고 할 만한 가치가 있는 모든 새로운 일의 중심에" 자리 잡고 있다고 말한다.

새로운 가치를 창조하는 과정에는 언제나 불확실성이 자리한다. 당신이 원하는 모든 것은 시도조차 하지 않으려고 늘어놓는 여러 변명의 반대편에 놓여 있다. 상황이 어떻든 모든 방해 요소는 우리 안에 있다. 지금부터 주변에 있는 여섯 가지 치명적인 변명에 관해 얘기하려고 한다. 이런 변명을 이겨내야 다른 사람들과 동반 향상하고, 권위에서 벗어나 사람들을 이끌 수 있다.

• 무지

당신은 이제 새로운 업무 규칙이 무엇인지 알고, 사람들을 이끄는 것이 온전히 당신의 선택에 달렸다는 사실도 안다. 따라서 몰라서 동반 향상을 하지 못한다는 변명은 더 이상 통하지 않는다.

지나는 '지금 당장' 리더가 될 수 있다는 사실을 이해하기 전까지는 반복되는 응급실 물품 부족 사태를 보면서도 아무것도 하지 않아도 된다고 생각했다. 하지만 그런 자세는 환자를 불안정한 상태에 놔두는 것과 다름없다. 내가 지나에게 건넨 메시지는 병원의 문제점을 해결하려고 노력할 책임이 '그녀'에게 있다는 것이었다. 지나는 행동하지 않을 변명거리가 더는 없었다. 이제는 당신도 마찬가지다.

• 게으름

계획한 대로 다른 사람들과 동반 향상하지 못할 수도 있다. 생각보다 더 많은 노력과 시간이 들 수 있기 때문이다. 하지만 '그건 내 일이 아니야'라는 태도로 손 놓고 있으면 결국에는 일자리마저 없어질 수 있다. 임무를 중요하게 생각한다면 어떻게 해서든 그 임무를 완수해야 한다. 동반 향상에 많은 노력이 필요한 것은 맞다. 하지만 리더의 역할을 포기해버리면 결국에는 사업 자체를 접어야 할지도 모른다.

사람들은 대개 단순한 공존 상태에 만족한다. 다들 바쁘기 때문이다. 동반 향상 관계를 구축하려면 주도적으로 행동해야 한다. 또 동반 향상은 시간이 걸리는 일인 만큼 따로 시간을 마련해야 한다. 그러려면 내 임무를 다른 사람에게 위임하거나 일정을 살펴 우선순위를 다시 정해야 한다. 만일 팀을 관리하고 있다면 팀원들에게 일을 더 분배하는 방법을 고민해보자. 그중에는 성장을 위해, 역량 향상을 위해 책임을 늘릴 기회를 찾고 있는 사람도 있을 것이다.

주변 사람들에게 조언을 구하는 것도 방법이다. 당신이 어떤 일을 그만해야 하는지, 아니면 어떤 일을 덜 해야 하는지 물으면 된다. 한마디로 시간을 아낄 방법에 대한 도움을 구하는 것이다. 주변 사람들의 피드백이 깜짝 놀랄 도움이 될 수도 있다.

어쩌면 일을 추가로 감당할 만한 팀원이 없을지도 모른다. 그럴 때는 이것을 동반 향상 프로젝트로 만드는 방법을 고민해보라. 가능성 있는 인재를 한 명 골라 동반 향상을 시도하는 것이다. 시간이 지나 그 사람이 팀 내에서 더 많은 책임을 질 수 있게 된다면 성공한 것이다. 그 사람을 준비시키고 코치하면서 당신도 다른 사람들과 동반 향상 관계를 형성할 시간을 마련하는 셈이다.

• 존중하는 마음

상대의 업무와 역할을 존중하는 마음 때문에 동반 향상을 시작하지 못하는 사람들이 매우 많다. 일을 하다 보면 종종 내 영역을 넘어 다른 사람의 도움이 필요한 순간이 온다. 아예 새로운 계획을 세워야 하는 경우도 있다. 이럴 때 사람들이 가장 많이 하는 말은 "그건 윗분들이 해결할 문제입니다"나 "제게는 결정권이 없습니다"이다. 심지어 나는 "상사의 코치가 되어주는 게 제가 할 일은 아니잖아요?"라는 대답을 들어본 적도 많다.

하지만 당신의 상사가 업무에 변화를 불러오는 데 꼭 필요한 사람이라면 그 상사를 코치해야 할 필요가 있다. 상하 관계를 지나치게 의식한 나머지 의견을 제대로 밝히지 못하는 것은 당신 자신뿐 아니라 회사 전체의 기대를 저버리는 격이다. 조금 과장하자면 당신의 고용자를 속이는 행위이며, 투명하지 못한 행동이다. 알고 보면 사람들은 당신이 문제에 더 적극적으로 나서주기를 바라고 있다.

몇 년 전 나는 '포켓코치Pocketcoach'라는 코칭 소프트웨어 회사를 차렸다. 제품 개발팀의 책임자였던 마테오는 새로운 아이디어를 많이 가지고 있었다. 하지만 마테오는 최고경영자와 최고운영책임자COO의 승인을 받아야 한다고 생각해서인지 좀처럼 자신의 아이디어를 꺼내놓지 않았다. 나는 그런 마테오에게 확신이 든다면 프레젠테이션을 준비해서 경영진에게 적극적으로 어필해보라고 제안했다.

하지만 마테오는 내켜 하지 않았다. 이전에 최고경영자와 최고운영책임자가 자신의 아이디어를 거부한 경험 때문이었다. 마테오는 굳이 위험을 감수하지 않으려고 했다. 시도조차 해보지 않으려는 그의 변명을 들으면서 나는 속이 답답해지는 것을 느꼈다. "그분들은 마테오 씨의 적이 아닙니다."

나는 그를 안심시켰다. "그들을 마테오 씨의 팀원이라고 생각하면 마음이 편해질 겁니다. 마테오 씨의 의견에 동의하는 사람들을 더 모아보세요. 아니면 프레젠테이션을 준비해서 저에게 넘겨줘도 되고요."

결국 마테오는 프레젠테이션 일정을 잡았다. 회의가 시작되었고, 그가 모두를 설득하는 데 걸린 시간은 단 15분이었다. 그는 우리 회사가 가야 할 방향을 정확하게 제시했다. 마테오의 의견에 따라 일부 제품은 사양을 바꿨고, 덕분에 나는 수월하게 회사를 팔 수 있었다.

이 모든 일이 일어날 수 있었던 것은 마테오가 리더로서의 책임을 포기하지 않았기 때문이다. 마테오는 현재 자기 회사를 운영하고 있으며, 권위와 상관없이 사람들을 이끌도록 직원들을 코치하고 있다.

• 피해 의식

권위와 상관없이 사람들을 이끌면 자신을 피해자라 생각하는 시각에서 벗어날 수 있다. 기대를 저버리는 사람이나 사건이 생기더라도 도망가거나 마지못해 상황을 받아들여서는 안 된다. 실망스럽더라도 그것이 당신이 감당해야 할 현실임을 받아들여라.

기업들과 일하다 보면 상대 회사의 직원들이 비협조적이라거나 변화가 일어나기 어려운 구조라거나 세상이 불공평하다는 불평을 자주 듣게 된다. 놀라운 것은 경쟁사에 대한 비판보다 같은 조직의 다른 라이벌 부서를 나쁘게 말하는 사람이 더 많다는 사실이다.

사실 이 네 번째 변명은 나에게는 매우 친숙하다. 지난 몇 년에 걸쳐 내가 직접 써먹었기 때문이다. 나는 특정한 상황에서 내가 왜 행동에 나서지 않았는지 사람들에게 변명을 늘어놓았다. 스타우드 호텔에서 근무하던 중 최고마케팅책임자 자리를 빼앗겼을 때는 피해자가 된 느낌이었다. 함께 일하던 동업자를 원망하기도 했다. 프로젝트의 성과가 생각한 만큼 나오지 않았을 때, 직장에서나 개인적으로나 더 나은 파트너가 있어야 한다는 생각이 들 때마다 내 주장을 정당화하기 위해 변명을 늘어놓았다. 상황이 어려워지고 파트너와의 관계가 좋지 않은 데는 내 책임도 있다는 사실을 인정하지 않은 것이다. 이것이 내 잘못이라는 사실을 깨닫는 데는 몇 년이 걸렸다. 이제는 이런 생각이 얼마나 위험한지를 잘 안다.

안타깝게도 피해 의식에 사로잡혀 있는 사람들이 생각보다 많다. 그들은 마치 방패를 쥔 듯 자신을 피해자라 생각한다. 특정한 상황이나 사람 또는 다른 것을 비난하느라 인생을 소비한다.

모든 것이 나에게 달려 있다는 사실을 인정하면 피해자라는 생각은 사라진다. 그러면 행동에 나서고, 동반 향상을 향해 나아가고, 권위와 상관없이 사람들을 이끌 수 있는 완전한 자유가 생긴다.

• 겁

다시 한번 강조하건대, 상황이 무섭게 느껴진다면 그 상황 덕분에 더 성장할 수 있다. 소심해서, 갈등이 생기는 걸 원치 않아서, 제안을 거절당할까봐 두려워서 등의 이유로 동반 향상을 선택하지 못하는 경우를 자주 본다. 그런데 이런 두려움은 어쩌면 우리 머릿속에만 있는 것인지도 모른다. 사람들은 대체로 다른 누군가를 추궁하는 걸 선호하지 않는다. 나도 마찬가지다. 연구에 따르면 거절당할 때 느끼는 아픔이 신체적으로 느끼는 아픔과 다르지 않다고 한다. 하지만 이런 불편함을 이겨냈을 때 얻는 즐거움을 경험하고 나면 거절의 아픔을 감당하기가 조금 수월해질 것이다.

몇 년 전, 나는 최고경영자로 임명된 카일을 돕고 있었다. 그가 맡은 임무는 회사를 회생시키고, 주식 시장에 상장할 수 있도록 하는 것이었다. 이전까지 카일은 한 번도 높은 자리에 올라본 적이 없었다. 그런 만큼 자신이 이런 큰 일을 제대로 해낼 수 있을지 확신하지 못했다. 카일의 두려움은 분노로 변해 갔고, 급기야 그는 사람들을 밀어내기 시작했다. 심지어 직원들을 얕보기도 했다. 카일에게 괴롭힘을 당하고 있다고 느끼는 직원이 많았다.

카일 밑에서 일하는 팀원들은 소극적으로 변했다. 그와 이야기를 나누려 하지 않았고, 자신의 능력을 의심하기 시작했다. 작은 일 하나도 알아서 처리하지 못하고 카일에게 허락을 구했다. 카일이 결정해야 할 일은 매우 많아졌고, 일이 많아지는 만큼 카일의 스트레스는 커져 갔다.

팀의 분위기는 실적 부진으로 이어졌고, 개인 투자자들은 회사가 목표를 달성하지 못할지도 모른다는 불안감에 시달리기 시작했다. 고객 담당 책임자인 코니는 팀원 중 누군가가 용기를 내서 카일에게 문제를 알려줘야 한다고 생각했다.

간부 회의가 끝난 어느 날, 코니는 카일에게 다가가 말했다. "저는 우리 회사 사람들 모두가 더 높이 올라갔으면 좋겠습니다. 카일 씨는 최고 경영자인 동시에 저희가 지원해야 하는 팀의 일원이기도 하십니다."

그러면서 시간을 내어 현재 진행 중인 프로젝트 목록을 함께 살펴보고 싶다고 말했다. 프로젝트를 하나씩 살피면서 진행 방향과 마감일을 함께 정하는 것이 좋겠다고 판단한 것이다.

카일이 진행하는 업무가 너무 많다고 불평하는 팀원은 많았다. 코니는 처음으로 불평을 행동으로 바꿨고, 그 행동에 책임을 졌다. 카일이 코니의 제안을 받아들인 것도 그녀가 이 일이 카일과 회사를 위한 것이라고 설득한 덕분이었다.

카일도 지금 자신의 모습이 옳지 않다는 것을 알았을 것이다. 하지만 사람들에게 어떻게 도움을 청해야 할지 몰랐다. 다행히 함께 일하는 직원들이 그를 코치해줬다. 결과는 어떻게 됐을까? 코니와 카일은 두려움을 이겨내고 회사를 회복의 길로 들어서게 만들었다. 카일은 리더로서 점점 발전했고, 회사는 개인 투자자들의 기대를 뛰어넘었다.

시간이 지나 코니는 나에게 이렇게 말했다. "시장이 가하는 압박을 감당하는 것은 무척 어려운 일입니다. 하지만 저희가 느끼는 두려움을 또 다른 장애물로 만들고 싶지는 않았어요. 기업이 회생에 성공하려면 반드시 동반 향상이 이루어져야 합니다. 저는 우리의 임무를 매우 중요하게 생각했기 때문에 위험을 감수할 수 있었습니다. 카일 씨와 함께하는 건 쉽지 않았지만 같은 팀원으로서 그분과 함께해야 했습니다."

• 방종

누군가를 원망하는 마음이 일상이나 직장생활에 영향을 미치게 해서는 안 된다. 원망하는 마음은 정신 건강과 업무 생산성에 피해를 줄 수밖에 없다. 특히 직장에서 이런 마음을 내버려두면 속에서 곪아 터지는 것은 기본이고, 그 부작용이 몇 년에 걸쳐 이어질 수 있다. 그러는 동안 두 사람 모두 개인의 성장과 직장에서의 기회를 놓칠 것이다.

다시 한번 강조하건대, 모든 것은 당신에게 달려 있다. 비효율적인 일 처리에 관대한 판단을 내린다거나 자신에게 유리한 이야기 또는 자신의 의견이 꼭 관철되어야 한다고 생각하지 마라. 이런 습관들을 그대로 두면 업무는 물론 감정과 건강 면에서 손해를 보게 된다. 내가 원하는 방향으로 업무가 흘러가야 한다고 고집을 부리는 것은 결국 상황에 대한 통제권을 상대방에게 내주는 것이나 다름없다. 이런 방법으로는 절대 동반 향상을 이룰 수 없다.

항상 먼저 나서라

끊임없이 변화와 혁신을 요구받는 세상에서 성공하려면 업무를 주도적으로 처리해야 한다. 일하는 방식을 바꿔보는 것도 방법이다. 당신의 목표가 팀과 부서, 그리고 회사 전체에 변화를 불러올 것으로 예상된다면 적극적으로 첫걸음을 내딛어라. 지나와 데번처럼 말이다.

지나는 데번과의 관계에 변화를 주려고 의식적으로 노력했다. 그녀가 데번을 더는 피하지 않고 진심으로 응급실 문제를 걱정하는 모습을 보이는 순간 두 사람은 생산적인 동반 향상 관계가 되었다. 덕분에 두 사람 모두 더 높이 올라가는 동시에 병원의 여러 가지 문제를 성공적으로 해결할 수 있었다.

하지만 한 가지는 분명하게 짚고 넘어가야 한다. 동반 향상을 위한 합의가 필요하거나 두 사람 모두 동의해야 하는 것은 아니란 사실이다. 그저 당신이 동반 향상하겠다는 '결정에 책임을 지면' 된다. 파트너와의 관계가 성공적일 것인지, 실패할 것인지는 전적으로 '당신'과 '당신의 행동'에 달려 있다. 다시 말해 다른 사람들을 기다릴 필요가 없다. 당신 혼자서도 동반 향상을 시작할 수 있다.

당신이 하는 일이 당신에게 충분한 가치가 있다면 그 일에 모든 것을 걸어야 한다. 변명은 필요 없다. 당신의 직장, 동료, 커리어에 관한 확고한 믿음이 있다면 바로 행동하라. 함께 일하는 동료에게도 집중하고 전념하는 모습을 보여줘라. 설령 그 상대가 까다롭거나 당신과 관계가 좋지 않은 사람이라도 말이다. 그럴수록 동반 향상을 위해 더 노력해야 한다.

이런 식으로 동료들과의 관계를 변화시키려면 그들을 발전시키는 일이 당신의 책임이라는 점을 인정해야 한다. 은퇴한 미해군특수부대 사령관 조코 윌링크Jocko Willink는 이를 '극한의 오너십extreme ownership'이라고 칭했다. 훌륭한 리더가 되려면 지위를 불문하고 자신의 팀을 위해 책임지는 사람이 되어야 한다. 이것이 바로 당신이 더 큰 일을 하기 위해 거쳐야 할 가장 중요한 사고방식의 변화다.

당신의 역할을 항상 고민하라

당신이 행동 방식과 소통 방식을 바꾸면 사람들이 당신을 대하는 방식도 달라진다. 지나가 데번을 피해 다녔던 것을 기억하는가? 처음에 그녀는 데번이 대화하기 어렵고 매우 방어적인 태도를 보이는 사람이라고 생각했다. 하지만 응급실 문제에 관해 대화를 나누면서 지나는 데번에 대한 생각을 바꿨다. 데번이 어떤 사람인지 알게 되고 그가 받는 여러 가지 제약을 안 뒤로 자신이 데번을 오해했음을 깨달은 것이다.

이런 오해는 매우 흔한 일이다. 너무나 자연스럽게, 그리고 반사적으로 잘못된 판단을 내리는 이런 현상을 심리학자들은 '기본적 귀인 오류fundamental attribution error'라고 부른다. 우리는 누군가의 행동을 관찰하여 그 사람이 '어떤 유형의 사람'인지를 판단한다. 이런 오류를 극복하는 유일한 방법은 "그런 판단에서 내가 한 역할은 무엇일까?"라고 자문하는 것이다.

나는 나를 무시하거나 피드백을 공유하지 않는 사람을 만나면 그 사람과의 관계에서 내가 하는 역할을 돌아보려고 노력한다. 이때 상대방을 탓하는 태도는 바람직하지 않다. 지금까지 꽤 성공적으로 사업을 꾸려왔음에도 나는 내가 아직도 펜실베이니아에서 온 자신감 없는 소년으로 생각될 때가 많다. 그래서 대응 기제로 성격이 강경하고 전투적인 사회적 인격을 만들었다. 요새는 "그 사람이 왜 나에게 의견을 말하지 않을까?"라고 자문한다. 그러고는 내 행동을 어떻게 바꿀 수 있을지 고민한다.

나는 책임감이 부족해 보이는 사람을 만나면 우선 그 사람에 대한 내 기대치가 적절한지, 내가 취하려는 조치가 얼마나 효과적인지를 먼저 생각한다. 이는 쉽게 들인 습관이 아니며 LA에 사는 션 맥팔랜드(셔노)라는 코치와 함께 작업한 끝에 이끌어낸 결론이다.

셔노는 수년에 걸쳐 중독자들의 재활을 돕는 일을 했다. 나는 책을 쓰기 위해 자료를 조사하는 과정에서 셔노를 만났는데, 그의 조언은 놀라울 만큼 정확했다. 셔노는 중독에서 벗어나려면 다른 사람의 도움을 받되 회복에 대한 책임은 자신에게 있음을 인정해야 한다고 말했다. 피해의식에 사로잡힌 상태에서는 절대 중독에서 벗어날 수 없다.

나는 셔노와 시간을 보내면서 모든 사람은 어떤 식으로든 중독자라고 생각하게 되었다. 우리는 자신에게 도움이 되지 않는 여러 가지 행동에 크게 의존하거나 중독되어 있다. 그런데도 그런 행동을 계속해서 한다. 나는 셔노에게 배운 회복에 관한 정의와 치료법을 빌려 다른 사람들을 돕는 데 활용했다. 그들이 더 이상 오래된 업무 규칙에 의존하지 않고, 그에 따른 헛된 기대에 의지하지 않도록 도왔다.

건강하지 않은 중독에서 벗어나면 그 어떤 인간관계도 개선할 수 있다. 당신의 행동을 의식하기 시작하면 당신이 그동안 얼마나 많은 임무를 포기했는지 알게 될 것이다.

반복하건대, 누군가와의 관계가 삐걱거릴 때마다 "내가 잘못한 일은 무엇일까?"라고 자문해보라. 그런 다음에는 팀원들과 함께 답을 공유해보라. 공유가 불가능하다면 최소한 관계 속에서 당신이 어떤 역할을 하는지 이해하고 있어야 한다. 당신 팀에 있는 누군가가 팀이나 부서의 성공에 결정적인 역할을 하는데도 그 사람과 동반 향상하기를 꺼리고 있다면 그것은 당신의 책임이다. 당신이 역할을 확실하게 하면 상대방도 동반 향상에 응할 가능성이 크다. 설령 상대방이 태도를 바꾸지 않더라도 변화를 불러올 수 있다. 물론 두 사람 사이에 마음의 앙금이 남아 있거나 성향이 정반대여서 마음의 거리를 좁히거나 서로에 대한 불편한 마음을 접기가 어려울 수 있다. 나도 여러 번 같은 경험을 해보았기 때문에 잘 안다.

누군가를 용서할 필요성에 관해서 사람들에게 이야기할 때마다 나는 그 사람의 말이나 행동에 상대가 어떻게 반응했는지, 그리고 상대에게 어떻게 대했는지 돌아보라고 권한다. 그러면 상대를 대할 때 최선을 다하거나 최고의 모습을 보이지 않았다는 대답이 나오는 경우가 많다. 나와는 절대 맞지 않을 것처럼 보였던 사람도 먼저 손을 내밀고 "그동안 미안했어요"라고 말하면 마음을 열 수밖에 없다. 아마 직접 해보면 깜짝 놀랄 것이다.

내가 항상 옳을 수는 없다

상대방에 대한 원망의 감정을 이겨내는 데 가장 방해가 되는 것은 자신이 옳다고 믿는 태도다. 하지만 이런 태도를 바꾸기는 쉽지 않다. 대부분의 사람들은 자신의 시각과 입장을 고수하려고 하기 때문이다.

텍사스에 본사를 둔 대형 석유 업체를 도울 때의 일이다. 그 업체는 두 부서를 책임지는 고위 간부들이 더 긴밀하게 협업하길 바랐다. 로빈은 석유 탐사와 관련된 모든 업무와 초기 상품 매매를 담당했고, 크리스는 무역 책임자였다. 두 사람 사이에 겹치는 고객이 많은 만큼 둘의 업무를 조정하면 업무 효율의 상승을 기대할 수 있는 상황이었다. 하지만 안타깝게도 둘은 한 번도 잘 지낸 적이 없었다. 드문 경우지만 같이 일해야 하는 경우에도 두 사람의 의견이 일치하는 일은 거의 없었다. 고위 간부들이 참석한 회의에서 설전을 벌인 일도 있었다. 크리스는 매출 목표를 달성하는 데 성공했다. 그는 전략과 거래에 관한 자신의 생각이 항상 옳다고 생각했다. 로빈 역시 매출 목표를 달성했고, 자신이 언제나 옳다고 확신했다. 둘 중 누구도 자신의 생각을 바꾸거나 상대를 이해하려고 하지 않았다.

처음에는 그 둘의 사이를 어떻게 좁혀야 할지 아이디어가 떠오르지 않았다. 일단 사일로가 주주 가치에 얼마나 부정적인 영향을 끼칠 수 있는지 설명했다. 그러던 중 커다란 결혼반지를 끼고 있는 사람을 발견했다. 쭉 둘러보니 그 자리에 참석한 사람들은 전부 약지에 결혼반지를 끼고 있었다.

나는 하던 말을 멈추고 물었다. "혹시 여기 계신 분 가운데 결혼생활이 만족스러운 분 계신가요?" 모두 의아한 표정이었다. 그중 몇몇이 무슨 꿍꿍이가 있느냐는 표정으로 손을 들었다. 크리스와 로빈도 손을 든 사람들 틈에 껴 있었다.

"축하드립니다. 인생에서 가장 값진 교훈을 한 가지씩 얻으셨네요. 원하는 것을 얻기 위해서 여러분이 항상 옳다고 고집부리는 것을 포기하셨잖아요."

그 말에 사람들이 깔깔 웃었고, 나는 웃는 사람들을 보며 계속 말을 이어나갔다. "결속력이 강한 부부는 남편이든 아내든 '알겠어요, 여보'나 '당신 말이 100% 맞아요'라는 말을 적절한 순간에 던지는 것이 얼마나 중요한지 잘 압니다. 그런 말이 결혼생활에 큰 도움이 되고 긍정적인 결과를 불러온다는 것을 말이죠."

나는 우리가 큰 그림을 봐야 한다고 강조했다. 의견 충돌이 일어났을 때 호의적인 태도를 보이면 더 건강한 대화가 가능해진다는 것을 알기 때문이다. "여보, 내 생각이 틀렸을지도 모르는데"라는 말로 대화를 시작하면 상대는 당신이 두 사람의 관계에 신경 쓰고 있다는 것을 느낀다. 여기서 '여보'라는 말만 빼면 직장에서도 적용할 수 있다.

나는 이런 질문도 던졌다. "결혼생활 말고 또 언제 여러분이 항상 옳다는 생각을 버려야 할까요? 여기 계신 분들 중에 본인이 항상 옳다고 주장하는 바람에 관계의 어려움을 겪고 계시는 분이 계신가요?"

이 말과 동시에 나는 기회를 놓치지 않고 크리스와 로빈의 관계에 관한 농담도 던졌다. 두 사람 모두 자조 섞인 웃음을 지었다.

크리스와 로빈은 둘 다 좋은 사람이었다. 자신의 생각을 확신하는 자부심 강한 간부들이기도 했다. 나는 그들이 서로에게 느끼는 불만이나 짜증을 마음속에 담아두는 일이 좋은 모습은 아니라는 걸 알려주고 싶었다. 부정적인 감정을 끌어안고 있어봤자 조직에 득 될 것이 없다는 사실을 인지시켜 주고 싶었다.

결과는 어떻게 되었을까? 둘 다 변했다. 한 명이 의견을 고수할 때마다 다른 사람이 눈에 띄게 다르게 행동하는 것이 보였다. 그 사람은 평화를 유지하고, '자신이 옳다고 고집부리지 않으려고' 노력했다.

사람들이 누군가에 대한 불만이나 원망스러운 마음을 얼마나 빨리, 그리고 쉽게 내려놓을 수 있는지 알고 나면 신기할 정도다. 그런 마음이 사라진 뒤 이전의 감정을 그리워하는 사람은 없다. 사실 그럴 필요가 없지 않은가? 누군가를 원망하면 판단력이 흐려지고 무력해진다. 어떤 상황이든 그것은 당신에게 고통만 안겨줄 뿐이라는 사실을 명심하라.

우리 회사의 임무는 지구상의 모든 사람과 조직이 더 많은 일을 할 수 있도록 힘을 실어주는 것이다. 이 임무를 완수하려면 모든 직원이 성장하겠다고 결심해야 하며, 새롭고 혁신적인 방법으로 협업해야 한다. 우리는 마이크로소프트에서 일하는 모든 직원이 리더가 될 수 있고, 리더가 되어야 한다고 생각한다. 그래서 리더십 원칙(의사소통을 명확하게 하라, 다른 사람들에게 힘이 되어줘라, 임무를 성공적으로 완수하라)을 개발했다. 이런 원칙을 이용해서 모든 직원이 우리의 공통된 임무를 향해 동반 향상할 수 있도록 그들의 다양한 시각과 경험을 자유롭게 공유하길 바란다.

_ 마이크로소프트Microsoft의 최고인사책임자 캐슬린 호건Kathleen Hogan

겸손은 언제나 최고의 무기다

지나가 병원의 경영진으로 승진하고 난 뒤에도 나는 문자와 전화로 그녀를 계속 코치했다. 그렇게 몇 년이 지났고, 지나의 자신감도 상승했다. 하지만 지나는 종종 조바심을 냈다. 안타깝게도 지나는 점점 겸손함을 잃어가고 있었다.

지나는 자신과 함께 일하는 사람들이 시스템을 바꾸는 문제에 관해 자신의 아이디어를 주의 깊게 듣고 서둘러 실행에 옮겨주길 바랐다. 그들이 보지 못하는 것을 자기 혼자 볼 수 있다고 생각했기 때문이다. 지나는 동료들과의 신뢰를 바탕으로 관계를 형성하는 일을 불필요하게 여겼고, 공통의 임무를 수행하는 데 있어 다른 사람들을 끌어들이는 데도 관심을 보이지 않았다.

종종 지나는 나에게도 투덜대곤 했다. 자신이 원하는 것만큼 사람들이 빨리 따라오지 않는다는 불만이었다. 그럴 때마다 나는 지나에게 겸손함을 잃지 말라고 조언했다.

나는 지나에게 이런 질문을 자주 했다. "응급실에서 인맥을 쌓는 데 시간을 투자했나요? 그 사람들을 각각 도울 방법을 찾아냈나요? 협력하는 마음으로 그들과 대화를 나누고 그들의 아이디어에 귀를 기울였나요? 지나 씨가 일을 더 잘할 수 있는 방법을 그들에게 물어보았나요?"

그러면서 나는 일주일에 서너 번 정도 시간을 내서 그녀를 불편하게 하는 사람과 커피나 차를 마시라고 권했다. 주도권이 지나에게 있다는 사실도 상기시켰다.

지나가 직함을 갖기 전, 그러니까 경영진으로서 임무를 맡기 전까지는 동료들과 관계를 쌓고 인맥을 형성하는 것이 순전히 자신의 몫이라는 걸 지나도 알고 있었다. 그래서 바쁜 응급실 업무를 하면서도 다른 의사와 간호사, 관리자들과 친밀한 관계를 유지했다. 새로운 팀원이 생기면 그 사람을 알기 위해 가장 먼저 노력했고, 전반적인 환자 치료 시스템을 개선하겠다는 더 큰 임무를 위해 그 사람에게 도움을 청하기도 했다. 나는 지나에게 이런 경험들을 절대 잊어서는 안 된다고 강조하고 또 강조했다.

　다행히 지나는 자신의 잘못을 반성하며 다시 사람들과 관계를 맺고 인맥을 늘리는 데 집중했다. 의료 서비스의 미래를 논하는 여러 학회에도 참석했다. 이런 자리는 그녀가 병원 밖에 있는 사람들과 동반 향상하게 하는 데 도움을 주었다. 요즘 지나는 수명 연장을 위한 연구에 노력을 기울이고 있다. 이것이 바로 그녀가 처음에 의학을 선택한 이유였다.

오래된 업무 규칙

리더십은 기업이나 조직이 부여한다. 직함에 따라오는 권위를 바탕으로 리더십을 발휘하면 된다.

새로운 업무 규칙

리더십은 우리 '모두'의 책임이다. 직함이 무엇이든, 권위를 얼마나 가졌든 팀을 이끄는 일을 도와야 한다.

오래된 업무 규칙

성공하려면 주어진 업무만 성실하게 수행하면 된다.

새로운 업무 규칙

팀과 조직의 가치 창출을 위해서는 어떤 일이든 해야 한다. 설령 그것이 조직에서 나에게 기대하는 일이 아니고 내 영역을 벗어난 일이더라도 말이다.

3장
세 번째 규칙

함께 성장할
기회를 제공하라

Earn Permission to Lead

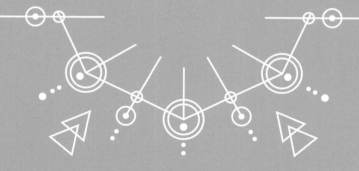

과거에는 강인하고, 의욕이 넘치고, 똑똑하고, 카리스마 있는 리더를 선호했다. 하지만 방향을 제시하고, 목표를 정하고, 모두가 규칙을 잘 따르게 하는 리더는 이제 과거의 산물이다. 사람들은 상사가 지시를 내리는 것을 원하지 않는다. 그들 역시 의사결정에 참여하길 원한다. 이제는 새로운 유형의 리더십이 필요하다. 새 시대의 리더는 인간적이고, 진실하고, 목적의식이 뚜렷해야 하며, 다른 사람들이 성장할 수 있는 환경을 조성해야 한다. 이런 유형의 리더십이야말로 신뢰를 쌓고, 자발성을 유도하고, 놀라운 성과를 올리는 데 꼭 필요한 요소다.

_ 베스트 바이Best Buy의 최고경영자 허버트 졸리Hubert Joly

함께 성장할 기회를
제공하라

내가 세운 기술 업체 '포켓코치'의 현금이 바닥나고 있었다. 발전하는 P2P를 온라인 플랫폼으로 이동시키는 일을 하는 이 회사의 업무가 의미 있다고 생각한 만큼 나는 포켓코치를 접을 생각이 없었다. 하지만 어려운 건 사실이었다. 이미 수백만 달러를 투자했지만, 임무를 완수할 수만 있다면 더 많은 비용을 쏟아부을 준비가 되어 있었다. 하지만 혼자서는 무리였다. 이미 주변 사람들에게 많은 돈을 빌린 상태였다. 이제는 새로운 투자자를 알아봐야 했다.

경영대학원에 함께 다녔던 친구가 나를 켄과 연결해줬다. 켄은 유명한 엔젤 투자자(angel investor, 아이디어와 기술력은 있지만 자금이 부족한 신생 기업에 투자하는 사람_역자 주)였다. 그는 LA 기술업계에서 매우 존경받는 인물이었고, 나는 그에 관해 좋은 말을 많이 들었다. 똑똑하고, 판단력이 뛰어나고, LA의 상징과 같은 바를 소유하고 있다는 정보였다. 대단히 열정적인 투자자라는 소문도 있었는데, 이게 바로 내가 원하던 것이었다.

한 카페에서 켄과 브런치 약속을 잡았다. 나는 뒷주머니에 회사 홍보 자료를 넣고 약속 장소로 갔다. 대화의 시작은 당연히 포켓코치였다. 나는 켄이 내가 회사를 설립한 동기를 알아주길 바랐다. 그래서 펜실베이니아 서부의 철강 도시에서 자란 어린 시절의 이야기를 꺼냈다. 내 가족에 대해서도 얘기하고, 아버지의 해고로 어렵게 살던 시절에 관해서도 얘기했다. 나의 목적은 포켓코치를 통해 사람들이 자신의 행동을 바꾸고 자신의 잠재력을 마음껏 발휘할 수 있도록 돕는 것이었다.

한 시간쯤 흘렀을까. 나는 순간적으로 말을 멈추었다. 내 얘기를 하느라 정작 켄에 관해서는 새롭게 알게 된 것이 없다는 사실을 깨달은 것이다. 이런 일방적인 대화가 신생 기업의 자금 조달을 위해 마련한 자리에서 쉽게 일어나는 일은 아니다. 투자자가 나를 평가하러 온 것이지 내가 투자자를 평가하는 자리는 아니지 않은가.

나는 자연스럽게 방향을 틀어 물었다. "켄 씨에 관해서 말씀해주세요." 그러면서 이렇게 덧붙였다. "제가 켄 씨를 어떻게 도와드릴 수 있을까요?"

나는 켄이 투자한 기업 중 한 곳이 새로운 블록체인 기술 플랫폼을 개발하고 있다고 들었다. 그래서 내가 그에게 소개해주길 바라는 〈포춘〉 500 최고경영자는 없는지 물었다.

하지만 켄은 없다고 대답했다. 나는 다른 방법을 시도했다. 켄의 포트

폴리오에 들어 있는 회사 가운데 내가 다른 회사들과 쌓은 인맥을 유용하게 쓸 만한 곳이 있는지를 물었다. 그는 이번에도 내 부탁을 정중하게 거절했다. 대부분의 회사가 아직 세상의 빛을 볼 준비가 되어 있지 않다는 이유였다. 순간 켄이 지금 비즈니스가 아닌 다른 부분에 더 신경 쓰고 있을 수도 있다는 생각이 들었다. 켄이 나와의 비즈니스에 관심이 없다면 어쩌면 그를 다른 방법으로 도울 수 있을지도 모른다. 나는 다시 켄에게 물었다. "내년에 켄 씨나 가족분들께 어떤 계획이 있으시죠? 올해를 어떻게 마무리하고 싶으세요?"

켄은 내 질문에 오랫동안 침묵했다. 솔직하게 속마음을 드러내도 될지 고민하는 눈치였다. 그러더니 드디어 입을 열었다. 싱글이 되었다는 고백이었다. 그러면서 덧붙였다. "새로 적응해야 할 일이 꽤 많더라고요."

켄은 그 후 20분에 걸쳐 자신의 별거 과정에 관해 털어놓았다. 여러 달에 걸쳐 절차가 진행되었고, 그 과정에서 아이들에 대한 걱정이 컸다고 했다. 새로운 사람을 만나기 시작했는데, 그 사람과의 관계가 어려워서 마음고생 중이라는 얘기도 했다. 이 모든 이슈들이 그의 마음을 짓누르고 있었다. 나의 어린 시절과 가정사에 관해 먼저 솔직하게 말한 덕택에 켄도 털어놓기 힘든 자신의 얘기를 털어놓을 수 있게 된 것이다.

켄이 고민을 털어놓는 동안 나는 그에게 전문가 상담을 받고 있는지 물었다. 그는 살면서 한 번도 심리치료사를 만나본 적이 없다고 했다. 그 말에 나는 셔노를 소개해주겠다고 제안했다. 첫 치료비는 내가 내주겠다는 말과 함께.

"제가 그만큼 셔노를 믿거든요. 그리고 켄 씨를 진심으로 돕고 싶습니다. 저는 친구들을 위해 이런 일을 자주 합니다. 셔노를 믿어보세요. 분명 도움이 될 겁니다."

켄이 나를 가만히 쳐다봤다. 내가 혹시 선을 넘었나 걱정됐지만, 두려움을 이겨냈다. 그러고는 망설임 없이 휴대전화를 들어 셔노와 켄에게 서로를 소개하는 문자를 보냈다.

켄은 이런 나의 방식이 당황스러웠을 것이다. 마음의 빚을 지는 게 아닌가 싶어 불편하고, 한편으론 의도가 의심스러웠을 수도 있다. 도움이 필요하다는 사실을 들켰다는 걸 인정하기 싫었을 수도 있다. 하지만 나는 그 상황에서 할 수 있는 일을 했을 뿐이다. 의도를 분명하게 밝혔고, 이제 막 만난 사이지만 우리의 관계가 발전할 가능성이 있다는 것이 나에게 얼마나 중요한지를 보여줬다.

나는 진심을 담아 말했다. "켄 씨는 명성이 자자하십니다. 저는 당신을 투자자로 모시고 싶습니다. 그리고 언젠가 우리가 친구가 될 수 있다면 영광으로 생각하겠습니다. 우리가 함께할 수 있는 일이 많을 것 같습니다." 나는 그의 통찰력에 감사를 표했다. "저는 이 만남이 평범한 비즈니스로 남길 원하지 않습니다. 우정을 쌓고 서로에게 도움이 되는 관계를 구축할 수 있으면 좋겠습니다."

나중에 켄은 내 말에 감동했다고 고백했다. 나의 행동과 따뜻한 말에 고마움을 느꼈다고도 했다. 결국 켄은 내가 준비한 홍보 자료는 보지도 않고 포켓코치에 투자하는 데 동의했다. 하지만 그날 아침에 시작된 일은 이후 우리 둘에게 투자 이상의 관계로 자리 잡았다.

그날 이후 켄은 셔노에게 심리치료를 받기 시작했다. 그리고 시간이 지나면서 나와 켄은 강력한 동반 향상 관계가 되었다. 우리는 협업을 통해 긍정적인 비즈니스 성과를 올렸다. 하지만 무엇보다 가장 큰 성과는 우리의 우정이었다.

어떤 임무에서 중요한 역할을 할 사람을 인생에 초대할 때는 최선을 다해야 한다. 상대에게 무언가를 받기를 기대하는 대신 내가 먼저 베풀어야 한다. 권위와 상관없이 사람들을 이끌려면 이런 식으로 신뢰와 믿음을 얻어야 한다. 그래야 그들을 초대할 수 있다.

내가 운영하는 회사가 난관에 봉착할 때마다 켄은 가장 가까이에서 도움을 주고 나에게 조언을 한다. 마찬가지로 켄이 투자한 회사에 문제가 생기면 나 역시 가장 먼저 나서서 돕는다.

한참 뒤 켄은 나에게 자신이 참석한 투자 회의 가운데 우리의 첫 만남과 같은 자리는 없었다고 고백했다. 그 뒤로도 같은 경험은 하지 못했다고 한다. 꺼내기 힘든 개인사를 그렇게 꺼낸 사람은 아무도 없었던 모양이다.

나는 회의 전 켄에 관해 면밀히 조사했다. 내가 그에게 바라는 것은 투자 이상의 것이었기 때문이다. 나는 그에게 우리가 함께 더 높이 올라갈 수 있게 해줄 동반 향상 관계를 형성하는 데 허락을 얻고 싶었다. 켄은 성공한 사람이었고, 나는 그에게 연대감을 느꼈다. 그래서 그를 만났을 때 대범하게 행동했다. 나는 켄이 내 '팀'에 들어오기를 원했다. 그러려면 그가 내 회사에 투자해서 얻는 수익을 훨씬 넘어서는 가치를 창출해야 했다. 나는 켄이 내 회사에 적극적으로 투자하길 원했고, 나와 사적으로든 업무적으로든 '통한다'고 느끼길 원했다.

상대의 마음에 스며들어라

팀원들과 동반 향상하려면 그들에게 편하게 마음을 터놓을 수 있어야 한다. 팀원들 역시 당신에게 마음을 열 수 있게 만들어야 한다. 반복하건 대, 누군가가 당신 팀에 합류하길 바란다면 먼저 나서야 한다. 자존심을 내세우거나 방어적인 태도를 보여서는 안 된다. 팀원들이 팀에 합류하 고, 당신의 노력에 보답하는 것의 가치를 깨달을 때까지 베풀어야 한다.

팀원이 이런 여정에 마음을 열게 하려면 의도적인 노력이 필요하다. 내가 켄을 위해 노력한 것처럼 말이다. 당신은 팀원들이 자신의 시간과 에너지, 자원, 지식을 공유하는 것의 가치를 알아차리도록 도와야 한다. 그들이 이 여정에 함께하게 해야 한다.

변화를 이끌기 위해 팀원들을 선발하고, 그들이 임무에 전념하게 하 는 능력은 매우 중요하다 그런데 생각보다 많은 리더들이 이를 별로 중 요하게 생각하지 않는다. 왜일까? 변화의 속도는 빠른데 우리가 변화에, 그리고 서로에게 마음을 여는 일은 드물게 일어나고 있기 때문이다.

딜로이트에서 일할 때부터 지금까지 나는 조직의 핵심 인력이 마음 을 열지 않아서 조직 전체가 변화하는 데 실패하는 경우를 많이 보았다. 팀원들이 변화에 동참할 준비가 되어 있지 않으면 아무리 많은 돈을 투 자해도 원하는 결과를 얻을 수 없다. 변화는 사람에 관한 것이다. 따라서 사람들이 마음을 열지 않으면 변화는 절대 일어나지 않는다.

이런 사실을 잘 아는 만큼 페라지 그린라이트에서는 사람들이 변화에 마음을 여는 정도를 측정하기 위한 척도를 마련했다. 우리는 이것을 '투과성porosity'이라고 부른다. 물질이 투과하는 성질과 관련된 말이다. 액체가 투과성이 있는 물질에 스며들듯 우리는 팀원들의 마음에 스며들기를 원한다. 이 '투과성'을 이용해 각각의 직원들이 새로운 생각을 흡수하고 새로운 행동을 받아들이는 능력을 측정한다. 투과성이 높을수록 메시지를 이해하고, 우리에게 합류하고, 적극적으로 아이디어를 낼 확률이 높다. 내가 켄과 나눈 대화의 목적은 나에 대한 그의 투과성을 높이고 나와 함께하면 무엇을 얻을 수 있을지 상상해볼 기회를 제공하는 것이었다. 시간이 지나면서 우리의 투과성은 상당히 높아졌다.

몇 년 전, 자기계발 조직인 랜드마크Landmark가 주최한 세미나에 참석한 적이 있다. 그 자리에서 나는 '의미 있는 대화'를 완벽하게 정의하는 말을 들었다. 상대방이 '마음이 움직이고, 감동하고, 영감을 받았다면' 의미 있는 대화를 나눴다고 할 수 있다는 것이었다. 이 말이 내게는 꽤나 강력하게 다가왔다. 잠재적인 팀원이나 동반 향상 파트너와 대화를 나눌 때 이 세 가지가 나타나는 것을 기준으로 삼으면 되겠다고 생각했다.

투과성porosity을 높이고 다른 사람들과 동반 향상할 수 있는 방법은 '도움을 주고, 함께 나누는 데serve and share' 있다. 상호 보완적인 이 두 가지는 매우 중요한 개념으로, 서로를 지지하고 강화해주는 역할을 한다. 도움을 준다는 것은 관대한 태도로 사람들을 이끈다는 뜻이고, 함께 나눈다는 것은 마음을 터놓고 다른 사람들과 진정으로 소통하고 서로에게 전념할 수 있을 만큼 탄탄한 관계를 형성한다는 뜻이다. 이 두 가지가 작동할 때 진정으로 동반 향상이 가능하다.

일단 도와라

내가 인적 네트워크를 효율적으로 구성할 수 있었던 비결은 관대한 태도 덕분이다. 나는 어떤 상황에서든 "어떻게 도와드릴 수 있을까요?"라고 묻는다. 누구와 관계를 맺든 '내가 무엇을 도와줘야 상대의 삶이 나아지고, 더 즐거워지고, 더 생산적이고, 더 매력적이고, 더 만족스럽고, 더 보람찰 것인가?'를 늘 고민한다. 이 중 특별히 더 중요하다는 생각이 드는 사람이 있을 때는 그 사람에 대해 꼼꼼한 조사를 한다. 그러고는 '관대한 선물'을 최소 다섯 개 이상 준비한다. 여기서의 선물은 그 사람에게 도움이 될 것 같아서 미리 생각해둔 아이디어나 접근법을 말한다.

나는 켄을 만날 때도 이런 선물을 준비했다. 켄이나 그가 투자한 회사들에게 내 인적 네트워크를 활용할 기회를 줄 계획이었다. 나는 그의 자녀들이 대학에 다니고 있다는 사실도 알고 있었다. 그래서 인턴십에 관한 조언과 소개해줄 사람들을 생각해뒀다. 켄이 아내와의 별거로 고민 중이고 심리 상담이 필요하다는 사실을 알게 된 뒤엔 셔노와 상담할 수 있도록 도왔고, 첫 치료비도 내주겠다고 제안했다. 중요한 것은, 내가 아낌없이 베풀려고 노력했다는 것이다.

세계적인 베스트셀러 작가 애덤 그랜트는 《기브 앤 테이크: 주는 사람이 성공한다》에서 시간과 전문 지식을 동원하여 관대한 마음으로 사람들을 돕는 일의 이득에 관해 얘기한다. 나는 그랜트가 펜실베이니아대학교 와튼 스쿨의 교수로 재직할 때 그를 처음 만났다. 그는 내가 쓴 《혼자 밥 먹지 마라》를 읽었다면서 관대함이 네트워킹에서 미치는 특별한 역할에 관해 좀 더 알고 싶다고 했다. 나는 그것을 '점수를 따지지 않고 베푸는 일'이라고 대답했다.

그 후 우리는 친구가 되었고, 서로 많은 것을 공유했다. 심지어 그는 자신의 책에 내가 들려준 말을 인용하기도 했다. "성공의 비결을 한 단어로 요약하면 바로 '관대함'이다. 사람들을 관대한 태도로 대하면 보상이 따라올 것이다."

애덤은 자신이 '주는 사람들givers'이라고 표현한 사람들이 존재 방식의 하나로서 다른 사람에게 베푼다는 사실을 알아냈다. 다시 말해 그들은 그런 식으로 세상에 모습을 드러낸다는 것이다. 주는 사람들은 자신의 시간과 에너지, 자원, 지식을 다른 사람들에게 제공한다. 돌려받길 기대하는 것 이상으로 다른 사람들을 위해 가치를 창출한다. 그러면서 애덤은 이들이 비즈니스에서 가장 성공하고, 생산적이고, 효과적으로 일하는 사람들 사이에 자리 잡고 있다는 사실을 밝혀냈다.

애덤은 책에서 이렇게 적었다. "성공적으로 주는 사람들의 가장 놀라운 특징은, 그들이 다른 사람들을 짓밟지 않으면서도 정상에 도달한다는 것이다. 그들은 자기 자신뿐만 아니라 주변 사람들에게까지도 모두 나눌 수 있는 파이의 크기를 키울 방법을 찾아낸다."

관대한 태도는 인적 네트워크를 형성할 때도 중요하지만 동반 향상 팀을 키울 때는 더 중요하다. 동반 향상에는 많은 노력이 필요하고, 타협해야 할 것도 많기 때문이다. 희생을 해야 하거나 오래된 습관에서 벗어나야 하는 경우도 있다.

"우리의 공통 임무가 상대방에게 어떤 이득을 안겨주는가?"라는 질문으로는 부족하다. 그 대신 "상대방이 우리를 믿고 이 임무에 합류하면 삶의 질이 어떻게 향상될까?"라고 질문하고 답을 고민하라. "이 사람을 팀에 합류시키려면 어떤 문제를 더 신경 써서 도와줘야 할까?"를 더 고민하라.

누군가를 감동하게 할 생각으로 "어떻게 도와드릴 수 있을까요?"라고 물으면 그 사람은 '잠깐, 지금 무슨 일이 일어나고 있는 거지?'라고 의심하게 된다. 이런 순간은 상대방의 이목을 끄는 강력한 힘이 있다. 당신에 대한 상대방의 투과성이 높아지는 순간이자 상대방이 당신에게 마음을 더 여는 순간이다. 돕겠다는 말에 마음을 닫는 사람은 없다. 그 한마디에 감동을 받아 불과 몇 초 전까지는 상상도 못했던 방식으로 마음을 터놓을지도 모른다. 나는 켄이 나를 만난 날 '키이스가 나를 도와줄 수 있을까?'라는 생각을 절대로 하지 않았다고 확신한다. 이것이 바로 돕겠다고 제안하고 누가 더 많이 줬는지 따지지 않고 관대하게 베푼 결과다.

당신에 관해 먼저 이야기하라

상대방을 돕는다는 것은 그 사람과 더 깊은 관계를 맺어도 된다는 일종의 허락을 받은 것과 같다. 이제 두 사람의 관계가 더 깊어지도록 진심으로 마음을 터놓는 과정을 시작하면 된다.

겸손하고 진솔한 태도로 상대를 대하면 서로의 인간성에 의지하게 되고, 상대방도 마음을 열고 당신과 위험을 더 많이 감수하게 만들 수 있다. 당신은 더 이상 '회계팀에서 일하는 코디'나 '법무팀에서 일하는 알리사'가 아니다. 당신은 감정과 경험, 목표를 가진 존재이며 팀원들이 공감할 수 있는 사람이다. 당신에게 닥친 힘든 일뿐만 아니라 목표와 꿈에 관한 이야기를 먼저 공유해보라. 그러면 팀원들 또한 마음이 움직여 자신의 이야기를 들려줄 것이다.

대화는 고도의 지능을 요구하는 활동이 아니다. 그런데 많은 사람들이 이 단순한 진리를 모른다. 바쁘겠지만 틈을 내서 팀원이나 팀원이 되길 바라는 사람들과 대화를 나눠보라. 확신하건대, 이것은 매우 보람차고 생산적인 활동이다.

상대의 이야기에 귀를 기울이고, 그 사람에 관해 더 많은 것을 알게 된 뒤에는 계속해서 스스로에게 이렇게 물어라. "저 사람을 어떻게 도와줄 수 있을까? 어떻게 하면 문제를 해결할 수 있을까? 어떻게 하면 저 사람과 동반 향상할 수 있을까? 저 사람이 열망과 꿈을 이루게 하려면 어떻게 도와야 할까?"

이것이 바로 내가 켄을 만났을 때 한 일이었다. 팀원에 대한 투과성이 높아질수록 당신은 그에게 더 많이 베풀 수 있다. 또 팀원이 당신에게 도움을 많이 받을수록 그는 당신에게 자신의 이야기를 더 많이 공유할 것이다. 이 관계는 결국엔 선순환을 일으켜 두 사람의 관계를 진전시키는 것은 물론 공통의 임무를 실현하는 날을 앞당겨줄 것이다.

투과성을 높이는 것은 직장에서뿐만 아니라 일상생활에서도 유대감과 신뢰를 쌓는 길이다. 이렇게 실질적이고 인간적인 유대감을 쌓는 과정에서 팀을 이끌고, 목표를 달성하고, 동반 향상하는 길로 나아갈 수 있다.

동반 향상은 우리가 추구하는 '서로에게 봉사하기' 문화를 촉진하는 중요한 개념으로, 우리 회사가 성공하는 데 매우 큰 역할을 했다. 급격한 변화 속에서 우리는 상호 의존이 중시되는 현실을 반영하기 위해 운영 모델을 재설계했다. 우리는 지금 조직적인 사일로를 무너뜨리고, 전통적인 권위와 자원의 통제 없이도 성과를 올릴 수 있는 팀을 운영하고 있다. 이런 환경에서 성공하려면 솔직함과 진정성이 있어야 한다. 철저한 투명성과 완전한 솔직함을 얻는 데 필요한 신뢰의 기반을 다져야 한다.

_ 이퀴닉스Equinix의 최고경영자 찰스 메이어스Charles Meyers

당신의 진심을 상대가 느끼게 하라

사람들을 효과적으로 이끌려면 당신이 팀원들을 아낀다는 사실을 그들이 느낄 수 있어야 한다. 그러기 위해서는 의식적으로 행동해야 하고, 이를 팀원들이 알 수 있게 해야 한다. 가장 좋은 방법은, 말로도 알려주고 행동으로도 보여주는 것이다. 어떤 방법이든 상대방이 당신의 진심을 '경험할' 수 있게 해줘야 한다.

켄과 만나던 날 나는 그를 돕고 싶다는 뜻을 보이면서 나에 관한 이야기를 공유했다. 하지만 대화가 끝나갈 즈음이 됐음에도 여전히 무언가가 부족한 느낌이 들었다. 우리가 좋은 관계를 형성할 수 있는 탄탄한 기반이 아직 제대로 마련되지 않은 것 같았다. 나는 내가 이 만남을 얼마나 중요하게 생각하는지 솔직하게 표현하지 못했다고 생각했다. 그런 중요한 말을 하지 않고 넘어갈 수는 없었다.

"켄씨, 저는 켄 씨를 돕겠다고 굳게 마음먹었습니다. 업무적으로든 개인적으로든 도와드리고 싶어요. 우리가 투자자와 투자 대상으로 만났더라도 일방적인 관계는 원하지 않습니다."

가끔은 이런 식으로 대놓고 표현해야 한다. 이 말이 빈말이 아니며 진심이라는 것을 상대가 느낄 수 있게 해야 한다.

누군가를 아끼는 마음을 표현하는 방식은 사람마다 다르다. 아직 내가 학자금 대출의 압박에 시달리고 있던 시절, 딜로이트의 최고경영자 팻 로콘토가 내 아버지의 장례식에서 꽃값을 내준 일을 생각하면 여전히 목이 멘다.

간혹 명함에 '유대감 전문가'나 '아낌없이 드립니다'와 같은 문구를 넣는 사람들이 있다. 나는 이런 사람들을 볼 때마다 이 문구는 쓰지 않는 게 좋겠다고 진심으로 조언한다. 자칫 지나친 자기 홍보로 보일 수 있기 때문이다.

그렇다면 팀원을 아끼는 것이 왜 중요할까? 팀원들이 당신의 진심을 이해해야만 동반 향상을 시작할 수 있기 때문이다. 다시 말해 그들의 허락이 떨어져야만 의미 있는 협업과 상호 발전을 위한 노력이 가능하다. 또 동반 향상 관계를 형성하려면 '솔직한 피드백'을 주고받을 수 있어야 한다. 당신의 목표, 팀의 임무, 개인의 성과 등에 대해 솔직하게 대화하고 논의하라. 강조하건대, 팀과 함께 나아가 잠재적인 팀원들과 함께 이 일을 효율적으로 해내고 싶다면 그들을 아끼고 신뢰하라.

개중에는 당신이 별로 '좋아하지' 않는 사람도 있을 것이다. 당연한 일이다. 그래도 상관없다. 당신의 팀원으로 누구를 선택할지 고민하는 과정에서도 이런 일이 발생할 수 있다. 역시나 상관없다. 중요한 것은, 그들과 동반 향상하겠다는 결심에 진심을 담는 것이다.

다시 한번 강조하건대, 사람들은 당신이 그들과 조직을 위해 무엇을 해줄 수 있는지만 따지지 않는다. 당신이 그들에게 득이 되는 일에 신경을 쓰고 그들이 원하는 것과 조직이 원하는 것 사이의 균형을 투명하게 유지하는지를 지켜본다. 따라서 여기에 이기적인 계획이 끼어들 자리는 없다. 이기적인 계획이 끼어드는 순간 그들은 당신과 동반 향상하려던 생각을 싹 지울 것이다. 당신의 목표는 당신 개인의 영광이나 사사로운 계획을 발전시키는 것이 아니라 모두 함께 '팀'으로 승리하는 것이 되어야 한다.

위계질서에 바탕을 둔 리더십이 자연스러울 때가 많다. 신생 기업일수록 특히 더 그렇다. 하지만 기업의 규모가 커질수록 그런 리더십은 효과를 발휘하지 못한다. 페라지의 동반 향상에 관해서 처음 들었을 때 나는 그 개념이 서번트 리더십servant leadership으로 가는 방법론임을 곧바로 깨달았다. 서번트 리더십은 내가 선호하는 접근법으로, 서로를 돕는 데 초점을 맞추고 있다. 분명히 말하건대, 이 작업에는 많은 시간이 필요하다. 하지만 오늘날 시장이 가하는 압박에 대처하려면 반드시 필요한 작업이고, 나는 시간을 유용하게 썼다는 생각이 든다.

_ 도큐사인Docusign의 최고경영자 댄 스프링거Dan Springer

세 번째 규칙: 실천 방법

비밀을 한 가지 알려주려고 한다. 진심으로 동반 향상의 길을 걸으면 일이 잘못될 수가 없다. 믿기지 않는가? 애덤 그랜트는 이렇게 말한다. "주는 사람들이 호의를 얻고 신뢰를 쌓는 데는 시간이 걸린다. 하지만 결국에는 그들의 성공을 돕는 명성과 인맥을 쌓게 된다."

당신이 팀원을 돕고 아끼고 마음을 나누다 보면 상대도 어느 순간 당신에게 호기심을 보이고 마음을 터놓게 될 것이다. 그러니 동반 향상하는 사람들의 마음을 움직일 수 있는 것이 무엇인지 끊임없이 고민하라. 그래야 그들을 당신의 팀원으로 만들 수 있다.

이제부터는 당신이 팀원들을 돕고 당신의 이야기를 더 깊이 공유할 수 있는 방법들을 알려주려고 한다. 여기에 소개한 방법을 전부 쓸 필요는 없다. 각자의 상황에 맞게 선택하면 된다. 분명한 것은 이 방법들이 도움이 될 거라는 사실이다.

||| 방법1_ 황금률은 잊어라

"남에게 대접받고자 하는 대로 너희도 남을 대접하라."

내가 주일학교에서 배운 황금률이다. 어떤 행동을 하기 전에 다른 사람이 나에게 그런 행동을 하면 어떤 기분이 들 것 같은지 생각해보라는 말로, 윤리적인 관점에서 보면 제법 좋은 말이다. 하지만 변화를 위한 도구로서는 만족스럽지 않다. 나에게 동기를 부여하고 내가 신이 나서 거침없이 뛰어들게 만드는 일이 동반 향상하려는 팀원들에게도 똑같은 의미로 다가가지는 않기 때문이다.

남의 허락을 구하는 것에 대해 나는 내가 이름붙인 '백금률'에 의존한다. "그들이 대접받고자 하는 대로 그들을 대접하라."

백금률을 따르려면 진심으로 호기심을 드러내고, 인내심을 가지고 경청하고, 상대방에 관해서 알아야 한다. 백금률은 황금률보다 따르기가 더 어려운데, 백금이 금보다 훨씬 희귀하다는 점에서 이름을 잘 붙였다고 생각한다.

황금률의 경우 상대적으로 백금률보다 따르기가 쉽다 보니 함정으로 작용할 수도 있다. 남의 이야기를 듣지 않고 주제넘게 구는데도 잘하고 있다고 스스로 착각하는 경우가 그렇다. 나도 한때 이런 함정에 빠졌던 적이 있었다.

페라지 그린라이트의 설립 초기, 나는 마일스와 함께 일하고 있었다. 마일스는 대형 식품 소매업체의 최고마케팅책임자였다. 나는 과거의 나를 떠올릴 수 있게 해주는 마일스를 진심으로 좋아했다. 아직 신생 기업이었던 페라지 그린라이트는 소매업체의 시장 진출 전략 업무를 돕고 있었다. 나는 마일스가 그 변화를 촉진할 수 있는 유일한 사람이자 적임자라고 생각했다.

어느 날 저녁, 간부들과의 저녁 식사를 앞두고 나와 마일스는 술을 함께 마셨다. 그 자리에서 나는 마일스를 격려하면서, 마일스의 계획이 그를 다른 간부들과 차별화시킬 것이라고 말했다. 사실 내 눈에 다른 간부들은 들어오지 않았다. 하지만 마일스는 젊었고, 미래도 유망했다. 나는 마일스가 결국엔 최고경영자 후보에도 오를 것이라고 말했다. 다른 리더들은 최고경영자 자리를 받기엔 적당해 보이지 않았기 때문이다.

이상한 일은 그 후에 일어났다. 몇 달에 걸쳐 마일스가 위험을 회피하는 모습을 보인 것이다. 위험을 감수하면 그만큼 시장 점유율도 높아지고, 마일스의 커리어에도 도움이 될 것이 분명했다. 나는 이해할 수가 없었다. 마일스의 최고경영자는 혁신에 목말라한다는 점을 분명하게 보여주고 있었다. 그래야만 월마트를 비롯한 다른 업체들보다 앞설 수 있기 때문이다.

나는 마일스를 계속 밀어붙였다. 그가 일반적인 통념에 이의를 제기하기를 바랐다. 내가 마일스였다면 더 큰 성과를 올리기 위해, 그리고 승진을 위해 기회를 바로 잡았을 것이다. 하지만 마일스는 아니었다.

그런 마일스가 답답했지만 그와의 사이는 점점 돈독해져서 우리는 비즈니스 관계를 넘어 진짜 친구가 되어 있었다. 그것은 내가 다른 사람들보다 그를 더 강력하게 밀어붙여도 된다는 허락을 받았다는 의미였다. 하지만 마일스는 아무리 세게 밀어도 꿈쩍하지 않았다.

당시 나는 아직 초보 코치였다. 문제가 있는 사람은 마일스가 아니라 '나'라는 사실을 알아차리는 데 많은 시간이 걸렸다. 마일스는 내가 그와 비슷한 나이에 그랬듯 야망이 크거나 높은 자리를 향해 올라가고 싶은 생각이 많지 않았다. 회사의 최고마케팅책임자로서 자신의 역할과 그 역할이 주는 안정감에 더 큰 의미를 두고 있었다. 기회를 노리고는 있었지만 더 높은 자리로 올라가는 데는 적극적이지 않았던 것이다.

그런 그에게 최고경영자가 되고 커리어를 더 키우라는 나의 주제넘은 조언은 그를 매우 심란하게 만들었다. 이것이 바로 마일스가 내 조언을 들으려고 하지 않은 이유였다. 마일스는 심지어 자신이 생각하기에 합리적인 조언도 받아들이길 거부했다.

결과적으로 나는 마일스가 어떤 사람인지, 그가 무엇을 원하는지 몰랐다. 마일스는 그저 주어진 일해 최선을 다하고, 회사에 보탬이 되고 싶었다. 그런 마일스에게 나는 승진할 수 있다는 소리만 늘어놓았던 것이다. 나는 우리의 공통 임무에 집중하고 '그가 원하는 방식으로' 성공하도록 그를 도왔어야 했다. 회사의 경쟁력 확보를 위해 마일스가 최고의 전문가가 될 수 있도록 도왔어야 했다.

그렇다고 해서 마일스가 내 말을 전혀 듣지 않은 것은 아니다. 나는 마일스가 시장에 진입하는 거대 조직에 맞서 승리를 거두는 모습을 목격했다. 간부들과 함께 제품, 상품화, 마케팅, 유통 전략에 변화를 도입하는 모습도 확인했다. 그 덕분에 다른 기업들은 문을 닫거나 고전을 면치 못했지만 마일스의 회사는 승승장구했다. 시장에서 충분히 지켜낼 수 있고 수익성이 있는 위치를 점한 것이다.

내 바람과 달리 마일스는 최고경영자가 되지는 못했다. 대신 그는 자신이 세운 마케팅 기법과 유통 전략을 이끄는 것을 즐겼다. 지금은 은퇴하여 자신이 중요하다고 생각하는 것을 누리며 하루하루 행복한 나날을 보내고 있다.

마일스와 함께 일한 경험은 나에게 상대가 가진 가치와 인식이 얼마나 다른지, 그리고 중요한지를 일깨워 주었다. 마일스 덕분에 나는 우리의 공통 임무에 상대방이 추구하는 가치를 편입시키는 방법을 배웠다.

일을 하다 보면 팀원이 원하는 것과 프로젝트에 필요한 것이 일치하지 않은 경우가 종종 생긴다. 아무리 같은 일을 하더라도 그것을 보는 시각은 사람마다 다르기 때문이다. 명심할 것은, 상대가 내는 모든 아이디어는 실행 가능한 것들이라는 데 있다. 그리고 이런 상황은 당신이 탄탄한 동반 향상 관계를 구축하는 데 신경 쓴 이유를 상기시켜 준다. 두 사람 모두 지금의 관계를 중시하고 있으며, 임무를 완수하기 위해 협업하고 있다는 사실을 이해하면 서로의 의견이 일치하지 않는 상황에서도 큰 아이디어를 이끌어낼 수 있다. 같이 일하면서 의견이 일치하지 않는 일은 수도 없이 일어난다. 때로는 당신의 의견을 접고 다른 사람이 영웅이 될 만하다는 사실을 인정하는 것이 최고의 해결책이 될 수도 있다.

팀에 도움이 될 방법을 찾을 때 팀원들의 근본적인 욕구와 목표를 이해하지 못한 채 당신의 생각을 강요해서는 안 된다. 팀원들이 들려주는 말과 그들의 행동에 집중하라. 그들의 선택과 취향, 목표, 열망을 모두 받아들일 필요는 없지만 이해는 해야 한다. 이것은 백금만큼이나 값진 교훈이다.

⫴ 방법2_푸른 불꽃을 찾아라

모든 사람은 가슴에 '푸른 불꽃blue flame' 하나씩을 지니고 있다. 여기서 말하는 푸른 불꽃은 '우리 삶에 의미를 부여하고, 살면서 가장 중요하게 생각하는 가치'를 말한다. 그것은 목적, 열정, 소명이 될 수도 있고, 내면 깊은 곳에 있는 열망이 될 수도 있다. 누군가의 내면에서 켜진 푸른 불꽃은 세상에 변화를 일으킨다.

누군가의 푸른 불꽃을 찾으려면 내가 켄에게 쓴 방법을 따라하면 된다. 그 사람에 관해서 진심으로 궁금해하는 것이다. 상대방에 관해서 물어본 뒤에 그가 어떻게 반응하는지 살펴보라. 이때 중요한 것은 상대방의 말을 '경청하는' 것이다.

나는 한때 영적치료사들과 일하면서 '발언 막대기talking stick'를 알게 되었다. 막대기가 한 사람에게서 다른 사람에게로 전달되는데, 그 막대기를 가진 사람에게만 발언권이 생기는 규칙이다. 막대기를 든 사람이 말할 때는 누구도 그 사람의 말을 방해할 수 없으며, 그렇다 보니 누구도 자신에게 유리하게 대화를 끌고 갈 수 없다.

팀원의 말에 집중하기 어렵다면 팀원에게 발언 막대기를 건네줬다고 상상해보라. 사람들의 푸른 불꽃이 켜지고 그 불꽃이 더 커지도록 돕다 보면 놀라운 경험을 하게 될 것이다. 사람들의 열정과 당신의 열정이 일치되게 해보라. 그러면 사람들에 대한 투과성이 높아지는 동시에 자연스럽게 그들과 함께할 수 있을 것이다.

이것이 바로 내가 레이첼에게 제안한 내용이다. 레이첼은 대형 통신업체의 인사부 책임자였다. 그녀는 나에게 자신의 상사이자 최고경영자 자리에 오를 가능성이 큰 맬컴에 관한 불평을 늘어놓았다. 맬컴 밑에서 오랫동안 일하며 충성했는데 그가 딱히 자신을 아끼거나 챙겨주지 않는 것 같다는 불만이었다. 회사의 차기 글로벌 인사팀 책임자 같은 큰 자리에 관심이 있는지 물어보지 않은 것이 레이첼로서는 서운했던 것이다.

나는 레이첼에게 맬컴의 푸른 불꽃이 무엇인지 아느냐고 물었다. 맬컴이 최고경영자가 되길 원하는지, 아니면 금전적 보상을 얻고 싶어 하는지 물었다. 그것도 아니면 자존심을 세워주길 바라는 건지, 권력이나 영향력을 갖길 바라는 건지도 물었다. 나는 심리상담사는 아니지만 맬컴이 누군가에게 자신의 능력을 증명해 보이고 싶은 게 아닌가 하는 생각이 들었다.

레이첼은 그제야 자신이 맬컴에 대해 거의 모른다는 사실을 깨달았다. 맬컴을 위해 20년 넘게 일했는데도 말이다. 곰곰이 생각해보니 레이첼은 맬컴이 통신업계에서 가진 위상과 역할을 매우 자랑스럽게 생각하고 있었다. 하지만 맬컴이 지금의 위치를 갖는 데 레이첼이 결정적인 도움을 준 적은 딱히 없었다. 이 사실을 인지한 순간 레이첼은 계획을 세우기 시작했다. 파괴적인 변화를 겪고 있는 업계와 시장의 힘이 시시각각 변하는 상황에 맞춰 기업에 필요한 인적 자본을 예측한 전략안이었다. 그 프로젝트를 위해 함께 일하는 것이 맬컴과 레이첼의 동반 향상에 가장 필요한 일이라는 생각이 들었다. 맬컴은 레이첼이 준비한 자료를 가지고 회의에 참석할 것이고, 이제 맬컴은 더더욱 입지를 굳힐 수 있을 것이다. 이 말은 곧 맬컴의 팀에 레이첼이 포함됐다는 의미다.

사람의 푸른 불꽃은 지문만큼이나 서로 다르다. 팀원이 푸른 불꽃을 더 세게 켜고 그 불꽃이 더 밝게 타오를 수 있도록 도울 방법을 찾아보라. 이것이야말로 누군가에게 투자할 수 있는 최고의 방법이다.

팀원의 푸른 불꽃을 파악했다면 그 사람과 대화를 나눌 때마다 직접적으로든 간접적으로든 그 사람의 푸른 불꽃을 염두에 두라. 동반 향상 관계에서 당신의 역할은 파트너의 성장과 발전을 책임지는 것이다. 수십 년 전 리더들이 직속 부하 직원을 책임졌듯이 말이다.

팀원의 푸른 불꽃을 찾아내 팀원이 그 불꽃을 잘 돌볼 수 있도록 돕는 동시에 당신의 푸른 불꽃을 공유하는 것도 잊지 말아야 한다. 중요한 것은, 팀원들이 열정을 느끼는 일이 무엇인지 당신이 알고 있다는 사실을 팀원들이 아는 것이다. 그러면 당신과 당신의 아이디어에 대한 팀원들의 투과성이 높아지고, 동반 향상의 기반도 더욱 단단하게 다져질 것이다.

||| 방법3_ 같이 일하면 재미있을 것이라고 알려줘라

직설적으로 말하면, 자신이 직장에서 하는 일이 너무나 많고 힘들다고 생각하는 사람이 많다. 어쩌면 당신도 같은 생각을 하고 있을지 모른다. 여론조사 기관 갤럽이 20년 간 직장에서의 몰입 수준을 추적 발표한 결과에 따르면 근로자들의 몰입도가 가장 높았던 것은 2018년이다. 역대 최고치라고 하지만 몰입도는 고작 34%밖에 되지 않았다. 이 말은 곧 근로자의 3분의 2는 매일 직장에서 하루를 그냥저냥 보내고 있다는 의미다. 바꿔 말하면 자신이 하는 일에 감정적으로, 그리고 지적으로 몰입하기 어렵다는 의미일 것이다. 이것이 바로 동료들에게 당신과 같이 일하면 재미있을 거라고 알려줘야 하는 이유다. 팀원들이 일을 통해 활력과 흥분, 재미를 느낄 수 있게 한다면 팀원들의 몰입도는 놀라울 만큼 높아질 것이다.

당신이 권위와 상관없이 사람들을 이끌고 프로젝트에 합류해 달라고 제안하기만 해도 기뻐하는 사람이 있을 것이다. 그런 사람들의 투과성을 높이려고 노력하면 팀과 임무를 진심으로 생각하는 것을 넘어 팀과 함께하려 한다는 이미지를 구축할 수 있을 것이다.

사람들은 대개 구직 면접을 볼 때 자신의 가능성이 용솟음치는 것을 느낀다. 자신이 새로운 역할을 맡아 여러 가지 일을 해낼 수 있을 거란 생각에 흥분을 느끼는 것이다. 물론 시간이 지나면 현실을 직시하겠지만 사람들에게 그런 기쁨을 심어주는 역할을 멈춰서는 안 된다.

여러 연구에 따르면 직원의 절반 정도는 자신의 일이 실질적인 의미나 의의가 없다고 생각한다. 어떤 직급에 있든 직원을 관리하는 책임자라면 이 문제를 심각하게 여겨야 한다. 방금 소개한 연구를 분석한 결과 자기 일에서 의미를 찾아내는 직원들이 이직할 확률은 그렇지 못한 직원에 비해 이직하지 않을 확률이 3배 이상 높기 때문이다.

자신이 하는 일에서 의미를 찾는 것은 인간의 중요한 욕구다. 어쩌면 행복보다 더 중요하다. 행복한 삶과 의미 있는 삶은 엄연히 다르다. 자신의 욕구만 만족시키면서 행복하게 살아도 된다. 하지만 '의미 있는' 삶을 살려면 다른 사람들을 위해서도 무언가를 해야 한다. 이것이 바로 권위와 상관없이 사람들을 이끌 때 얻을 수 있는 의미다. 팀원들에게 의미 있는 일을 찾을 수 있는 방법, 그 일을 할 수 있는 방법을 제시하면 된다. 동반 향상은 딱딱한 위계질서가 아니라 인간관계에 바탕을 둔 따뜻한 동행이다. 오늘날 직장인들이 느끼지 못하는 '의미'가 동반 향상 안에 담겨 있다. 그리고 당신이 노력하면 모두가 이 '따뜻한 동행'을 함께할 수 있다.

||| 방법4_ 상대가 좋아하는 언어를 써라

데빈 위니그Devin Wenig는 이베이eBay의 전 최고경영자다. 나는 그가 로이터에 있을 때 처음 만났다. 당시 나는 위니그가 속한 간부팀이 대규모 합병을 무사히 마칠 수 있도록 코치하고 있었다. 존 리드 도딕John Reid-Dodick은 로이터의 인사팀 책임자였다. 그는 자신과 데빈이 페라지 그린라이트를 신뢰하게 된 계기에 대해 〈하버드 비즈니스 리뷰Harvard Business Review〉 등에 실린 내 논문들 때문이라고 했다. 내가 주장을 잘 전개했고, 주장을 뒷받침하는 자료도 탄탄하다고 본 것이다.

데빈과 존은 코칭을 받고 싶어 했다. 하지만 그들은 정식으로 훈련받은 영리한 변호사였다. 그런 만큼 데이터가 그들의 생각을 증명해주길 원했다. 다행히 우리 회사는 유대감, 자신의 약한 면을 인정하는 태도, 동료 간 성과에 대해 책임을 지는 태도 등이 전부 팀의 실적과 주주 가치에 영향을 미쳤다는 사실을 증명했다. 내가 쓴 논문들이 데빈과 존이 이해하는 언어로 그들에게 가 닿은 것이다. 신뢰할 수 있는 조사와 탄탄한 데이터 덕분에 우리 회사에 대한 투과성이 높아졌고, 그 다음은 순조롭게 흘러갔다.

동반 향상을 통해 경험하고 싶은 개인적·감정적 성장에 관심을 보이는 최고경영자가 종종 있다. 하지만 결국 이들의 마음을 움직이는 것은 측정할 수 있는 이득이 나타날 것이라는 기대감이다. 여기에는 깊은 유대관계도 중요하지만 분명하고 탄탄한 논리가 더 큰 영향을 미친다. 그리고 거기에는 비즈니스를 하는 사람들이 사용하기 좋아하는 언어가 사용된다.

‖ 방법5_ 당신의 이야기를 들려줘라

공감은 관계를 더 돈독하게 만들어주는 다리 역할을 한다. 그렇다면 이 다리를 이용하는 방법은 무엇일까? 자신의 연약한 면을 솔직하게 드러내는 것이다.

사람들이 쉽게 믿어주지 않지만 나는 원래 내형적인 사람이다. 외향적인 사람들에게는 자연스럽고 쉬운 일이 나에게는 큰 결심을 하고 확실한 목적이 있어야 할 수 있는 어려운 일이다. 많은 사람들 앞에서 강연을 하고 사람들을 만나 대화하면서 나는 나의 얘기를 하는 것이 소통에 효과적이라는 사실을 깨달았다.

다행스럽게도 나는 사람들에게 들려줄 이야기를 많이 갖고 있다. 나는 사람들에게 아버지가 블루칼라로 일하시던 어린 시절과 모든 것을 다 가진 부자 아이들과 함께 엘리트 학교에 다니던 시절의 얘기를 자주 한다. 입양한 두 아들을 키우며 겪는 어려움과 기쁨에 대해서도 솔직하게 털어놓는다. 과거에 했던 실수나 요즘 노력 중인 리더십 기술에 관한 이야기도 한다. 이런 대화 주제는 전부 한때 내가 꺼내놓기 두려워했던 얘기들이다.

내가 개인적인 이야기를 털어놓는 이유는 나도 그들과 똑같이 어려운 길을 걸어왔다는 것을 보여주기 위해서다. 내 진심을 보여주고 함께 성공을 누리고 싶다는 뜻을 보이고 싶어서다. 이런 식의 솔직한 대화가 사람들을 불편하게 만들 수도 있지만 반대로 둘 사이의 벽을 빨리 허물게 해줄 수도 있다. 개인적인 이야기를 나눌 수 있을 때 서로의 가면이 벗겨진다. 이것이 바로 공감대를 형성하고 투과성을 높일 수 있는 확실한 방법이다.

중요한 것은, 내가 모든 일을 계획적으로 한다는 데 있다. 즉 미리 생각해보고 분명한 의도를 가지고 행동한다. 그렇다고 해서 내가 말에 진심을 담지 않거나 사람들을 조종하는 것은 절대 아니다. 나의 약한 면을 솔직하게 보여주는 것이 개인적인 관계나 비즈니스 관계를 형성할 때 중요한 역할을 한다는 것을 나는 확실하게 안다.

고백하건대, 사회에 막 첫발을 내디뎠을 때만 해도 나는 내가 자신감이 부족하다고 생각했다.(지금도 가끔 그런 기분이 든다.) 그래서 약한 면을 숨기려고 사람들에게 일부러 자랑을 늘어놓고, 알고 지내는 영향력 있는 사람들의 이름을 들먹이고, 최대한 빨리 신뢰를 쌓으려고 서둘렀다. 하지만 어느 순간 불안감을 떨쳐내기 위한 그런 행동들이 무의미하게 느껴졌고, 그 후로 의미 없는 자랑을 멈췄다.

휴스턴대학교의 교수이자 작가인 브레네 브라운Brené Brown은 취약성에 대해 불확실성과 위험에 대한 부담, 감정의 노출이 뒤섞인 것이라고 정의했다. 브라운은 수치심이 사람들을 무력하게 하는 효과에 대해 수년 동안 연구했고, 이를 수치심 회복 탄력성shame resilience에 관한 이론으로 발전시켰다. 베스트셀러《마음 가면Daring Greatly》을 통해 "우리는 '도움이 필요합니다', '그것은 제 실수입니다', '단순히 직함이나 수입을 성공의 기준으로 더는 삼지 않으려고 합니다'라고 용감하게 말할 수 있는 사람들에 목말라 있다"라고 말했다.

중요한 것은, 약해 보이려고 약한 면을 드러내는 것이 아니라 다른 사람과 교감하고 신뢰를 쌓기 위해 자신을 드러내야 한다는 것이다. 우리가 동반 향상을 위한 노력을 먼저 시작해야 하듯이 다른 사람과 관계를 맺는 데 있어서도 교감을 쌓는 일을 먼저 해야 한다. 방법은 어렵지 않다. 개인적으로든 업무적으로든 어려운 점을 털어놓고 마음을 있는 그대로 표현하면 된다.

한때 나는 상대의 사무실이나 상대가 있는 곳으로 가서 대화를 시작했다. 벽에 걸려 있는 액자나 책상에 놓인 사진을 보면 공통의 화제를 찾기가 쉬웠다. "아, 골프 치세요? 저는 주말마다 필드에 나갑니다!"

켄과의 만남에서도 마찬가지였다. 이야기를 나누는 과정에서 우리 둘 다 네바다주의 블랙록 사막에서 열리는 버닝맨 페스티벌을 좋아한다는 사실을 알게 되었다. 우리는 각자의 추억을 떠올리면서 함께 웃었다. 중요한 내용을 담은 대화는 아니었지만 서로에게 재미있는 시간이었다.

다른 사람과 공통으로 열정을 느끼는 일을 찾으려면 '가족family', '직업occupation', '취미recreation', '꿈dreams'의 네 가지 카테고리에 관한 질문을 던지는 것이 가장 좋다. (단어의 앞글자만 따면 'FORD'가 된다. 이렇게 외워두면 기억하기 쉽다.) 누구에게든 이 네 가지 영역에서 흥미로운 질문을 던지면 어느 영역에선가 그 사람의 푸른 불꽃이 타오르는 모습을 볼 수 있을 것이다. 자신의 푸른 불꽃이 무엇인지 알지 못하는 사람들이 의외로 많은데, 그것을 알게 해주는 것이 당신의 역할일지도 모른다. 여기서 노파심에 말하건대, 반드시 공통으로 열정을 느끼는 일을 찾을 필요는 없다. 그저 각자가 가장 의미 있게 생각하는 일이 무엇인지 공유하는 것으로도 충분하다. 그 순간에 당신의 진짜 모습이 드러내며, 당신의 모습을 본 상대도 마음을 터놓을 것이다.

||| 방법6_ 진심으로 체크인하라

페라지 그린라이트에는 '사적·공적 체크인Personal·Professional Check-In'이라 불리는 활동이 있다. 우리는 이 활동을 통해 직원 한 사람 한 사람이 가장 중요하게 생각하는 가치가 무엇인지 털어놓을 수 있게 격려하고 있다. 활동의 목적은 각 팀원의 마음을 짓누르는 것이 무엇인지 확인하고 해결하기 위해 도움을 주는 것이다. 이런 활동은 직접 만나서 할 수도 있고, 전화 통화나 화상 채팅을 통해서도 할 수 있다. 예를 들면 누군가에게 전화를 걸어 이렇게 말하는 식이다. "조, 안녕하세요. 키이스 페라지입니다. 오늘 런던 날씨는 어떻습니까? 주말은 어떻게 보내셨어요? 여기는 어제 아버지의 날이었는데요, 최고의 경험을 했습니다. 내 아들들이 아버지의 날을 그렇게 열심히 챙겨준 게 처음이었거든요. 정말이지 감동적이었어요. 만나서 안부를 주고받을 기회가 왔으면 좋겠네요. 어떻게 지내시는지 종종 안부 전해주세요."

이런 식으로 '사적·공적 체크인'을 하려면 사적으로, 그리고 공적으로 당신의 인생에서 일어나는 일을 상대와 공유할 마음이 있어야 한다. 그런 다음 상대방의 일상에 무슨 일이 일어나는지 묻고, 그의 이야기에 귀를 기울여야 한다.

팀원들과 함께 주기적으로 서로에게 체크인하는 연습을 해보자. 상대에 대한 섣부른 판단이 순식간에 걷히는 경험을 할 수 있을 것이다.

낸시와 짐의 이야기를 잠시 하려 한다. 두 사람은 한때 내가 일했던 자동차 제조업체의 간부들이다. 낸시는 상품개발팀을 이끌었고, 짐은 영업팀을 이끌었다. 안타깝게도 두 사람은 사이가 매우 좋지 않았다. 짐은 냉

소적인 성격에 다른 사람들에 대한 질투가 심했다. 그는 어지간해서는 낸시와 그녀의 팀을 회의에 끼워주지 않았다. 낸시의 팀원들이 자신들이 개발한 상품을 들고 시장 진출에 더 좋은 방법을 제안해도 짐이 번번이 막아섰다. 상냥한 성격의 낸시는 사람들과 갈등을 빚는 걸 원하지 않았다. 하지만 뒤에서는 사람들에게 짐에 대한 불평을 쏟아놓았다.

낸시가 다니는 회사는 분기마다 간부 회식이 있었다. 어느 날 낸시는 회식에 참석하는 모든 직원과 사적·공적 체크인을 진행해도 된다는 최고경영자의 승인을 받았다. 그 순간 짐이 관심을 보였다. 그러더니 동료 간부들에게 자신의 아내에 대한 이야기를 꺼내놓았다. 아내와 고등학생 때 만나 사귀다가 결혼했는데, 그런 아내가 안타깝게도 몇 년째 암과 싸우고 있다는 얘기였다. 그로 인해 스트레스를 많이 받고 있다고 했다. 그러면서 그동안 퉁명스럽게 말하거나 짜증을 내서 미안하다고 사과했다. 아내를 돌보는 문제로 빠른 은퇴를 고민하고 있다는 말도 덧붙였다.

짐의 이야기에 낸시는 처음으로 그의 처지에 '공감'했다. 짐이 감정적으로 극심한 스트레스에 시달리고 있다는 사실을 깨달았다. 사실 낸시는 그가 직장에서도 심한 압박을 받고 있다는 사실을 알고 있었다.

일주일 뒤, 낸시는 짐에게 점심 식사를 함께하자고 제안했다. 낸시는 짐이 자신의 초대에 응할지 궁금했다. 그에게 처음으로 손을 내밀었기 때문이다. 다행히 짐은 초대에 응했고, 점심을 함께 먹으면서 낸시는 짐에게 도움이 되고 싶다고 말했다. 그러면서 영업팀과 상품개발팀의 협업을 제안했다. 그 방법을 이용하면 짐이 책임져야 하는 데이터 분석 작업에 대한 부담을 조금이나마 덜어줄 수 있을 것 같았기 때문이다.

게다가 낸시는 짐이 그 일을 좋아하지 않는다는 사실을 알고 있었다.

예전 같았으면 짐은 바로 거절했을 것이다. 좋아하지 않는 일이긴 하지만 그 일을 하지 않는다는 건 자신의 영역 일부를 포기해야 한다는 뜻이었기 때문이다. 하지만 이번엔 달랐다. 짐은 낸시의 제안을 열린 마음으로 받아들였다. 그러고는 그녀에게 진심으로 고맙다고 마음을 전했다.

낸시는 짐에게 아내를 도울 방법이 있을지도 물었다. 그녀는 자신이 알고 있는 유능한 의사들을 소개해줄 수 있다고 말했다. 마침 낸시의 사촌이 짐의 아내가 있는 병원에서 일하고 있었다. 낸시의 말에 짐은 "그렇게 해준다면 정말 좋겠습니다. 고마워요, 낸시"라고 말했다.

짐의 아내는 결국 암을 이겨냈다. 짐은 은퇴하지 않고 회사에 남았고, 그와 낸시의 관계는 새로워졌다. 요즘에는 낸시의 팀이 영업팀에 질문을 보낼 때마다 신속하고 사려 깊게 대답해준다. 이전까지는 시간이 없다는 이유로 한 번도 답해준 적이 없던 일이다. 심지어 짐과 낸시는 새로운 프로젝트를 함께 추진하고 있다.

두 사람이 새로운 관계를 시작할 수 있었던 것은 낸시가 사적·공적인 체크인을 하자고 제안한 덕이다. 짐이 처한 상황을 알게 된 뒤 낸시는 그의 행동들을 이해하고 용서했다. 그를 관대한 태도로 이끌겠다는 다짐도 하게 됐다. 그래서 짐을 도울 방법을 찾았고, 그 과정에서 짐에 대한 투과성이 높아졌다. 짐과 긍정적인 관계를 구축한 덕분에 직장에서 받는 가장 큰 스트레스 요인도 제거했다. 짐과 프로젝트를 함께 추진하면서 앞으로 순탄할 거라는 기대도 생겼다. 실제로 낸시와 짐은 힘을 합쳐 자신들이 세운 매출 목표를 넘어섰고, 이는 회사에도 득이 되었다.

||| 방법7_ 자신보다 더 큰 무언가의 일부가 되도록 도와라

동반 향상하는 사람 또는 팀의 신조는 "임무에 전념하고 '서로'에게 전념하라"가 되어야 한다. 이 말에는 강력한 힘이 있다. 인간의 기본적인 욕구인 집단에 소속되고 싶은 욕구와 자신보다 더 큰 무언가의 일부가 되고 싶은 욕구를 자극하기 때문이다.

소외감은 현대가 낳은 질병이다. 당신의 팀원 중에도 분명 소외감을 느끼는 사람이 있을 것이다. 투과성의 반대말은 '불투과성impervious'이다. 어느 직장에나 배타적이고 접근하기 어려운 사람들이 있다. 당신이 할 일은 그런 사람들에게 소속감을 불러일으키는 것이다. 인간의 DNA에는 집단의 일원이 되고 싶은 욕구가 깊이 새겨져 있다. 알프레드 아들러Alfred Adler는 이런 욕구를 '공동체 감각community feeling'이라고 불렀다.

이번에 들려줄 이야기는 내가 한 화학 업체의 간부팀을 코치하던 시절에 일어났다. 간부들과 함께 저녁을 먹으며 개인적인 이야기를 하던 중이었다. 팀원들이 하나둘씩 자신들의 이야기를 하기 시작했다. 놀랍도록 진솔하게 자신의 얘기를 털어놓는 모습이 보기 좋았다. 그렇게 분위기가 무르익어 가던 중 더그가 갑자기 이렇게 말했다. "저는 제 이야기를 여러분과 공유할 생각이 없습니다."

분위기는 순식간에 불편해졌고, 대화도 뚝 끊겼다. 잠시 후 다시 대화가 이어지기는 했지만 이제 자기 자신에 대해 말하는 사람은 없었다. 더그의 팀은 불과 몇 달 만에 크게 성장했다. 예전에는 긴장감이 느껴질 만큼 불편했지만 이날 저녁에는 그들이 하나가 되었다는 것이 느껴질 만큼 돈독해 보였다. 서로를 위하는 마음이 보였고, 팀의 실적도 계속해서 오르고 있었다. 그랬기에 나는 더그의 반응이 의아했다.

식사를 마치고 나는 더그와 따로 이야기를 나눴다. 나는 더그에게 그가 공유하고 싶은 이야기만 공유해도 된다고 부드럽게 말했다. 하지만 더 중요한 질문이 있었다. 그가 동료들과 교감하고 팀의 신뢰를 받는 일원이 되길 원하는지, 만일 그렇다면 그의 전략은 무엇인지 궁금했다.

누구나 동료들에게 자신의 속마음을 드러내거나 드러내지 않을 권리가 있다. 이것은 개인의 선택이다. 하지만 나는 더그가 우리의 방법이 부적절하다고 판단한 이유가 진심으로 궁금했다.

이런 질문은 속마음을 드러내길 불편해하는 사람들에게 던지기 좋은 질문이다. 이때 주의할 것은, 상대방을 함부로 판단하거나 비판하지 않아야 한다는 것이다. 그런 사람들은 팀 밖에 서서 안을 들여다본다. 나는 그런 사람들에게 현재 진행하고 있는 프로젝트와 함께 일하는 팀원들에 관해서 어떻게 생각하는지 묻길 좋아한다. 어떤 점이 좋고 어떤 점이 싫은지, 프로젝트를 진행하는 분위기는 어떤지를 묻는다. 그래야 부족한 부분을 채워줄 수 있고, 문제를 해결하는 데 도움을 줄 수 있기 때문이다.

남을 자주 소외시키는 사람들은 대체로 마음의 상처를 안고 산다. 그 상처 때문에 다른 사람들과 소통하는 것을 어려워한다. 더그의 반응도 비슷했다. 자신의 영역 밖으로 나오기를 두려워하고 망설이는 것 같았다. 내 질문에도 별다른 답을 하지 않았다. 개인사는 말 그대로 개인적인 이야기일뿐이라는 말만 되풀이했다. 나는 개인사를 공유하지 않기로 한 그의 선택을 존중한다고 말해주었다.

그런데 다음에 만났을 때 더그의 모습은 달랐다. 예전보다 동료들에게 마음을 연 듯한 느낌이었다. 더그는 업무 마감 때문에 힘들어하는 다른 직원에게 자신의 팀원 한 명을 보내주겠다고 약속했다. 도움이 필요하다고 솔직하게 말한 직원의 용기를 높이 평가한다고도 말했다. 대화 주제가 개인적인 이야기로 옮겨가자 더그는 주말이 기대된다고 했다. 대학생인 큰아들과 이야기할 기회가 많지 않은데, 이번주에 아들이 온다는 얘기도 했다. 지금껏 더그가 무언가를 기대한다고 말하는 건 거의 처음이었다.

더그의 마음이 왜 달라졌을까? 더그의 마음을 바꾼 것은 무엇이었을까? 내가 더그에게 공감할 수 있는 질문을 던지면서 살짝 방향을 제시했고, 그 질문에 더그가 곰곰이 생각한 결과다. 자신보다 더 큰 무언가의 일부가 되고 싶다는 사실을 더그가 깨달은 것이다. 사내에 결속력이 점점 더 강해지는 팀이 있었고, 더그는 그 팀에 소속되고 싶었다.

더그 같은 사람들은 거부당할까봐 걱정돼서 팀 안으로 들어가길 두려워한다. 그래서 불안한 마음으로 팀 밖에서 안을 들여다본다. 다시 한번 강조하건대, 인간은 선천적으로 집단에 소속되고 싶은 욕구를 가지고 있다. 우리 모두는 집단에 가치 있고 도움이 되는 일원이다.

||| 방법8_ 연료 탱크를 계속해서 가득 채워라

동반 향상 파트너의 허락을 구하는 것은 한 번으로 끝나는 일회성 활동이 아니다. 당신이 맺고 있는 여러 동반 향상 관계 중 하나가 약해지거나 틀어졌을 때 상태를 끌어올리는 것 또한 당신의 임무다. 당신의 팀에서, 그리고 세상에서 리더가 되고 싶다면 관계의 연료 탱크에 연료가 떨어지는 않았는지, 더 채워야 하는 것은 아닌지를 항상 살펴라.

나는 동반 향상 관계가 약해지거나 틀어지는 경우를 자주 아니 수없이 목격했다. 연료 탱크를 점검하지 않은 것, 가득 채우지 않은 것이 화근이었다. 두 사람이 수년 동안 동반 향상을 이루고, 그 결과 양쪽 모두 성장했더라도 새로운 스트레스가 생기거나 달라진 우선순위가 공동의 목표를 방해하면 관계는 급속도로 냉각될 수 있다.

이것이 바로 제니퍼와 맥에게 생긴 일이다. 제니퍼는 회사의 최고운영책임자였고, 맥은 최고재무책임자CFO였다. 맥은 성격이 까칠했고, 과거에 제니퍼와 부딪힌 경험이 있었다. 하지만 두 사람은 간부들에게 보여줄 새로운 전략을 짜는 일을 맡았고, 제니퍼는 노력 끝에 맥과 함께 성공적인 동반 향상 관계를 형성했다.

두 사람이 세운 전략은 반응이 매우 좋았다. 제니퍼와 맥 공동의 노력으로 일궈낸 결과였다. 하지만 그 일이 끝나자 이제 두 사람이 함께할 업무는 없어졌고, 제니퍼와 맥은 다시 사이가 멀어졌다. 그들은 일주일에 한 번씩 잡았던 약속을 취소하기 시작하더니 결국에는 더 이상 약속을 정하지 않았다. 회의 전 함께 머리를 맞대고 준비하는 일도 그만뒀다.

그러던 어느 날, 맥이 모기업의 최고재무책임자가 명령을 내렸다면서 갑자기 예산이 삭감될 것이라는 통보를 했다. 팀원들은 나쁜 소식이 그런 식으로 던져진 것에 충격을 받았다. 회의가 끝난 뒤 제니퍼는 맥에게 사무실까지 함께 가도 되겠느냐고 물었다. 그녀는 맥에게 앞으로는 모기업이 예산 삭감을 지시하기 전에 문제를 해결할 기회를 주면 좋을 것 같다고 말했다.

멕은 제니퍼의 제안을 곱게 받아들이지 않았다. 지휘 계통을 따라 내려온 지시를 따랐을 뿐이라고 쏘아붙였다. 예산 삭감이 불만이면 매출 목표를 달성하는 데 더 신경 쓰거나 예산을 자진해서 삭감했어야 했다고도 덧붙였다.

제니퍼는 화가 머리끝까지 치밀었다. 불과 몇 달 전만 해도 그토록 가까이 일하던 사이였다. 이런 식으로 말하는 멕의 모습에 제니퍼는 배신감을 느꼈다.

제니퍼는 분노 가득한 상태로 나에게 전화를 걸어왔다. 나는 그녀에게 이렇게 흥분할 일이 아니라고 말했다. 멕에게 도움을 주고 자신의 이야기를 공유하는 중요한 노력을 제니퍼가 멈춘 결과였기 때문이다. 더 이상 협업할 일이 없다며 체크인을 그만둔 것이 문제였다. 제니퍼는 멕의 푸른 불꽃에 관해서 더는 궁금해하지 않았다. 그래서 멕의 마음이 다시 닫혔고, 제니퍼에 대한 투과성도 낮아졌다. 멕이 예전에 제니퍼를 대하던 태도가 다시 나타난 것이다. 동반 향상에 필요한 노력을 제니퍼가 멈춘 결과였다. 그래서 예산을 삭감하라는 회사의 지시에도 멕은 제니퍼에게 미리 말해주지 않은 것이다. 제니퍼와 함께 대안을 찾아볼 생각도 하지 않았다. 결국, 제니퍼와 제니퍼의 팀, 그리고 조직 전체가 대가를 치렀다.

나는 제니퍼에게 당신의 역할이 무엇인지 살피라는 원칙을 상기시켜주었다. 동반 향상하려는 팀원들의 행동이 예전 같지 않다면 이렇게 자문해야 한다. "나는 그 문제에서 어떤 역할을 했는가?" "나는 팀원들이 원하는 것을 충족시켜 주었는가?"

"맥을 탓한다고 해서 달라지는 것이 있습니까?" 나는 이렇게 물었다. "당신의 계획과 임무가 희생당하고 있을 때 남에게 손가락질하는 것은 아무 소용없습니다. 불꽃이 계속 타오르도록 신경 쓰지 못한 것은 제니퍼 씨입니다. 안타깝지만 당신 책임이에요."

> 우리는 임무를 완수하기 위해 다른 방식으로 사람들과 소통하고 그들을 선발해야 한다. 사람들의 신뢰와 믿음을 얻고 난 뒤에 그들을 이끌어야 한다. 요즘 직원들은 자신의 직속 부하가 한 명도 없는 팀에 소속되어 있다. 그런 환경이야말로 권위와 상관없이 사람들을 이끌고 동반 향상할 줄 아는 능력이 가장 필요한 곳이다.
>
> _ 줌 비디오Zoom Video의 최고경영자 에릭 유안Eric Yuan

비즈니스 이상의 무언가를 얻는다는 것

켄과의 만남 이후 우리 둘은 서로에게 각별한 사이가 되었다. 포켓코치를 운영하는 데 문제가 생길 때마다 켄은 투자자이자 고문으로서 나에게 도움을 주었다. 자신의 돈을 투자하고, 자금을 조달할 수 있는 새로운 수단을 마련하는 일도 도왔다. 이렇게 켄은 내가 불안하거나 힘들 때 마음을 터놓을 수 있는 몇 안 되는 친구가 되었다.

그러던 중 켄에게 불운이 연이어 닥쳤다. 사업이 위협받을 정도로 힘든 일이 계속되자 그의 친구들은 서서히 그를 버리기 시작했다. 켄의 불운은 2년 가까이 이어졌다. 나는 그를 지키며 꾸준히 연락을 주고받았다. 가끔은 저녁 식사를 함께하자는 명목으로, 아니 그 시간만이라도 걱정을 덜어주고 싶어서 비행기를 타고 LA로 가기도 했다. 켄이 좋아했던 연례 정치 행사가 있는데, 그해에는 초대 받지 못했다. 나는 상심한 켄을 데리고 그 자리에 함께 참석했다. (대통령 후보로 출마한 켄의 옛친구 중 한 명이 주최한 행사였다. 그는 더 이상 켄과 가까이 지낼 필요가 없다고 생각한 모양이었다.)

켄은 여전히 나의 가장 친한 친구이자 내 속마음을 털어놓을 수 있는 상대다. 좋은 일과 힘든 일을 함께한 만큼 우리는 평생 친구로 남을 것이다. 켄을 보며 확신한다. 돈을 버는 것보다 소중한 것은 서로에게 도움을 주고, 서로에 관한 이야기를 공유하고, 기꺼이 서로를 아껴줄 마음이 가득한 사람들이 곁에 있는 것이라는 사실을 말이다.

도와주기

리더는 관대한 마음으로 상대를 도우면서 이끌어야 한다. 리더가 계획하는 공통 임무나 목표를 팀원들과 함께 발전시키고 실행에 옮겨야 한다.

마음 터놓기

리더는 팀원들과 진솔한 방식으로 교감하고 서로에게 전념해야 한다.

오래된 업무 규칙

팀원들이 프로젝트나 임무를 맡도록 하려면 설득력 있는 주장을 펼쳐야 한다.

새로운 업무 규칙

팀원들이 프로젝트나 임무에 합류하게 하려면 그들의 허락을 먼저 구해야 한다. 팀원들을 돕고, 나에 관한 이야기를 들려주고, 그들을 아끼는 모습을 보여줘야 한다.

더 깊고 풍성한
파트너십을 구축하라

Create Deeper, Richer,
More Collaborative Partnerships

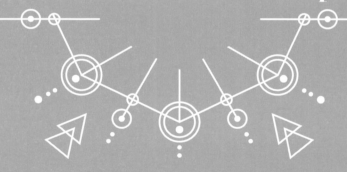

21세기형 리더가 해야 할 일은 협업을 중시하는 환경을 조성하는 것이다. 이 말은 곧 위계질서를 넘어야 한다는 뜻이다. '박스'의 핵심 가치 중 하나는 '주인이 되어라'이다. 박스의 모든 직원은 직급이나 소속된 팀과 상관없이 사람들을 이끌 권한이 있다고 생각해야 한다. 이제는 계획을 실행에 옮기는 데 초점을 맞추고 적극적으로 행동할 수 있는 팀을 만드는 것이 중요하다. 하지만 이보다 더 중요한 것은 팀과 팀원 모두 실패를 두려워하지 않는 것이다. 우리는 실패를 통해서도 많을 것을 배울 수 있다. 그렇게 배운 교훈을 잊지 않고 나중에 참고하면 된다.

_ 박스Box의 최고경영자 겸 공동 설립자 아론 레비Aaron Levie

더 깊고 풍성한
파트너십을 구축하라

2014년, 브라이언 코넬이 대형 유통업체 타깃Target의 최고경영자로 임명되었다는 소식을 듣고 나는 매우 기뻤다. 나는 브라이언이 세이프웨이Safeway의 회장이던 시절부터 그를 알고 지냈다. 그는 우리 재단 그린라이트 기빙Greenlight Giving이 빅 태스크 위켄드Big Task Weekend를 시작할 수 있게 도와줬다. 브라이언 덕분에 나는 자연스럽게 업계 리더들을 만날 수 있었다. 그중에는 공중 보건과 건강 개선을 목적으로 협업한 카이저 퍼머넌트Kaiser Permanente의 최고경영자 버나드 타이슨Bernard Tyson도 있었고, 당시 제너럴 일렉트릭에서 일하고 있던 베스 콤스톡Beth Comstock도 있었다.

안타깝게도 브라이언이 타깃을 맡았을 때 회사는 많은 문제를 안고 있었다. 하지만 나는 걱정하지 않았다. 그가 세이프웨이에서 중요한 임무들을 완수하는 모습을 봤기 때문이다. 하지만 2016년 상황은 달랐다. 브라이언과 그의 회생 팀은 말 그대로 위기를 맞았다. 줄어든 매장 방문객으로 인해 매출이 급격히 떨어졌다. 기대했던 휴가 시즌에도 마찬가지였다. 매출은 더더욱 바닥을 쳤고, 결국 회사는 그해 월스트리트 수익 목표를 달성하지 못했다. 애널리스트들은 타깃이 망했다고 혹평하면서 타깃이 아마존과 같은 거대 기업에 짓밟힐 준비가 된 평범한 대형 소매점이라고 평가했다.

2017년 2월, 브라이언은 회사의 경쟁력 강화를 목표로 70억 달러짜리 전략적 계획을 발표했다. 그날 타깃의 주가는 폭락했다. 회사가 문을 연 이래 하루 동안 가장 큰 하락치였다. 월스트리트는 타깃이 새로운 브랜드를 론칭하고, 매장을 재단장하고, 온라인 및 배달 서비스를 개선하는 데 투자한들 성공하지 못할 것이라고 평가했다.

이들의 예측이 틀렸다는 걸 증명하는 데는 고작 2년 조금 넘는 시간이 걸렸다. 2019년 8월, 타깃의 주가는 사상 최고치를 기록했다. 2019년 회계연도의 수익은 2017년 대비 7% 이상 급증했다. 그리고 2019년 12월 타깃의 주가는 또 한 번 사상 최고치를 찍었다. 불과 일 년 만에 주가가 거의 두 배로 뛴 것이다.

타깃의 회생에서 가장 주목할 특징은, 2년 남짓한 시간 동안 새로운 브랜드를 30개 넘게 론칭했다는 것이다. 무엇보다 회사의 정체성인 '저렴하고 세련된 패션'에 초점을 맞췄다. 그러면서 타깃은 매출을 100억 달러로 끌어올리겠다는 목표를 세웠다. 이는 소매업 역사상 전무후무한 일로, 목표를 달성하기 위해서는 새로운 브랜드를 대거 쏟아내야 했다.

이전까지 타깃이 새로운 브랜드를 시장에 선보일 때 걸린 시간은 대략 1년이었다. 하지만 이제는 상황이 달라졌다. 브랜드 디자인 연구소의 책임자 데이비드 하트만과 법률팀의 책임자 스티븐 리는 매년 10개 이상의 브랜드를 디자인하고 상표 등록을 해야 했다. 브랜드 하나당 주어진 시간은 5개월이 채 안 되었다.

실패는 있을 수 없는 일이었다. 2016년 당시 소매업체들은 줄도산했고, 수천 개의 매장이 사라졌다. 업계에서는 이 사건을 '소매업계의 종말'이라고 불렀다. 살아남으려면 일하는 방식과 협업하는 방식을 근본적으로 바꿔야 했다. 타깃은 새로운 형태의 협업을 통해 해결책을 찾아냈다. 나는 그것을 '동반 향상 협업co-elevating collaboration'이라 이름 붙였다.

혁신적인 성과 = 다양한 직원의 투입 + 거리낌 없는 피드백 + 프로세스의 빠른 반복

이제부터 이 공식을 분석해보려 한다.

• **다양한 직원의 투입**: 협업 과정에서 다양한 목소리와 정보를 투입하겠다는 의지를 나타낸다. 여기서는 강력한 아이디어와 관점을 뽑아내는 것이 중요하다. 하트만과 리는 그 많은 브랜드를 디자인하고 상표 등록을 하기 위해서는 더 많은 사람이 최대한 빨리 프로세스에 투입돼야 한

다는 사실을 알고 있었다. 하트만은 마케팅과 운영, 소싱(대외 구매), 제품 디자인을 담당하는 팀을 고용했다. 이전까지는 브랜드 디자인 연구팀이 먼저 작업을 한 뒤 코멘트를 해달라고 요청하는 식이었지만 방식을 바꾼 것이다.

업무 속도도 빠르고 업무량도 워낙 많다 보니 과정마다 승인을 받고 진행하는 시스템은 자연스럽게 사라졌다. 이전까지 리의 팀에 속한 변호사들은 피드백 요청이 있을 때만 하트만이 하는 일에 개입했다. 주로 프로세스의 뒷부분에 개입해서 확인만 하는 정도였다. 하지만 이제는 리의 팀이 훨씬 더 일찍, 더 자주 개입하게 되었다. 자연스럽게 모두가 자신의 생각을 드러내고 질문을 주고받는 분위기가 만들어졌다.

이렇듯 다양한 직원을 투입하면 돌파구가 되는 아이디어가 떠오르고 조직 전반에 혁신이 일어날 수 있다. 애플의 최고경영자 팀 쿡Tim Cook 은 이렇게 말했다. "우리는 다양한 직원들이 있는 팀을 통해서만 훌륭한 제품을 만들 수 있다고 생각합니다. 여기서 제가 말하는 다양성은 넓은 의미의 다양성을 의미합니다. 애플 제품이 사랑을 많이 받는 이유 중 하나는 엔지니어와 컴퓨터 과학자뿐만 아니라 아티스트와 뮤지션도 제품 개발에 참여하기 때문입니다."

• **거리낌 없는 피드백**: 이것은 다양한 직원이 투입된 팀에 솔직하고 용감한 피드백을 요청할 때 받을 수 있는 선물이다. 팀원들이 거리낌 없이 자신의 생각을 말하고 의견을 주고받을 때 혁신의 길이 열린다.

일하는 방식을 바꾸면서 리가 이끄는 법률팀은 처음으로 브랜딩 브레

인스토밍 회의에 참석하게 되었다. 이전까지는 브랜드 디자인 연구소에 소속된 팀원들만 참석하는 자리였다. 이 자리에서 직원들은 새로운 생각을 공유했고, 그것들의 실행 가능성과 영향력에 대해 논의했다. 마치 아이디어가 총알처럼 날아다니는 사격 연습장 같았다. 타깃의 오래된 방식은 사일로 단위로 일하면서 서로 정중한 이메일을 주고받고 여러 번에 걸쳐 프레젠테이션을 진행하는 것이었다.

이런 식으로 거리낌 없이 피드백을 주고받는 것에 브랜드 디자인 연구소의 일부 직원들은 불안해했다. 어찌 보면 당연한 일이었다. "팀원들이 많이 긴장했습니다." 하트만은 이렇게 기억했다. 법률팀이 이전보다 일찍 그리고 자주 개입하게 되면서 자신의 아이디어가 발전하기도 전에 거절당하거나 퇴짜 맞을까봐 걱정한 것이다. 하트만은 이렇게 덧붙였다. "이런 식으로 협업하려면 깊은 물에서 수영할 줄 알아야 합니다."

당신이 낸 아이디어를 팀원들이 공개적으로 평가하거나 거부할까봐 두려워하지 마라. 피드백을 주고받을 때 다른 팀원과 갈등을 빚지 않으려고 말을 아껴서도 안 된다. 불안하거나 자신이 없어서 생각을 솔직하게 표현하지 않는 것은 누구에게도 도움이 되지 않는다.

• **프로세스의 빠른 반복:** 이것은 다양한 직원을 투입하고 거리낌 없는 피드백을 거친 계획을 실행에 옮기는 방법이다. 성과가 나타날 때까지 계속해서 수정이 필요한 작업이기도 하다. 프로젝트 사이클을 더 짧게 나누고, 더 많은 확인 작업을 거치는 것이 좋다. 그래야 변화의 속도가 빠르게 유지된다.

이 방법은 1990년대에 등장한 것으로 '스크럼scrum'이라고 불린다. 쓸데없이 오래 걸리고 번거로웠던 전통적인 코드 작성 방식을 폐기하고 싶었던 소프트웨어 개발자들이 만들었다. 스크럼을 다른 분야에 적용하면 몇 년이 아니라 몇 주나 몇 달 만에 혁신을 가져올 수 있다. 아이디어를 내고 계획을 세우는 과정이 빨라지면 실행되는 속도도 빨라지기 때문이다.

타깃의 역동적이고 민첩한 프로세스는 매주 진행되는 리더십 회의를 중심으로 진행됐다. 모두가 빙 둘러서서 진행 중인 브랜딩 작업에 대한 의견을 속사포처럼 쏟아냈다. 하트만과 리의 팀은 마케팅, 제품 디자인, 판촉을 담당하는 책임자들과 어떤 부분에서 난관에 봉착했는지 파악하는 동시에 해결책을 논의했다. 주중에 진행되는 실무 회의에는 법률팀 직원 한 명이 참석하여 기존에 상표로 등록된 이름과 카테고리에 관한 데이터베이스를 실시간으로 검색했다. 덕분에 새로운 브랜드 디자인을 수정하고 조정하는 일을 그 자리에서 바로 처리할 수 있었다.

이런 식으로 프로세스를 반복하면 사업 방향을 중간에 바꿔야 하는 위험 부담이 줄어든다. 계획이 궤도에서 벗어날까봐 걱정할 필요도 없다. 다만 프로세스를 이렇게 진행하려면 계획을 세우고 실행하는 모든 단계에서 솔직한 피드백을 주고받을 수 있는 분위기가 조성되어야 한다. 다시 말해 직원들의 다양한 시각을 통합해야 계획의 성공을 기대할 수 있다.

2018년 2분기, 타깃은 13년 만에 가장 큰 재무 성과를 올렸다. 타깃의 최고마케팅책임자는 2018년 11월에 수익 결산을 하면서 월스트리트 애널리스트들에게 새로운 브랜드 론칭 전략이 잘 먹히고 있다고 말했다. 2019년 3월 경제 전문 매체인 〈패스트 컴퍼니Fast Company〉는 '세계에서 가장 혁신적인 50대 기업'에 타깃을 11위로 올렸다. 매체는 타깃이 "사내에서 여러 컬트 브랜드(cult brand: 사람들이 열렬히 신봉하는 브랜드_역자 주)를 길러냈다"라고 평가했다.

타깃의 사례에서 처럼 다양한 직원의 투입, 거리낌 없는 피드백, 프로세스의 빠른 반복이 이어지면 이런 결과를 얻을 수 있다. 동반 향상 협업은 진정한 '동반 창조'를 위한 자리를 마련하여 모든 직원이 조직 안에서 성과를 올리는 방법을 더 깊이 이해할 수 있게 해주기 때문이다. 리와 하트만 역시 이전보다 서로에 대한 이해가 훨씬 깊어졌다고 말한다. 뿐만 아니라 관련된 모든 팀이 더 강해졌고, 시장에 대한 타깃의 통찰력도 더 깊어졌다.

> 결과적으로, 동반 향상의 주역은 '팀'이다. 다양한 직원들로 구성된 근무 환경, 여기에 적절하게 선발된 팀원들이 힘을 합치면 놀라운 결과가 나타난다. 빠르게 돌아가는 세상에서 뒤처지지 않고 앞서 나가려면 사고방식에도 변화와 진화가 일어나야 한다. 권위와 상관없이 영향력을 발휘하고 사람들을 이끄는 능력이야말로 진화된 능력이다. 이런 능력은 공통의 목표와 목적에 바탕을 둔 의미 있는 파트너십을 구축하는 데 큰 역할을 하며, 결국 신뢰와 진실함, 존중심이 넘치는 문화로 이어진다.
> _ 풋 라커Foot Locker의 최고경영자 딕 존슨Dick Johnson

함께, 더 높이 올라가라

파괴적인 변화는 이런 식의 동반 향상co-elevation에 바탕한 동반 창조co-creation를 요구한다. 중요한 것은, 모두 다 함께 더 높이 올라가야 돌파구를 찾을 수 있다는 사실이다. 개인이 진행하는 소규모 프로젝트든, 타깃의 계획처럼 회사의 사활이 걸린 대규모 프로젝트든 마찬가지다. 직급을 불문하고 혁신적인 해결책을 더 많이 내놓아야 하고, 시장의 변화에 발맞춰 사업의 방향을 빠르게 바꿔야 하며, 프로세스의 전반에 걸쳐 동반 향상해야만 모두가 더 강해지고 위협에 맞설 수 있다.

새로운 고객에게 동료들과 잘 협업하고 있는지 물으면 대답이 거의 비슷하다. "네, 저희는 협업이 잘되는 팀입니다. 함께 일하는 데 문제없습니다." 미안하지만, 이 상황은 마치 우리가 아이에게 방을 깨끗이 치웠느냐고 묻는 것과 비슷하다. 대충 보면 깨끗해 보인다. 하지만 옷장을 열어보거나 침대 밑을 살펴보면 얘기는 달라진다.

최근에 미국에서 가장 큰 은행 중 한 곳의 최고마케팅책임자인 제임스와 대화를 나눴다. 제임스는 모바일 뱅킹 업계에 소비 혁명이 일어나 여러 기업이 내놓은 소매 금융 상품의 시장 점유율이 위협받고 있다고 말했다. 그러면서 제임스는 자신이 다니는 회사가 힘을 합쳐 개발하려던 모바일 뱅킹 제품이 실패로 돌아갔다고 털어놓았다. 프로젝트의 책임자 자리를 놓고 간부들끼리 씨름한 것이 문제였다.

그렇다면 누가 책임자가 되어야 했을까? 최고마케팅책임자인 제임스인가? 제임스는 고객 데이터를 관리하고, 최신 소비자 수요 조사를 추적하는 일을 담당했다. 이 문제를 간부들에게 처음 얘기한 사람이기도 하다. 아니면 금융팀의 책임자가 리더가 되어야 했을까? 그녀가 이끄는 팀은 가장 많은 위협을 받고 있다. 아니면 최고디지털책임자는? 이 사람은 디지털 시대의 급격한 변화에 대응하도록 회사의 최고경영자가 직접 고용한 인물이었다. 셋 다 아니면 최고혁신책임자가 그 자리를 맡아야 했을까? 이 사람 역시 최고경영자가 사내 변화를 이끌기 위해 고용한 인물이었다. 최고기술책임자는 어떤가? 전반적인 기술을 이해하고 기술 예산을 통제하는 사람이니까 말이다. 어쩌면 전략팀 책임자가 자리에 적합할 수도 있다. 팀의 실패를 보고 기업 인수를 고려하기 시작한 사람이기 때문이다.

제임스가 다니는 은행의 직원 대부분이 고객에게 외면당하지 않으려면 탄탄한 모바일 뱅킹 솔루션이 절실하다는 의견에 동의한다고 했다. 하지만 간부들 사이에 동반 향상에 대한 의지가 없고, 이로 인해 협업이 이루어지지 않다 보니 프로젝트의 책임을 둘러싼 싸움으로 변질되고 말았다. 제임스는 이 상황이 매우 창피하다고 고백했다. 자원도 충분하고 인력도 많은데 시장에 내놓을 만한 의미 있는 상품이 없기 때문이다. 그런 제임스를 보며 내 속도 함께 답답해지는 것을 느꼈다.

현실적으로, 시장에서 이미 자리 잡은 기업은 신생 기업에 비해 더 많은 것을 누릴 수 있다. 충성 고객들을 확보하고 있는 만큼 먼저 움직이면 되기 때문이다.

2016년, 타깃이 사업에 실패하면서 타깃이 곧 망할 거라 생각하는 사람들이 많았다. 이때 브라이언 코넬은 타깃이 '자체적으로 큰 변화를 겪고' 살아남기 위해서는 70억 달러를 투자해야 한다고 확신했다. 그러나 오랫동안 이어온 회사 운영 방식에 어긋나는 만큼 실행에 옮기는 것은 쉽지 않았다. 내 경험에 비춰볼 때, 꽤 진보적이라고 평가 받는 기업조차도 장래가 유망한 발상을 승인하고 그 아이디어에 자금을 투자하는 데는 매우 신중하고, 오랜 시간을 들여 결정한다.

1990년대, 내가 속해 있던 스타우드 호텔을 이끈 최고경영자는 매우 창의적인 사람이었다. 그의 아이디어들은 무척 혁신적이었다. 우리는 블랙아웃 기간이 없는, 역사상 유례없는 리워드 프로그램을 만들었다. 업계 표준인 폴리에스터 이불 대신 하얗고 빳빳한 유명 브랜드의 침대보로 고객들에게 엄마 같은 포근함을 선물했다. 꽤 고급스러운 부티크 호텔을 오픈하고, 로비마다 트렌디한 바를 들이기도 했다. 우리 팀은 말 그대로 업계에서 혁신을 주도했다.

스타우드를 떠나고 몇 년 뒤, 나는 에어비앤비Airbnb의 설립자들이 신생 기업에 투자할 사람들을 찾아다니고 있다는 소문을 들었다. 당시 나는 에어비앤비의 비즈니스 모델이 흥미롭기는 해도 성공하기는 어려울 것이라고 판단했다. 사람들이 뭐 하러 생판 모르는 사람에게 자기 집을 빌려주겠는가? 누가 대체 유명한 호텔을 놔두고 남의 집에서 지내려고 하겠는가?

하지만 요즘 드는 생각은 다르다. 에어비앤비가 탄생하기 훨씬 전인 1990년대에 우리 직원들이 엄선한 임대 주택을 '스타우드 특급 게스트Starwood Preferred Guest' 프로그램에 포함하자는 대담한 제안을 했더라면 지금쯤 어떤 일이 벌어졌을까 궁금하다. 당시 분위기상 말도 안 되는 얘기는 아니었을 텐데 말이다.

이제 와서 하는 후회지만, 스타우드에서 영향력이 있었던 사람이 한 명이라도 더 열린 마음으로 일했더라면, 좀 더 다른 방식의 대화를 했더라면 지금쯤 스타우드 버전의 에어비앤비가 탄생했을지도 모른다. 소용 없는 얘기란 걸 잘 안다.

여기서 우리 업계가 놓친 것을 생각해 보자. 에어비앤비는 실리콘밸리 역사상 가장 가치 있는 신생 기업 중 하나다. 2019년 말 에어비앤비의 가치는 이미 300억 달러가 넘었다. 에어비앤비는 이익을 내고 있으며, 여전히 성장하고 있다. 에어비앤비의 수익은 이제 미국의 숙박 시장이 벌어들이는 총수익의 20%에 해당한다. 세상에서 가장 큰 호텔업체는 매리어트Marriott인데, 에어비앤비가 2위라니 놀라울 따름이다. 스타우드는 2016년에 매리어트가 인수했다.

네 번째 규칙: 실천 방법

새로운 업무 세계에서 동반 창조의 핵심이 되는 것은 민첩하고, 야심차고, 대범한 태도다. 당신의 직함이 무엇이든 하고 있는 프로젝트의 규모가 어떻든 당신이 할 일은 더 많은 사람들을 끌어들이고, 더 좋은 아이디어가 나오도록 팀원들을 독려하고, 계획을 더 빨리 실행에 옮길 수 있는 방법을 찾는 것이다.

⫼ 새로운 행동 수칙 정하기: 중요한 첫걸음

오랜 경험에 의하면, 비효율적인 협업 습관이 겉으로 드러나기 전까지는 동반 향상에 바탕을 둔 진정한 동반 창조가 자리 잡지 못한다. 이것은 매우 중요한 문제다. 두 명의 팀원이 협업하든 훨씬 더 많은 사람이 협업하든 마찬가지다. 가능하다면, 성과를 내는 데 방해가 되었던 사내 업무 루틴과 문화를 파악해보라. 그리고 문제를 발견했다면 귀신을 내쫓듯 그것을 통째로 쫓아내라. 이것이 바로 내가 '새로운 행동 수칙 정하기recontracting'라고 부르는 과정의 첫 번째 단계다.

새로운 행동 수칙을 정하는 목적은 반복되는 모든 단계에서 사람들이 거리낌 없이 피드백을 주고받게 하기 위함이다. 모두가 힘을 합쳐 동반 창조를 위한 새로운 행동 수칙을 따르기로 합의하면 된다. 새로운 행동 수칙을 정하면 거리낌 없는 피드백과 프로세스의 빠른 반복을 통해 다양한 팀원을 투입할 수 있다. 이때 중요한 것은 형식적으로 다양한 부서의 직원들을 포함하는 것이 아니라 팀원들에게서 실질적으로 다양한 의견을 끌어내는 것이다. 가장 어려운 일은 다양한 의견을 낼 수 있도록 프로세스와 수칙을 모두가 잘 따르는 것이다.

새로운 행동 수칙을 정해놓으면 어떤 식으로 행동할지 다른 팀원들이 예상할 수 있다. 모두가 예상하는 내용이 같아져서 좋다. 수칙을 정할 때 던져야 할 질문은 바로 이것이다. "우리가 다 함께 들이면 좋은 습관에는 어떤 것이 있을까?"

협업을 시작하기 전에 모두가 새로운 행동 수칙을 따르기로 합의하면 문제 해결의 돌파구를 찾는 일이 더 쉬워질 것이다.

새로운 행동 수칙을 정할 때는 우선 과거에 협업했던 경험을 다 함께 논의하는 것이 좋다. 이전에 느낀 단점이나 실망스러웠던 부분을 팀원 모두가 공개적으로 살필 수 있는 좋은 기회다. 이를 바탕으로 팀이 앞으로 나아가면서 피하고 싶은 행동과 집단 활동을 계획하라.

이 과제를 수행하기 가장 좋은 방법은 '협업적 문제 해결CPS: collaborative problem-solving'이라고 불리는 소그룹 활동을 진행하는 것이다. 나중에 자세히 설명하겠지만, CPS는 다음의 질문에서 비롯된다. "우리의 문화와 과거의 경험을 토대로 생각해볼 때 협업에 방해되는 가장 큰 문제 열 가지가 무엇인가?"

이렇게 질문한 뒤 세 명씩 그룹을 나누어 30분 동안 질문의 답을 논의하고, 논의한 내용을 적어 그룹별로 한 사람씩 적은 내용을 발표해보라. 이 활동의 목적은 협업을 방해하는 가장 큰 요인을 찾아내는 데 있다. 팀원들이 가장 많이 언급한 세 가지 문제를 자세히 살펴보는 것도 이 활동의 또 다른 목적이다. 발표가 끝나면 모든 팀원이 이런 행동을 하지 않겠다고 소리 내서 약속해야 한다. 자신뿐 아니라 다른 팀원들이 이런 행동을 하는 것을 목격할 때마다 공감하고 이해하는 태도로 지적하겠다는 약속도 함께 해야 한다. 핵심은 모두가 동반 향상을 위해 서로의 행동을 편하게 지적해도 된다고 사전에 동의하는 것이다.

이런 행동 수칙은 집단마다 다르다. 그래서 이 장의 나머지 부분에서는 기본적인 사항 몇 가지만 소개하려고 한다. 솔직한 태도로 임하기, 감정을 다스리는 방법, 교착 상태를 타개할 방법 미리 정하기이다.

새로운 행동 수칙을 정한다는 것은 오래된 협업 습관을 버리고 새로운 습관을 들이기 위해 최선을 다하겠다는 동의다. 다른 팀원들에게 내 실수를 지적해도 된다는 허락을 하는 의미이기도 하다.

협업하다 보면 팀원이 새로 들어오기도 하고 나가기도 할 것이다. 새로운 행동 수칙을 정하는 일을 몇 주나 몇 개월에 걸쳐 주기적으로 반복하면 된다. 이때는 협업 과정에서 나타나는 새로운 문제에 초점을 맞추면 좋다. 이 장에서는 팀 단위로 행동 수칙을 정하는 과정을 다루고 있지만 이런 활동은 일 대 일로 진행되는 모든 동반 향상 관계에서 의미가 있다.

새로운 행동 수칙을 정하는 일이 의미 있는 이유는 성과에 대한 기준을 높이는 동시에 서로의 실수를 이해하겠다고 모두가 동의하기 때문이다. 서로의 오래된 습관과 행동 방식을 이해하기로 마음먹은 만큼 새로운 습관을 들이려고 노력하는 모습을 서로 응원하기가 수월할 것이다.

||| 방법1_ 좋지 않은 협업 방식에 맞서라

협업에 실패했던 이야기를 시작할 때는 팀원들에게 '좋지 않은 협업 방식 세 가지'에 관해서도 간단하게나마 알려주는 것이 좋다. '합의하기', '침묵시키기', '피드백 일부만 반영하기'가 바로 그 세 가지다.

먼저 '합의하기'는 내가 협업에 관한 이야기를 꺼낼 때마다 상대들이 가장 무섭다고 손꼽는 협업 방식이다. 그들이 이렇게 손사래를 치는 이유는 모든 팀원의 의견을 수용하려다가 원치 않는 결과를 얻은 경험이 한 번씩은 있기 때문이다.

진정한 동반 창조는 팀원들의 합의로 이루어낼 수 있는 일이 아니다.

새로운 행동 수칙을 정할 때 팀원들은 큰 변화를 불러올 만한 성과를 올릴 수 있도록 높은 기준을 고수하겠다고 동의해야 한다. 최종 해결책이 팀의 기준을 충족해야 한다는 데도 동의해야 한다. 이처럼 동반 창조하는 팀이 대담한 결정을 내리려면 팀원들 사이에 분명한 기준이 있어야 한다. 그 기준이 만장일치로 통과되지 못하더라도 말이다. 동반 향상을 바탕으로 한 동반 창조의 목적은 가장 '강력한' 방법을 찾는 것이지 쉽거나 인기 있는 방법을 찾는 것이 아니다.

두 번째 '침묵시키기'는 협업할 생각이 없으면서도 협업하자고 제안하는 방법이다. 이 방법의 목적은 이미 정해진 내용에 아무도 토를 달지 못하게 하는 데 있다. 이것은 마치 모두가 점심때 무얼 먹을지 상의하고 있는데 누군가가 이미 피자를 주문했다는 사실을 알게 되는 상황과 같다. 침묵시키기는 동반 창조의 방법이 아니라 이미 정해진 결과를 팀원들이 어쩔 수 없이 받아들이게 하려는 방법이다.

침묵시키기가 쓰일 때 리더의 마음속에는 이미 정해둔 해결책이 있다. 다만 겉으로 드러내지 않을 뿐이다. 그러고는 팀원들의 동의를 구할 수 있게 마치 피드백을 받은 것처럼 행동한다. 경험상 이런 식으로 '침묵을 당하면' 사람들은 실망하고 최선을 다해 일하지 않는다. 문제가 생겨도 자진해서 의견을 내거나 해결책을 제시하지도 않는다.

'피드백 일부만 반영하기'는 기껏 팀원들과 면담을 해놓고는 최종 결과물에 피드백을 반영하지 않는 방법이다. 이러면 마치 모세가 시나이산에서 십계명을 들고 내려오듯 피드백도 반영되지 않고 타협의 여지도 없는 결과물이 완성된다.

사실 어떤 해결책이든 처음부터 정해진 부분이 있게 마련이다. 나는 대화를 시작할 때 해결책의 30% 정도는 이미 정해져 있다는 생각으로 대화에 임한다. 협업을 위해 누군가를 초대한다는 것은 결국 남은 70%를 함께하자는 의미다. 하지만 피드백을 일부만 반영하게 되면 해결책을 찾는 데 필요한 상호작용과 의견 주고받기의 단계를 건너뛰게 된다. 피드백을 일부만 반영하면 일을 신속하게 처리할 수는 있겠지만 긍정적인 결과는 기대할 수 없다.

지금부터 '피드백 일부만 반영하기'의 실패 사례를 소개하려고 한다. 데이브는 미국 중서부에 본사를 둔 커다란 보험 회사의 지부장이다. 데이브 밑에서 일하는 영업자들의 가장 큰 고민은 온라인을 중심으로 활동하는 경쟁자들이다. 이를 해결하기 위해 본사는 모든 직원에게 반나절짜리 강의에 참석하라는 지시를 내렸다. 강의의 목적은 직원들이 고객의 니즈에 더 적절하게 대응하도록 돕는 것이었다. 본사의 교육 담당자들은 이를 위해 수개월의 시간을 투자하여 강의를 개발했다. 이 과정에서 영업자들과 상의하기도 했으나 이미 완성된 강의가 정식으로 시작되기 전에 형식적인 피드백을 받는 정도였다.

결과는 어땠을까? 당연히 영업사원들은 만족하지 못했다. 본사의 기대나 바람과는 달리 현장 직원들의 피드백을 거의 반영하지 않은 탓에 해결책은커녕 시간과 자원만 낭비한 꼴이 되고 말았다. 결국 데이브는 자신이 생각한 해결책을 따로 내놓기로 했다.

어느 날 그는 함께 일하는 영업사원 몇 명을 자신의 방으로 초대했다. 그러고는 그들과 함께 계약 성사율을 20% 증가시키는 방법을 논의했다. 그날의 짧은 회의만으로 데이브는 엄청난 성과를 거뒀다. 협업적 문제 해결CPS이라는 틀을 이용하여 고객의 어려움과 걱정에 대해 진심으로 고민한 결과였다.

그 후 3개월간 데이브가 이끄는 팀은 맞춤형 해결책을 준비했다. 일을 획일적으로 처리하는 그 어떤 온라인 경쟁자도 감히 도전할 수 없을 방식으로 고객의 니즈를 충족시킨 것이다. 이 방식은 커다란 반향을 일으켜 다른 지부들 역시 데이브가 이끄는 팀의 방식을 이용하여 자신들만의 버전을 만들었다.

||| 방법2_ 솔직한 태도를 의무화하라

협업의 성공을 위해서는 모두가 솔직해져야 한다. '우리가 서로를 신뢰하는가?', '우리가 직장에서 정말 중요한 아이디어를 공개하는 것이 안전한가?', '협업이 가능하도록 우리가 더 많은 사람들에게 도움을 주고, 우리에 관해서 이야기했는가?'를 항상 유념하라.

단, 새로운 행동 수칙을 정하자고 대화를 시작하는 사람이 꼭 팀의 리더일 필요는 없다. 팀원들과 팀의 성과에 신경 쓰는 사람이라면 누구나 리더가 될 수 있다. 그리고 일단 대화가 시작된 뒤에는 솔직한 팀 문화를 만드는 데 모두가 동의하고 적극 협조해야 한다. 의견을 솔직하게 말할 수 있는 문화가 자리 잡으면 모두가 최선을 다해서 일하고, 거리낌 없이 피드백을 주고받을 수 있다. 이것이 바로 헤지펀드 브리지워터 어소시에이츠Bridgewater Associates의 최고투자책임자 레이 달리오Ray Dalio

가 투명한 기업 문화를 강조하는 이유다.

달리오는 자신의 저서 《원칙Principles》에서 이렇게 적었다. "우리 회사가 성공할 수 있었던 비결은 진정한 아이디어 성과주의다. 아이디어 성과주의를 성공적으로 하려면 다음의 세 가지 일을 해야 한다. 1) 솔직한 생각을 밝혀라. 2) 다른 의견을 신중하게 제시하라. 팀원들에게서 배우면서 의견을 바꿀 의향이 있어야 한다. 3) 의견 차이가 좁혀지지 않을 때에 대비해서 최종 결정을 내리는 방식을 합의하라. 그러면 서로 원망하지 않고 앞으로 나아갈 수 있다. 이런 일을 제대로 해내려면 철저하게 진실하고 철저하게 투명해야 한다. 사람들이 어떤 것이든 보고 말할 수 있게 허용해야 한다는 뜻이다."

물론 이런 문화는 혼자 만들 수 없다. 당연히 팀원들과 함께 만들어야 한다. 행동 수칙을 새로 정하고 나서도 갈등이 생길까봐 걱정될 것이다. 이럴 때는 모든 팀원에게 팀의 분위기가 얼마나 솔직하다고 생각하는지 종이에 적어 달라고 부탁하는 것도 한 가지 방법이다. 그런 다음 0부터 5까지 점수를 매겨 결과를 취합해보라. 평균 점수가 3점 이하면 팀원들과 다시 솔직함에 대해 진지하게 이야기해야 한다. 무엇이 문제인가? 그런 문제가 있다는 사실을 왜 아무도 솔직하게 언급하지 않는가?

팀과 기업 문화에서 솔직한 분위기를 만드는 데 가장 큰 장애물로 작용하는 것은 '심리적 안전감Psychological safety'의 부족에 있다. 사람들이 소신을 밝히고 자신의 아이디어를 공개하는 데서 느끼는 부담을 줄이려면 '안전하다'고 느낄 수 있어야 한다. 그래야 안심하고 솔직하게 자신의 속마음을 드러낸다. 이 주제에 관한 세계적 연구자인 하버드 경영대학원의 에이미 에드먼슨Amy Edmondson은 심리적으로 안전하다고 느끼는 사람들이 더 혁신적이고, 실수로부터 교훈을 더 많이 얻는다고 주장한다. 또 그런 사람들이 동기 부여도 더 잘된다고 말한다. 심리적으로 안전하다고 느끼면 아이디어를 제공하고, 실수를 인정하고, 도움을 요청하고, 피드백을 제공할 가능성도 더 커진다.

구글에서 진행한 팀워크에 관한 연구는 심리적 안전감이 좋은 성과를 내는 구글 내 모든 팀의 유일한 공통점이라는 것을 잘 보여준다. 구글 연구원들은 팀원들이 함께 있을 때 안전하다고 느낄수록 일을 같이 추진하고 새로운 역할을 맡을 가능성이 커진다는 사실을 밝혀냈다. 심리적 안전감이 큰 팀에 속해 있는 사람들은 "구글을 떠날 확률도 훨씬 낮았다. 그런 사람들은 팀원들에게서 얻은 다양한 아이디어를 활용하는 능력도 더 뛰어나고, 수익도 더 많이 올리고, 간부들에게서 일을 '효과적으로' 처리한다는 평가를 다른 사람들보다 두 배 더 자주 듣는다."

참고로 달리오의 회사는 이런 규칙이 옳다는 것을 증명하는 예외적인 사례다. 브리지워터 어소시에이츠는 상대적으로 작은 회사다. 그럼에도 브리지워터 어소시에이츠의 문화를 선호하는 구직자들이 밀려든다. 덕분에 브리지워터는 심리적인 기질을 파악하여 구직자를 선별할 수 있다. 회복력이 부족한 사람은 고용되지 않을 확률이 높다. 브리지워터는 철저하게 투명성을 중시하는 만큼 근무 환경이 만만치 않다. 그럼에도 이런 문화가 유지될 수 있는 이유는 애초에 솔직한 태도를 타고난 사람들을 고용하기 때문이다. 그런 사람들은 누가 자신의 의견에 토를 달아도 두려워하지 않고, 다른 사람의 의견에 이의를 제기하는 데도 거침이 없다.

안타깝게도 솔직한 기업 문화가 자리 잡지 못한 기업들이 아직 많다. 그런 만큼 협업의 첫 단계에서부터 솔직한 태도에 대한 수칙을 정하는 것이 중요하다. 이와 함께 팀의 심리적 안전감을 키울 수 있도록 공통의 기대치도 함께 정하는 것이 좋다. 팀원들끼리 더 깊은 관계를 형성하고, 서로 돕고, 아끼고, 자신에 관한 이야기를 들려주면 된다.

||| 방법3_ 감정을 통제하라

모두가 조언과 피드백을 솔직하게 제공하겠다고 동의한 뒤에는 팀원들의 대화와 생각, 아이디어가 다른 사람의 신경을 거스르는 상황에 대비해야 한다. 협업할 때 열정을 보이는 팀원이 있을 수 있다. 이것은 매우 장려되는 행동이다. 하지만 논쟁이 격해졌을 때에 대비하여 사전에 논의를 해놓아야 나중에 문제가 불거졌을 때 원만하게 해결할 수 있다.

'감정의 전염Emotional Contagion'이라고 알려진 현상을 조사하는 연구자들은 주변 사람들의 표정과 목소리, 자세, 움직임, 행동에 우리가 감정을 자동으로 맞춘다는 사실을 밝혀냈다. 예를 들어 누가 큰소리를 내면 그 사람이 어떤 감정을 느끼고 있는지 쉽게 알 수 있다. 이때 사람들은 자신의 감정을 미묘하게 드러낸다. 팔짱을 끼거나 그 사람을 노려보거나 입꼬리를 내리거나 그 사람에게서 몸을 돌리는 식이다. 그런데 이 과정에서 다른 사람들에게도 같은 감정을 드러내거나 심지어 팀이 앞으로 나아가는 데 방해가 될 수 있다. 당연한 말이지만 팀 분위기가 좋아야 혁신, 창의력, 독창성을 촉진할 수 있다.

또 다른 방법은 감정이 고조된 분위기에서 누구든 "경고!"라고 외쳐 대화를 중단시킬 수 있다는 데 동의하는 것이다. 이런 분위기에서는 사람들이 겁을 먹거나 자신의 생각을 솔직하게 내지 못할 수 있기 때문이다. 대화가 중단되면 모두 한 걸음 뒤로 물러나 자신의 행동을 돌아보겠다고 미리 합의하라.

사실 내 경우만 해도 이런 기술을 익히기까지 몇 년이 걸렸다. 그 이유에는 내 아버지가 미친 영향이 크다. 아버지는 좋은 분이셨지만 성질이 불같으셨다. 그렇다 보니 큰소리를 많이 내셨는데, 나 역시 그때마다 소리를 지르면서 대응했다. 하지만 이제는 기분이 나빠지면 잠깐 쉬거나 짧은 산책을 하러 밖으로 나간다. 회의 일정을 다시 잡자고 제안하기도 한다. 팀이 앞으로 나아가는 데 방해가 되지 않도록 어떻게든 내 감정을 통제하고 있다.

혁신과 변화는 좋은 성과를 올리는 팀을 개발하는 일에서 시작된다. 리더의 새로운 역할은 신뢰와 자율권, 건설적인 피드백이 있는 환경을 조성하는 것이다. 이런 환경은 모두가 힘을 합쳐 공통의 목표를 향해 나아가도록 영감을 불어넣는다. 프로세스를 이끌고, 유연하게 대처하고, 결단력 있게 행동하는 것이야말로 리더가 갖춰야 할 동반 향상의 기술이다. 이제는 우선순위를 정하는 일을 더는 상부에서 지시하지 않는다. 그것은 팀의 일이다. 원칙에 따라 일을 더 짧은 사이클로 나누고, 어디로 어떻게 나아가고 싶은지 모두가 함께 결정하는 시대다.

_ ING 투자은행의 최고운영책임자 로엘 루보프Roel Louwhoff

||| 방법4_ 빠르게 자주 소통하라

거리낌 없는 조언을 자주 받기 위한 좋은 방법이 있다. 바로 피드백을 달라고 정중하게 부탁하는 짧은 이메일을 보내는 습관을 들이는 것이다. 나 역시 팀원들에게 이메일을 자주 보낸다. 이메일을 보내면 팀원들이 편한 시간에 답을 해주는데, 가끔 예상보다 훨씬 훌륭한 조언을 해주거나 돌파구가 될 만한 피드백을 해주는 사람도 많다.

만일 당신이 프로젝트의 한 부분을 책임지고 있다면, 데이터 전문가이거나 마케팅 부서의 책임자라면 동료들에게 먼저 손을 내밀어 피드백을 달라고 부탁해보라. 이런 식의 솔직하고 용감한 태도가 팀원들에게 훌륭한 본보기가 될 것이다. 당신이 팀을 위해 일을 더 잘할 방법이 있을지 알려달라고 먼저 요청하는 것은 쉽지 않지만 중요한 일이다.

메일을 어떻게 보내면 효과적이냐고 묻는 사람이 많다. 솔직한 아이디어와 조언을 구하는 방법을 묻는 사람들을 위해 내가 보내는 이메일을 공유한다.

헤일리씨, 안녕하세요.

저희가 [프로젝트 명이나 핵심 키워드 명기]를 추진하는 과정에서 놓치고 있는 것은 없는지 확인하고 싶어 메일을 드립니다. 가장 좋은 아이디어를 이 프로젝트에 투입해야 하기 때문입니다. 저희가 지금보다 더 잘할 수 있는 방법에 관한 의견이 있다면 편한 마음으로 알려주십시오. 헤일리 씨가 제 입장이었다면 어떻게 하셨을까요? 저희가 놓치는 부분이 무엇이라고 생각하시는지요? 다시 한번 진지하게 부탁드립니다. 마음 편히 솔직한 의견을 주세요.

저희가 모든 아이디어를 검토하지 않으면 다 같이 실패할 수밖에 없습니다. 모든 아이디어를 살펴 가장 좋은 선택을 하기 위함입니다. 저는 헤일리 씨의 통찰력과 시각을 높이 평가합니다. 그 무엇도 놓치고 싶지 않습니다. 이메일보다 전화가 더 편하시다면 언제든 저에게 전화 주셔도 좋습니다. 감사합니다.

_ 키이스 페라지 드림

답이 바로 오지 않는다면 며칠 뒤에 다시 한 번 메일을 보내면 된다. "헤일리 씨의 귀한 피드백을 기다리고 있습니다. 당신의 통찰력에 미리 감사의 마음을 전합니다."

리더로서 당신의 목표는 항상 긍정적인 태도를 유지하고 성과를 개선하는 데 도움이 되는 아이디어와 프로세스에 대화의 초점을 맞추는 것이다. 그러기 위해서는 끊임없이 피드백을 주고받을 수 있는 환경이 조성되어야 하는데, 부정적인 반응은 그런 흐름을 끊어버린다.

피드백을 받았는데 그 의미가 명확하지 않은 경우도 있을 것이다. 그렇더라도 부정적이거나 방어적인 태도를 보여서는 안 된다. 그럴 땐 어떤 의미인지 분명하게 알려달라고 정중하게 부탁하면 된다. "제가 제대로 이해했는지 모르겠습니다" 같은 문장을 이용해보라. 피드백을 제공한 사람이 자신을 방어할 필요가 없도록 신경 써야 한다. 시간을 들여 조언과 제안을 해주고 긍정적인 에너지를 나눠주어 고맙다는 인사도 잊지 말아야 한다.

당신과 함께 위험을 감수하는 사람들을 칭찬하라. 놀랍고 훌륭한 제안이 나왔을 때는 모두에게 알려 그 아이디어를 제안한 사람을 칭찬하고, 그 사람에게 공개적으로 감사를 표하라.

||| 방법5_ 호기심을 키워라

"우리에게는 귀가 두 개 있고 입이 한 개 있다. 그러므로 말하는 것보다 듣는 데 시간을 두 배 더 들여야 한다."

그리스 철학자 키프로스의 제논Zeno of Citium의 말이다. 다른 사람이 하는 말에 관심을 보이는 것은 협업에 있어 매우 중요한 기술이다. 특히 진정한 변화를 이뤄내고 싶다면 시각을 계속 넓혀줄 수 있는 협업이 필요하다. 나는 이런 경우에 쓸 수 있는 유용한 도구를 알고 있다. '5*5*5'라고 부르는 활동으로, 나는 종종 이 도구를 활용한다.

먼저 팀원 한 명이 자신이 피드백을 받길 원하는 문제나 이슈에 관해 5분 정도 설명한다. 예를 들면 "업무에 몰입하는 것을 힘들어하는 동료가 있습니다. 제가 어떻게 도와야 할지 모르겠어요" 또는 "해결책의 일부로 큰 돈을 투자하는 방법을 고려하고 있습니다"라고 말한다. 이제 5분 동안 문제를 더 확실하게 이해하기 위한 질문의 시간을 갖는다. 이 단계에서는 아직 해결책을 제시하지 않는다. 질문이 끝나면 남은 5분에 걸쳐 순서대로 솔직한 피드백을 제공한다. 솔직한 의견을 제시해준 팀원들에게 고민을 털어놓은 사람이 감사 인사를 하면 '5*5*5' 활동이 끝난다. 팀원들에게 받는 피드백은 당사자가 적절하게 활용하면 된다.

'5*5*5'는 누구나 활용할 수 있다. 이 활동을 하고 나면 짧은 낮잠을 통해 기운을 회복하듯 마음이 개운해진다. 단, 꼭 5분 단위일 필요는 없으며, 상황에 따라 시간을 늘려도 되고 방법을 바꾸어 더 재밌게 진행해도 된다. 주어진 시간과 문제의 경중에 따라 자유롭게 조정하면 된다.

이런 '5*5*5' 활동에는 마법 같은 힘이 있다. 모두가 새로운 대안과 가능성에 마음이 열려 있다는 사실이 드러나기 때문에 팀원들 간에 결속력이 생긴다. 실제로 좋은 질문이 더 창의적인 해결책과 효과적인 결정으로 이어진다는 연구 결과도 있다. 하버드 경영대학원의 프란체스카 지노Francesca Gino 교수는 좋은 질문을 던지는 것에 관해서 이렇게 말했다. "리더가 좋은 질문을 던지면 자신을 따르는 사람들에게 더 존경받을 수 있다. 팀원들이 서로를 더 믿고 더 많이 돕는 협업 관계를 발전시키도록 영감을 불어넣을 수도 있다."

||| 방법6_ 제대로 하지 않을 생각이라면 집어치워라

오늘날 대부분의 기업이 직면한 도전 과제는 '변화'다. 하지만 변화는 문제를 조금씩 개선해서는 일어나지 않는다. 큰 변화는 일명 '10x 사고 10x thinking'라고 불리는 것을 통해 찾아온다. 당신이 일하는 회사의 목표가 신제품 개발을 위해 특정 기간에 성과를 10% 개선하는 것이라고 가정해보자. 10x 사고는 이때 10%의 성과가 아닌 그것의 10배를 개선하려면 무엇을 어떻게 해야 할지 생각해보는 것이다. 10x 사고의 묘미는, 파격적인 아이디어를 통해 성과를 2배나 3배만 개선하더라도 조금씩 개선하려던 것과 비교했을 때 월등히 나은 결과를 얻을 수 있다는 데 있다. 동반 향상co-elevation은 그런 꿈을 함께 꾸고, 함께 도전할 의향이 있는 팀원과 파트너를 찾을 때 쓸 수 있는 도구다.

동반 향상을 경험하면서 많은 것을 배우게 될 것이다. 그리고 이것은 당신이 변화에 적응하는 데 큰 도움을 줄 것이다.

나는 위대한 기업들과 일한다. 그런데 10x 사고를 도입한 기업은 많지 않다. 아니, 거의 없다. 여기에 초점을 맞출 여유가 없어서인 듯하다. 충분히 이해할 수 있는 일이다. 델타항공Delta Air Lines의 경우 뛰어난 운영 실력 덕분에 꾸준히 비용을 절감하고 있으며, 고객 경험 또한 차근차근 끌어올리고 있다. 연간 8천억 달러 이상을 벌어들이는 산업에서는 이런 작은 퍼센티지가 쌓여 큰 수치가 된다.

어느 날 델타항공의 최고운영책임자 길 웨스트Gil West는 간부들과의 저녁 식사 자리에서 10x 사고를 이용한 짧은 활동을 주도했다. 웨스트는 모두에게 성과를 0.5%씩 개선하는 방법에 관해 생각하는 것을 멈추라고 했다. 대신 탑승객과 직원, 그리고 주주들을 위해 성과를 '기하급수적으로' 개선하는 것을 회사의 목표로 가정해보라고 말했다. 그러면서 회사가 어디에 초점을 맞춰야 하는지 의견을 제시해 달라고 했다. 그러고는 둘씩 짝을 지어 10분간 의논하는 시간을 갖게 했다. 그 결과는? 지금까지 한 번도 생각해보지 못한 파격적인 아이디어들이 나왔다.

이날 간부들이 제시한 아이디어는 놀라울 만큼 다양했다. 주목할 것은, 그 자리에 참석한 간부들 모두 델타항공이 고객 경험을 더 높이 끌어올리려면 델타항공에서 근무하는 수천 명의 동료들을 위해 10x 사고를 해야 한다는 데 동의했다는 것이다.

내가 이 이야기에서 좋아하는 것은 이 팀이 세계에서 가장 훌륭한 간부 팀 중 하나라는 것이다. 길은 델타항공이 파산 위기에서 벗어나 2019년 미국 최고의 항공사이자 세계에서 가장 높은 평가를 받는 항공사 중 하나가 될 수 있게 만든 간부 중 한 명이다. 이들의 재능과 경험의 깊이는 탁월해서 그들의 머릿속에는 수십억 달러에 달하는 10x 아이디어가 들어 있다. 이제 회사가 문을 연 이래 처음으로 그런 가능성을 살펴보는 프로세스가 마련되었고, 그들의 아이디어를 실행해볼 기회가 생긴 것이다.

||| 방법7_ 협업적 문제 해결: 소그룹 단위의 문제 해결 방식

어떤 집단에서든 집단 지성을 끌어내려면 '모든 사람'에게서 솔직하고 거리낌 없는 피드백이 나와야 하며, 그것이 효과적으로 반영되어야 한다. 하지만 집단의 규모가 클수록 모두의 의견을 듣기가 어렵다. 그러면 의견을 내지 않고 조용히 있는 사람들이 생긴다. 앞서 설명한 것처럼 협업적 문제 해결CPS 과정은 협업 기간 내내 계속해서 이용해야 하는 도구다. 그러면 지금부터 이 문제 해결 과정이 어떻게 이루어지는지 좀 더 자세히 알아보자.

우선, 다 함께 논의할 질문을 던져라. 팀원이 구체적인 문제에 대한 답을 구하기 위해 질문할 수도 있고, 리더가 팀원들의 생각 폭을 넓히거나 반대 의견을 살펴보기 위해 질문할 수도 있다. 좋은 질문이라고 생각되는 몇 가지를 소개한다.

- 우리가 과거에 포기한 아이디어 중에 그러지 말았어야 하는 것은 무엇인가?
- 어떻게 하면 우리가 고객을 대하는 방식을 완전히 뜯어고칠 수 있을 것인가?
- 우리 회사가 어플이나 다른 기술을 도입하면 고객 경험이 어떻게 달라질 것인가?

주어진 시간을 꽉 채울 수 있을 만큼 각 질문에 대한 답을 열심히 찾아보라. CPS에 이용하는 시간은 30~60분 정도가 적당하다. 질문을 말로 표현할 때는 최대한 간단하고 분명하게 말하는 것이 좋다. 논의할 질문이 정해졌으면 이제 두세 명씩 팀을 이뤄 질문에 대한 답을 찾는다. 질문이 복잡할수록 논의할 시간을 충분히 가져야 한다.

팀을 두세 명으로 이루는 이유는 단순하다. 구성원이 세 명일 때 사람들이 느끼는 심리적 안전감이 가장 크기 때문이다. 다시 말해, 아이디어를 내기 위해 적극적으로 노력할 수 있는 환경이 조성된다. CPS는 설계상 다양한 직원이 투입된 큰 그룹의 이점을 극대화하면서도 심리적 안전감을 줄 수 있는 효율적인 방법이다.

또한 소그룹 회의는 팀원들의 아이디어를 분석할 수 있는 가치 있는 시간이다. 세 명의 팀원이 논의한 뒤 가장 흥미롭고 유용한 아이디어를 큰 그룹으로 가져가면 된다. 이 과정에서 또 주목할 만한 심리적인 효과가 나타난다. 소그룹별로 아이디어를 발표할 때는 큰 그룹에서 발표할 때보다 더 솔직하고 용감해진다는 것이다. 이유가 뭘까? 발표자가 같은 소그룹에 속한 다른 팀원 두 명의 사회적 승인을 원하기 때문이다. 소그룹의 대변인은 겁쟁이처럼 보이고 싶지 않을 뿐더러 다른 팀원들에게 실망을 안겨주고 싶지 않은 것이다.

CPS는 실제로 최고의 장면들을 많이 선물했다. 사람들이 안전한 소그룹 내에서 문제를 새로운 시각으로 볼 때 기발한 해결책이 많이 등장했다. 내성적인 사람들도 같은 소그룹에 속한 팀원들의 응원에 힘입어 자신 있게 아이디어를 발표했다. 이 방법의 가장 큰 장점은 규모가 큰 그룹에서 나타나는 함정에 빠지지 않는다는 것이다. 그룹의 규모가 커지면 사람들은 전문 지식을 가지고 있거나 성격에 드센 사람의 말을 곧이곧대로 따르는 경향이 생기는데, CPS는 그렇지 않다.

⫶ 방법8_ 마음이 바뀌면 기뻐하라

"어리석은 일관성은 옹졸한 사람들의 마음속에 사는 도깨비와 같다." 랄프 왈도 에머슨의 명언으로 내가 좋아하는 말이다.

협업할 때 당신의 생각이 틀렸을 수도 있음을 항상 유념해야 한다. 그리고 나중에 진짜 틀린 것으로 밝혀졌을 땐 부끄러워하기보다는 잘못을 인정하고 새로운 것을 배웠다는 생각으로 기뻐하면 된다. 이런 이유로 협업 기간 중에 마음이 바뀔 수도 있음을 염두에 두고 사전에 협의하는 것이 좋다.

팀원이 당신 마음에 들지 않는 아이디어나 의견을 제시했을 때는 그 사람의 관점에서 상황을 보려고 노력해야 한다. 다른 사람들의 피드백을 받아 아이디어가 검증되기 전까지는 당신의 생각이 옳다고 단정하지 마라. 새로운 행동 수칙을 정할 때 마음을 바꾸거나 대의를 위해 자신의 영역을 포기하는 행동은 칭찬받아 마땅하다. 이 부분 또한 사전에 모두가 협의해두면 좋다. 협업하는 내내 누군가가 확고했던 입장에서 벗어나 모두가 앞으로 나아갈 수 있도록 한 발 물러났다면 다 같이 기뻐해야 한다.

내 생각이 항상 정답이라고 확신해서는 10x 성과를 거둘 수 없다. 당신이 아무리 완벽한 해결책을 갖고 있을지라도 그것은 최종 결과의 30%에 해당할 뿐이라는 사실을 항상 염두에 두라. 나머지는 동료들과 동반 창조co-creation해야 한다. 다시 한번 강조하건대, 팀원들의 도움으로 해결책을 60~70%까지 끌어올리겠다는 바람을 공개적으로 이야기하라. 시시각각 변하는 세상에서 100%짜리 해결책은 없으며, 60~70% 고지에 올랐더라도 더 나은 해결책을 찾는 데 힘써야 한다. 이런 협업 방식은 '침묵시키기'나 '피드백 일부만 반영하기'와는 완전히 반대되는 방식이다.

한때 나는 디지털 기업 하나를 설립한 뒤 젊은 제품 개발자를 고용했었다. 그는 면접에서 우리 회사의 온라인 애플리케이션의 개선 방법을 제시하면서 말도 안 되는 소리를 늘어놓았다. 그는 우리의 고객과 제품 전략을 전혀 이해하지 못하고 있었다. 그럼에도 나는 그를 고용했다. 그의 이야기가 나에게 '생각할' 거리를 줬기 때문이다.

그의 말은 내가 당연하게 생각했던 여러 가지 사항에 의문을 제기하도록 자극했다. 그의 말이 옳았다. 우리는 고객 경험에 관한 중요한 요소를 놓치고 있었다. 나는 그가 제시한 아이디어의 논리성에 관해 질문을 퍼부었다. 그러면서 우리 소프트웨어를 위한 새로운 가능성을 상상하기 시작했고, 잠시 후 나는 신이 나서 그와 열띤 토론을 벌였다.

이것이 바로 내가 내 생각과 다르더라도 다양한 의견과 피드백에 마음을 열어두는 이유다. 나와 생각이 다른 그를 채용하지 않으면 간단했을 테지만 나는 그를 고용했고, 그는 회사가 성장하는 데 일조했다.

여기서 중요한 것은, 이런 식의 대담하고 민첩한 사고가 팀과 조직의 승부를 가른다는 데 있다. 드롭박스의 최고경영자 드루 휴스턴Drew Houston은 경쟁 기업의 갑작스런 무료 제품 출시로 위기에 처했던 순간을 떠올린다. 드롭박스가 세워놓은 시장 진출 전략의 핵심인 드롭박스 가입 혜택과 경쟁하는 제품이었다. 당장 새로운 전략이 필요했다. 드루는 언젠가 나에게 이렇게 말했다. "만일 저희가 옳다고 고집을 부렸거나 계획을 그대로 밀고 나갔다면 저희 회사는 망했을 겁니다."

||| 방법9_ 교착 상태를 타개할 방법을 정하라

어떤 식으로든 일시적으로 교착 상태에 빠지는 것은 협업 중에 흔히 일어나는 일이다. 이때 그 상황을 어떻게 타개할 것인지 논의하는 것은 대단히 중요하다. 대부분은 당면한 어려움이나 문제를 두고 협업적 문제 해결 과정을 진행하면 된다. 또 모든 팀원이 사전에 합의한 임무에, 그리고 서로에게 다시 집중하기로 약속해야 한다.

경험상 교착 상태는 대체로 팀원들이 힘을 합치면 해결할 수 있다. 임무를 위한 최고의 방법이 무엇인지 모두가 생각해보면 된다. 논쟁에서 '승리하는' 진영에 속하지 못한 사람들은 동료들을 원망하거나 자신들이 옳다고 고집을 피워서는 안 되며 다시 협업해야 한다.

복잡한 프로젝트에서 교착 상태가 발생했는데 최종 결정을 내릴 권한이 있는 사람이 없을 때 구성원들이 혼란스러울 수 있다. 하지만 교착 상태에 빠지는 것이 꼭 나쁜 일만은 아니다. 팀원들이 상호 배타적인 해결책을 고수하는 것은 건강한 신호인 경우가 많기 때문이다. 사람들이 폭넓게 생각하고, 목표를 높게 설정하고, 합의라는 명목 아래 소신을 굽힐 의향이 없다는 증거다.

교착 상태에 빠진 팀이 상황을 타개하는 이상적인 방법은 지금까지 나온 것보다 더 획기적인 해결책을 찾기 위해 모두 힘을 합치는 것이다. 이때 의견이 엇갈리는 부분은 모든 팀원이 확실하게 알 수 있게 공유되어야 한다. 모두가 솔직하게 자신의 생각을 드러내야 한다.

이것이 진정한 동반 창조co-creation다. 때로는 팀의 임무에 도움이 된다면 자신의 의견을 굽히고 다른 사람의 관점을 받아들일 줄도 알아야 한다. 기존의 태도를 포기하는 것은 어쩌면 기뻐해야 할 일이다. 이런 상황에서 필요한 것은 프로젝트나 임무를 위한 진정한 돌파구를 마련하려면 누군가가 자신의 영역을 포기해야 할 수도 있다는 사실을 사전에 논의하는 일이다. 이런 식으로 자신의 의견을 양보하면서 다른 팀원의 의견을 묵시적으로 승낙하는 행동이 얼마나 중요한지 이해하는 리더가 필요하다. 리더의 가장 큰 역할 중 하나는 같이 일하는 동료들에게 팀원들을 칭찬하는 것이다.

하지만 위험 부담이 많이 따르는 결정이 걸려 있을 때는 이런 식으로 행동하기가 대단히 어렵다. 협업이 중단되고 팀으로서 최악의 상황을 맞게 되는 일도 생긴다. 팀원들이 극심한 압박에 시달리는 나머지 모두 은밀한 영역 싸움에 휘말리는 것이다. 이런 경우에는 한정된 자원과 불안정한 권위 때문에 사람들이 자연스럽게 필요한 것을 비축하려는 본능에 따라 행동한다. 자신의 것을 보호하면서도 더 많이 얻으려고 양손을 뻗어대는 것이다.

이런 상황을 방지하려면 새로운 행동 수칙을 정할 때 내가 '변화 재판소Transformational Tribunal'라고 부르는 활동을 추가하면 된다. 협업하다 보면 의견을 하나로 좁힐 방법을 모색해야 할 때도 생길 것이라는 데 모든 팀원이 동의해야 한다. 논의가 교착 상태에 빠지면 누가 최종 결정을 중재할지도 미리 합의해두자. 이런 식의 구속력이 있는 조정 방식은 법적인 계약에서 흔히 사용한다. 팀원이 두세 명밖에 없는 소그룹에서도 충분히 도입할 수 있는 협업 방식이다.

변화 재판소에서 재판이 열리면 사전에 합의된 판사나 의사결정 조직 앞에서 각 측이 공개적으로 주장을 펼쳐야 한다. 이때 다른 주장에 반대하는 이유도 솔직하게 말해야 한다. 모든 일은 공개적으로 진행되며, 모두가 재판소의 결정을 따르기로 사전에 합의해야 한다.

재판소의 판사 역할은 팀원 중에서 지위가 가장 낮은 사람이 맡는 것이 이상적이다. 실질적인 의사결정 권한이 있고 객관적이라고 팀원들이 인정한 사람이어야 한다. 하지만 현실적으로는 다방면에 걸쳐져 있는 논쟁을 해결하려면 최고경영자가 필요한 경우가 많다. 큰 변화를 불러오는 협업 문화가 자리를 잡고 성장하려면 새로운 해결책을 찾고, 임무를 위해서 자신의 영역을 포기하고, 새로운 업무 규칙을 적용하는 행동이 칭찬받고 보상받을 것이라고 고위 간부들이 부하 직원들에게 알려줘야 한다.

||| 방법10_ 비행기를 착륙시켜라

새로운 행동 수칙을 정할 때 마지막으로 다뤄야 할 주제는 진전 있는 논의를 위한 규칙을 만드는 것이다. 나는 회의가 끝나갈 때 항상 이 말을 한다. "비행기를 착륙시키세요".

이렇게 하면 팀원 중에서 누가 최종 결과물을 향해 행동하고 계획을 실행하기 위해 전념하고 있는지 알 수 있다. 일의 성공과 진전 속도는 끊임없이 확인해야 한다. 실질적인 결과를 얻는 것이 협업의 이유이기 때문이다.

회의할 때 활용할 수 있는 몇 가지 팁을 소개한다. 협업을 시작할 때 중재자(아마도 당신일 것 같다.)가 나서서 이런 사항을 미리 협의해두면 좋다.

먼저 회의를 시작할 때 팀원들이 오늘 회의에서 무엇을 기대해야 하는지 알게 하라. 아직 결정 내릴 때가 아니거나 더 많은 피드백을 받아야 하는 상황이어도 회의 시작 전에 공유해야 한다. 그렇지 않으면 회의가 끝난 뒤 괜히 시간을 낭비했다고 생각하는 사람이 생길지도 모른다. 나는 회의가 끝날 때마다 팀원들에게 피드백을 제공해줘서 고맙다고 말한 뒤 일의 진행 상황에 관해 꼭 알려주겠다고 약속한다.

회의가 끝나갈 즈음 '예', '아니요', '글쎄요' 활동을 해보는 것도 좋다. 방법은 간단하다. 회의가 끝나기 5분 전에 오늘 다룬 핵심 아이디어를 빠르게 훑어보고 '예', '아니요', '글쎄요' 중에 하나를 골라 의견을 제시하면 된다.

"네, 저희가 그 일을 추진하겠습니다."

"아니요, 지금 그럴 때가 아닌 것 같습니다."

"글쎄요, 그 문제는 좀 더 살펴봐야 할 것 같습니다."

당신이 결정권자라면 팀의 결정이 어느 방향으로 향하고 있는지 모두에게 알려줄 책임이 있다. 당신이 결정권자가 아니라면 팀원들이 자리로 돌아가기 전에 회의에서 나온 아이디어를 가지고 '예', '아니요', '글쎄요'로 의견을 들어보자고 리더에게 제안하면 된다. 솔직한 태도를 의무화한 만큼 동료들을 위해서라도 용기 있게 제안해야 한다. 그러면 회의 중에 어떤 결정이 내려졌는지, 각각의 결정에 따라서 어떤 조치를 취하게 됐는지 모두가 알 수 있다.

나는 회의가 진행되는 동안 이런 사항을 기록해둔다. 그러면 '예', '아니요', '글쎄요'를 해야 할 때 팀 전체의 의견이 어떻게 발전했는지 한눈에 알 수 있다. 이것이 진정한 투명성이고 솔직함이라고 생각한다. 또 이런 조치는 일에 추진력을 더하는 데도 도움이 된다. 공통 임무에 초점을 맞추고 행동 방침을 명확하게 보여주기 때문이다.

하지만 팀원 중에는 협업이 시간 낭비라고 생각하는 사람도 분명 있을 것이다. 만일 팀원의 몰입도가 떨어진다면 당신이 그 사람의 피드백을 높이 평가한다는 점을 상기시켜주어라. 그 사람에게 도움과 조언을 구하는 것도 방법이다. "존, 지난번에 말한 문제에 관해 어떻게 해야 할지 잘 모르겠는데 도와줄 수 있을까요? 아니면 나중에 따로 논의할까요?"

동반 향상의 묘미는 내가 오랫동안 굳게 믿어온 두 가지 생각이 들어 있다는 것이다. 첫 번째는 "생각의 다양성은 천재성을 위한 촉매다"이고, 두 번째는 "사람들은 자신에 의해 만들어진 것을 지지한다"라는 생각이다. 동반 향상은 성과를 올리는 팀의 힘을 완전하게 끌어낸다. 그래서 팀이 더 빠르고 더 창의적으로 대응할 수 있게 한다. 동반 창조 원칙을 수행하는 데 전념하면 안전한 환경이 조성된다. 그러면 사람들은 활력이 넘쳐 어려운 도전도 마다하지 않고 자신의 일에 최선을 다하게 된다.

_ 도큐사인의 전 회장 겸 최고경영자 키이스 크라크Keith Krach

협업 문화 전파하기

2019년 봄, 스티븐 리와 데이비드 하트만은 매년 열리는 리더십 콘퍼런스에서 강연을 해달라는 요청을 받았다. 타깃의 수많은 책임자들이 참석하는 자리였다.

그 자리에서 하트만은 이렇게 말했다. "저희가 무대에 함께 오르는 걸 예상하지 못하셨을 겁니다. 저는 크리에이티브팀에서 일하고, 리는 법률팀에서 일하니까요. 하지만 저와 스티븐은 함께 일하는 경우가 제법 많습니다. 그만큼 산업이 빠른 속도로 달라지고 있다는 뜻이죠."

그러면서 하트만과 리는 함께 타깃의 다른 책임자들에게 '거리낌 없이 피드백 주고받기', '다양한 직원 투입하기', '프로세스 빠르게 반복하기'를 강조했다. 협업의 핵심이 각각의 책임자에게 달려 있음을 말하기 위함이었다.

리는 브랜딩 작업을 하면서 배운 것들을 법률팀에도 적용했다. 그는 팀원들에게 프로세스를 더 유연하게 만들 방법을 찾아보라고 지시했다. 함께 일하는 다른 팀들의 문제를 덜어줄 방법도 찾아보자고 제안했다.

리는 이렇게 말한다. "저희는 사내 파트너들에게 저희가 좀 더 일찍 개입하면 더 효율적으로 일을 처리할 수 있을 거라고 말합니다. 이런 식의 협업 프로세스를 도입하면 그들의 일을 덜어줄 수 있습니다. 저희로 인해 일이 흐지부지되게 하지 않을 테니까요. 중요한 것은 우리 회사가 안전하다는 것을 그분들이 느끼게 하는 것입니다. 우리가 그분들의 아이디어를 마구잡이로 없애버리지 않을 거라는 안전함 말입니다."

동반 향상에 바탕한 동반 창조 기술은 모두 새롭고 중요한 능력이다. 새로운 업무 세계에서는 이를 신속하게 이용하지 못하면 아무리 전문 지식을 갖추었다 한들 크게 쓰일 일이 없다. 나는 타깃의 연례 회의에서 브라이언 코넬을 만났다. 그는 나에게 이렇게 말했다. "요새는 협업이 대세입니다. 훌륭한 인재를 고용하는 것은 더이상 중요하지 않습니다. 이제는 팀을 위한 인재를 고용해야 합니다."

오래된 업무 규칙

협업은 혼자서 일을 완수하지 못하고 다른 사람들의 협조와 자원이 필요할 때 찾는 대비책이다.

새로운 업무 규칙

팀원과의 협업, 파트너십은 새로운 표준이다. 협업은 큰 변화를 불러올 아이디어와 해결책을 동반 창조하는 데 꼭 필요하다. 결국에는 협업 덕분에 돌파구를 마련하고 성과를 올릴 수 있을 것이다.

진심은 언제나 통한다

Co-Development

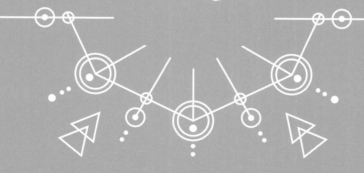

나는 메릴에서 일하면서 우리의 자산관리사 15,000명이 변화를 위한 촉매가 될 수 있다는 사실을 깨달았다. 직원들의 전반적인 성장에 도움을 주는 깊이 있는 피어 코칭peer coaching의 발전을 위한 엄청난 힘 말이다.

_ 메릴 린치 자산 관리Merrill Lynch Wealth Management의 회장 앤디 시그Andy Sieg

진심은 언제나 통한다

한번은《성공하는 기업들의 8가지 습관Built to Last》과《좋은 기업을 넘어 위대한 기업으로Good to Great》저자인 짐 콜린스Jim Collins와 대화를 나누다가 그에게 미국 육군사관학교의 문화에 대한 이야기를 듣게 되었다. 짐은 사관생도들이 실내 장애물 코스를 통과하면서 서로를 응원하고, 코치하고, 가르쳐주는 모습에 감명 받았다고 했다.

실내 장애물 코스는 육체적으로 가장 어려운 훈련 코스 중 하나로 알려져 있다. 생도들은 서로를 이기기 위해 경쟁하는 동시에 모두가 훈련을 성공적으로 마칠 수 있도록 서로를 응원한 것이다. 그러면서 짐은 이것이 리더십 훈련의 중요한 측면이라는 점을 강조했다. 생도들은 '모두'가 더 나은 생도가 되길 원했기에 서로를 응원하고 격려했다.

짐은 서로에 대한 격려와 응원 외에 한 가지를 더 발견했다고 말했는데, 바로 생도들이 일반 대학에 다니는 학생들보다 훨씬 행복해 보였다는 사실이다. (짐은 스탠퍼드 대학에서 7년간 학생들을 가르쳤다.)

육군사관학교의 목적은 생도들이 리더가 될 수 있도록 준비시키는 것이고, 각각의 생도가 할 일은 동료 생도가 성장하도록 돕는 것이다. 이것이 바로 우리가 큰 변화를 불러오는 성과를 올릴 수 있는 비결이다. 우리 모두 공통의 임무에 전념하는 것을 넘어 서로에게 전념해야 한다. 서로의 성공을 보장하고, 서로를 지지하고, 서로를 코치하고, 서로가 성장할 수 있도록 도와야 한다.

그날 짐이 받은 느낌은 하나 더 있다. 짐은 그날 만난 생도들이 그동안 만났던 다른 학생들과는 다르게 자신을 대한다는 사실을 깨달았다. 생도들의 말은 직설적이었고, 호기심도 대단히 많았으며, 질문도 다양했다. 짐의 이야기를 들으면서 나는 그런 행동들이 동반 향상 환경이 낳은 자연스러운 결과물이라는 생각이 들었다. 성과를 올리기 위해 구성원들이 자신의 생각을 솔직하고 완전하게 표현하는 것은 그 조직에 매우 효율적인 문화가 자리 잡고 있다는 증거다.

시시각각 변하는 시장 환경 속에서는 개인과 조직 모두 새로운 모습을 보여줘야 한다. 그 어느 때보다 직장에서의 코칭과 멘토링이 중요한 시기다. 하지만 빠듯한 예산, 위계질서의 약화, 늘어난 업무량, 더 많아진 부하 직원 등으로 인해 책임자들의 상황은 만만치 않다. 결국 책임자 대부분이 한때 선배들에게 코칭과 멘토링을 받았던 것과는 달리 후배들을 코칭하지 못하고 있다.

상황이 이렇다 보니 후배들은 상사를 직접 만나기가 쉽지 않다. 업무 형태의 다변화로 영상으로만 만나거나 심지어 상사와 다른 건물이나 다른 도시에서 일하는 경우도 많다. (2014년에 페라지 그린라이트 연구소가 지식노동자 1,700명을 대상으로 설문 조사를 실시한 결과 지식노동자의 79%가 항상 또는 자주 상사나 동료들과 흩어져서 일한다고 응답했다.) 이런 이유들로 인해 현재 많은 회사들이 코칭 지원에 굶주려 있는 상태다.

사실 우리 모두는 동료들과 계약을 맺고 있는 것이나 다름없다. 계약을 이행하려면 동료들에게 솔직한 피드백을 제공하고, 또 받아야 한다. 우리 모두 팀원들을 코치하고 팀원들의 능력을 개발할 책임이 있으며, 그들에게 코칭을 부탁하기도 해야 한다. 동료 간의 동반 개발co-development은 권위와 상관없이 사람들을 이끄는 일의 핵심이다. 동반 향상을 자연스럽게 이행하는 방법이기도 하다. 다시 말해 팀원 한 명이 뒤처지는 것을 보면서도 피드백을 주지 않는 것은 고의적인 방해 행위나 마찬가지다.

'피드백'에는 세 가지 유형이 있다. 이 세 가지 중에는 상대적으로 주기 쉬운 피드백도 있다. 바로 아이디어에 관한 것이다. 어떤 일을 더 잘할 수 있는 방법에 대한 조언이다. "지미, 이런 방법을 써보는 것은 어때요?" 이보다 조금 어려운 것은 팀의 성과에 대한 피드백이다. 팀의 책임에 관한 이야기를 꺼내야 하기 때문이다. "지미, 그 팀이 지난달보다 수익을 더 올릴 수 있을 것 같군요." 마지막은 팀원의 능력에 대한 것이다. 팀원 개인의 능력에 관해 맞춤형으로 제시하는 피드백이다. 이런 유형의 피드백은 편하게 팀원의 이름을 부르면서 시작할 수 있는 이야기는 아니다.

바로 이 세 번째 피드백에서 영향력 있는 코칭이 일어난다. 직무 기술과 관련된 것이든 대인관계와 관련된 것이든 어떤 분야에서 어떤 능력을 키우고 개발해야 하는지 누군가는 확실하게 알려줘야 한다.

교묘한 무성의에 빠지지 마라

어떤 관계에서든 서로 코치할 수 있는 요소가 있으며, 그 요소를 의도적으로 건드리면 잠재력을 극대화할 수 있다. 이것이 바로 이 책의 바탕이 된 생각이다. 하지만 역설적이게도 이 책에 등장하는 수많은 아이디어 가운데 바로 이 개념(피어 코칭과 동반 개발)을 사람들은 가장 부정적으로 생각한다.

그들은 이렇게 말한다. "그것은 제 역할이 아닙니다. 제가 할 일이 아니에요." 전통적인 업무 규칙에서는 맞는 말이다. 과거에는 상사가 부하를 코치했고, 부하는 코칭을 받아들여야 했다.

"매일 함께 일해야 하는 사람들의 감정을 상하게 하거나 그들과의 관계가 껄끄러워지는 상황을 감수하기에는 위험 부담이 너무 커요." 이 말도 자주 듣는다. 심지어 동반 개발co-development이 유용하다고 생각하는 사람들조차도 이렇게 말한다. 사람들은 동료의 이에 시금치가 끼었어도 알려주길 어려워한다. 이런 상황이니 상대방의 말 경청하기, 의사소통하기, 우선순위 정하기, 시간 관리하기 기술을 향상할 방법에 대한 개인적인 피드백을 제공하는 것은 훨씬 더 어렵지 않겠는가?

이유는 두 가지다. 첫 번째는, 그렇게 개인적인 피드백을 줘도 된다는 허락을 상대방에게서 받지 못했다고 느끼기 때문이다. 두 번째는 안전한 직장생활을 하고 싶기 때문이다. 우리는 동료를 돕고, 팀이 목표를 달성하는 데 일조하고, 업무에 최선을 다하는 것보다 동료들의 호감을 사는 것을 더 중시한다. 다시 말해 언제나 '상냥한' 동료로 남길 원한다.

내 친구 킴 스콧Kim Scott은 자신의 저서《실리콘밸리의 팀장들 Radical Candor》에서 이런 식의 상냥함을 제법 혹독한 이름으로 부른다. 이른바 '교묘한 무성의(manipulative insincerity, 국내에 출간된 책에는 '고의적 거짓'으로 번역돼 있다._역자 주)다. 이 말은 동료나 팀의 임무에 크게 신경 쓰지 않고, 그런 만큼 동료에게 이의를 제기하지 않는 행동을 일컫는다. 이런 행동은 완전한 솔직함과는 반대된다. 완전한 솔직함은 동료와 팀에 관심을 가지고 그들의 의견에 이의를 제기하는 행동을 말한다.

교묘한 무성의 상태에 빠져 있으면 사실 편하다. 하지만 개인적인 피드백이나 코칭을 제공하지 않으면서 어떻게 팀의 임무에, 그리고 동료들에게 신경 쓰고 있다고 말할 수 있겠는가? 팀원이 문제와 씨름하는 모습을 보면서도 개입하지 않는 것이 과연 옳은 행동이라고 할 수 있겠는가? 새로운 업무 규칙에 따르면 당신은 동료들에게 몰입하고 그들에게 도움이 되어야 한다. 킴 스콧의 말을 빌리자면 "우리는 동료들에게 신경 쓰고, 이의를 제기하고, 완전한 솔직함이라는 선물을 건네야 한다. 권위와 상관없이 사람들을 이끌 때도 이런 행동이 리더의 기본적인 의무에 해당한다."

이 말이 당신을 긴장하게 만든다면 당신은 이미 동반 개발 관계에 속해 있다고 할 수 있다.

　배우자나 연인, 친구, 형제자매, 부모, 자녀와의 관계를 떠올려보자. 우리는 가장 가깝게 지내는 사람들이 더 성장하고 발전할 수 있도록 조언을 하고 도움을 준다. 당신이 그들을 아끼는 만큼 그들도 당신을 아끼기 때문이다. 직장에서도 마찬가지라고 생각하면 된다. 동료와 갈등이 생기거나 동료의 감정을 상하게 할까봐 걱정된다는 말은 사실 교묘한 무성의의 표현이 아닐까? 당신이 그들과의 관계에 진심으로 신경 쓴다면 용기를 내어 소신을 밝힐 책임이 있는 것 아닐까? 그리고 그런 책임을 감당하는 것이 리더의 자세 아닐까?

　이 책을 읽고 있는 이상 당신은 교묘하게 무성의한 행동을 하는 사람은 아닐 것이다. 자신의 행동을 의식하지 못한 채 무성의한 행동을 하고 있을 수도 있다. 그렇다면 당신이 언제 그런 행동을 하는지 알아차리는 것만으로도 의미가 있을 것이다.

우리가 아마존의 리더십 원칙에 "배우고 호기심을 가져라"라는 말을 추가한 것은 리더들이 끊임없이 배우고 끊임없이 능력을 개발해야 한다는 점을 강조하기 위해서다. 이토록 빠르게 변화하는 시대에서 리더는 현실에 안주할 여유가 없으며, 효과적인 전략은 발전시키고 비율적인 전략은 수정하는 데 집중해야 한다. 점점 더 네트워크화 되는 근무 환경에서 협업 관계를 형성하면 서로에게서 배우는 데 도움이 된다.

_ 아마존 글로벌 소비자 사업 부문Amazon Worldwide Consumer의 최고경영자
제프 윌크Jeff Wilke

그 한마디가 모든 것을 결정한다

몇 년 전, 업계에서 존경받는 거대 기술 미디어 회사의 자회사를 찾아간 적이 있다. 자회사는 실적 부진으로 힘든 시기를 보내고 있었고, 나는 그곳으로 가 리더십 팀을 코치하게 되었다. 결과적으로 당시 최고운영책임자였던 대프니는 최고재무책임자인 카터와 긴밀한 동반 개발 관계를 발전시켜 회사를 회생시켰다. 카터와 대프니가 서로의 든든한 지원군이 되어준 덕분이었다.

대프니는 카터가 회의 중에 선택하는 단어와 보디랭귀지에 더 신경쓸 수 있도록 그를 코치했고, 카터는 대프니의 피드백을 고맙게 여기고 받아들였다. 카터 역시 대프니가 회의 중에 리더로서 의사소통을 더 원활하게 하고 존재감을 드러내도록 그녀를 코치했다. 그는 대프니가 의견을 더 명확하고 신중하게 표현할 수 있는 방법에 관한 팁을 제시했다. 그녀가 의제에서 벗어나지 않도록 하는 방법도 알려주었다.

유난히 힘들었던 그 해, 두 사람은 힘을 합쳐 앞으로 나아갔다. 그 결과 영업과 마케팅 부문에서 놀라운 변화가 일어났다. 몇 년째 하락하던 매출이 드디어 상승으로 돌아선 것이다.

여기서 주목할 것은 대프니와 카터가 여기까지 온 과정이다. 두 사람의 관계가 처음부터 좋았던 것은 아니었다. 대프니와 카터는 단순히 같은 회사에서 함께 일하는 동료로, 서로의 존재를 인지하고 있긴 했지만 서로를 지지하지는 않았다. 대프니는 최고경영자가 고용한 직원이었다. 그녀의 임무는 모회사의 포트폴리오에 있는 자회사 가운데 실적이 나쁜 곳의 기강을 바로잡는 것이었다. 그리고 카터가 일하는 자회사의 실적은 연매출 목표에 무려 30%나 미치지 못했다.

카터를 처음 만난 날, 대프니는 카터를 상대하기 어려운 사람이라고 생각했다. 카터는 회사의 실적을 개선하기보다는 모회사에서 시키는 대로 하는 데 관심이 더 많아 보였다. 대프니가 보기에 카터가 제시한 예산 삭감안은 통찰력이 부족했다. 다시 말해 회사의 성장과 회생을 기대하기 어려웠다. 즉 동반 향상하기에 적합해 보이지 않았다.

하지만 한 가지 확실한 것은, 카터 없이는 일을 제대로 할 수 없다는 사실이었다. 그가 마음에 들어도, 들지 않아도 카터는 그녀의 팀원이었다.

대프니는 카터를 개인적으로, 그리고 동료로 더 잘 알고 지내기로 결심했다. 그 과정에서 카터가 자회사의 최고재무책임자로 일하며 겪는 어려움을 이해하고 공감할 수 있게 되었다. 두 사람은 회사의 회생을 위해 점점 더 긴밀하게 협업했다. 그렇게 시간이 지나면서 둘은 서로를 존중하고 지지하는 동반 향상 관계가 되었다.

물론 순탄하기만 했던 것은 아니다. 앞을 가로막는 장애물도 있었다. 안타깝게도 카터를 좋아하거나 신뢰하는 간부들이 거의 없었다. 카터는 동료들을 만날 때면 마치 모회사의 돈을 지키려고 파견 나온 외부 컨설턴트처럼 행동했다. 팀원들이 매순간 직면하는 문제도 대수롭지 않게 생각했다. 게다가 그는 수익 목표 미달성이나 예산 초과 문제를 논할 때 다른 간부들에게 책임에 관해 설교를 늘어놓는 걸 좋아했다. 회사의 회생을 앞당길 전략적인 투자에 관한 다른 간부들의 제안에 관해서는 귀를 닫았다. 말뿐만 아니라 카터의 행동 역시 그가 다른 사람들의 의견에 전혀 관심이 없다는 것을 보여주는 것 같았다.

대프니는 카터와 다른 간부들의 관계가 팀에 방해가 되는 것이 분명하다고 생각했다. 팀원 가운데 카터와 솔직한 대화를 나누고 싶지 않으며, 그와 주요 문서를 공유하지 않는다고 고백한 사람도 있었다.

대프니는 처음에는 소통 방식에 관해 카터와 다른 간부들을 코치하려고 했다. 하지만 그렇게 하기에는 그들 사이에 투명성과 솔직함이 부족했다. 양측 모두 서로에 대한 투과성이 너무 낮았다.

다른 방법으로 상황을 수습해야 했다. 회사를 회생시키려면 카터와 간부들의 관계를 개선하는 것이 우선이었다. 동반 개발은 양쪽 모두 노력해야 하지만 이번에는 대프니가 앞장서야 한다는 생각이 들었다. 카터는 행동을 바꿔야 했고, 대프니는 카터에게 그 사실을 알려야 했다. 이때 두 사람의 관계가 나빠지지 않아야 하며, 대프니의 코칭을 계기로 사이가 좋아져야 가장 이상적이었다.

나는 대프니가 카터에게 접근할 수 있도록 그녀를 코치했다. 그리고 동반 개발 관계를 시작하는 7단계에 관해 설명했다.

‖ 1단계_ 상대방의 허락 하에 피드백을 제공할 시간과 장소를 정하라

양쪽의 관계가 안정적이고 서로에 대한 투과성이 높더라도 피드백을 제공하기 전에 꼭 해야 할 일이 있다. 피드백을 줘도 된다는 팀원의 허락을 구하고, 구두 승인을 기다리는 것이다. 이때 상대방이 거절하더라도 어쩔 수 없다. 상대방에게 선택권을 줬지만 결과가 좋지 않았을 뿐이다.

다음에 다시 도전하면 된다.

이것이 바로 대프니가 카터와 한 일이다. 그녀는 고민을 거듭한 끝에 단어를 골라 카터에게 이메일을 보냈다. 피드백을 주고 싶은데, 원하지 않으면 거절해도 된다는 내용이었다. 대프니는 피드백에 관한 구체적인 이야기를 메일에 적지는 않았다. 그저 기업의 회생을 위해 두 사람이 각자의 역할을 어떻게 수행하고 있는지에 관한 피드백을 줘도 되는지만 물었다. 그러면서 다음주에 있을 회의에서 이야기를 나누자고 제안했다. 대프니가 보낸 이메일은 다음과 같았다.

카터 씨, 다음 회의를 마무리하기 전에 꼭 드리고 싶은 말씀이 있습니다. 제 이야기가 카터 씨에게 도움이 되면 좋겠습니다.

저는 지금까지 많은 분들의 통찰력과 조언 덕분에 많은 것을 배웠습니다. 저를 도와주신 분 중에는 상급자도 있었지만 저와 직책이 비슷한 동료들도 많았습니다. 훌륭한 리더가 되고 싶은 제 마음을 알고 기꺼이 도와주신 분들입니다. 카터 씨가 주신 피드백 또한 큰 도움이 되었습니다. 덕분에 자신감이 생겼고, 제 생각을 확실하게 펼칠 수 있었습니다. 도움이 되지 않는 피드백도 있는데, 카터 씨의 피드백은 많은 도움이 되었습니다. 저를 생각해서 해주신 말씀이란 걸 알기에 더욱 감사합니다.

저 역시 카터 씨가 괜찮다고 하시면 도움이 될 만한 말씀을 몇 가지 드리고 싶습니다. 제 조언을 원하지 않으셔도 괜찮습니다. 충분히 이해합니다. 어떻게 생각하시는지 알려주세요.

피드백을 제공해도 되는지 물을 때는 이 정도의 톤으로 쓰는 것이 적당하다. 조심스럽지만 거부감이 느껴질 만큼 친절하지는 않다. 상대방을 비난하지 않으면서도 결단력이 느껴진다. 대프니는 상대방을 아끼는 마음이 드러나도록 "제 이야기가 카터 씨에게 도움이 되면 좋겠습니다"로 시작했다. 중간 부분에서는 자신도 도움이 필요했다는 점을 인정하고 과거에 받은 피드백이 실제로 도움이 되었다는 이야기도 했다. 그리고 마지막에는 피드백을 받을지 말지 결정하는 것은 카터의 몫임을 분명히 했다. 결정권을 카터에게 완전히 넘겨준 것이다. 카터의 선택에 따라 피드백에 관한 대화가 이루어질 수도, 아예 이루어지지 않을 수도 있다. 대프니는 확실하게 카터에게 허락을 구했고 그에게 거절해도 괜찮다고 알렸다.

대프니처럼 공식적인 지위나 직급과 관계없이 상대방을 코치해도 되는지 항상 묻는 것이 좋다. 상대방이 당신보다 직급이 낮다는 이유만으로 당신의 조언을 듣고 싶을 것이라고 함부로 단정 짓지 마라. 설령 당신이 상사고 부하 직원에게 피드백을 할 수 있는 권한이 있더라도 마찬가지다. 피드백을 주려고 하는 이유를 설명하는 것도 중요하다. 그렇지 않으면 당신의 말이 상대방에게 닿지 않을 가능성이 높다. 당신이 신뢰를 얻지 못하면 아무도 당신 말에 귀를 기울이지 않을 것이다. 다시 한번 강조하건대, 상대방의 신뢰를 얻으려면 피드백을 줘도 괜찮은지 먼저 물어보고 상대방의 성장과 성공에 신경 쓰고 있다는 것을 보여줘라.

대프니의 메일에 카터는 어떻게 반응했을까? 다행히도 대프니가 딱 원했던 반응을 보였다. "알겠습니다. 무슨 말씀이신지 들어보고 싶습니다."

오랫동안 함께 일한 만큼 이미 허락 받은 것이나 다름없다고 단정 짓고 대프니가 카터에게 피드백을 했을 수도 있다. 하지만 미리 물어보고 시작하는 것이 그녀에게는 중요했다. 상대가 분명하게 알려주기 전까지는 그가 당신의 피드백을 정말로 원하는지 알 길이 없다는 것을 명심하라.

⫴ 2단계_ 초점을 미래에 맞추고 상대방에게 통제권을 넘겨라

과거에 이뤄낸 성과에 대해 부정적인 피드백을 받고 기분이 좋은 사람은 없을 것이다. 누군가를 피드백하는 가장 좋은 방법은 초점을 미래에 맞추는 것이다. 앞으로 더 성공하려면 무엇을 해야 할지, 어떻게 하면 좋을지 이야기하면 된다. 이때 무언가를 꼭 해야 한다는 식으로 단정해서는 안 된다. "~하면 좋을 것 같습니다"라고 부드럽게 말해야 상대방도 기분이 나쁘지 않고, 피드백을 자연스럽게 받아들일 수 있다. "지난 분기에 우리가 같이 일하면서 좋았던 점은 XYZ이었습니다. 다음 분기에는 ABC를 해보는 게 어떨까 싶습니다"처럼 회유적인 표현을 사용하는 것이 좋다.

중요한 것은, 당신이 상대방의 행동을 통제하려고 하는 것처럼 보이지 않게 하는 것이다. 특히 상대방에게 지시를 내릴 공식적인 권한이 없는 상황에서는 더욱 조심해야 한다. 사람들이 피드백을 받길 불편해하는 이유 가운데 하나는 오랫동안 부모와 상사에게서 지시를 받으면서 그 지시를 꼭 따라야 한다고 생각하는 데 익숙해져 있기 때문이다. 그 영향으로 많은 사람들이 피드백을 받으면 행동을 꼭 교정해야 한다고 생각한다. 하지만 지금은 상황이 다르다. 우리는 지금 함께 더 높이 올라갈 수 있는 피드백을 제공해서 팀원과 팀의 임무에 도움이 되어야 한다.

대프니는 카터가 일을 마무리하는 걸 기다렸다가 피드백 이야기를 꺼냈다. 그런데 대프니가 "카터 씨"라고 운을 떼기 무섭게 카터가 그녀의 말을 끊으며 말했다. "저도 알고 있습니다. 간부들이 저를 재수 없다고 생각한다는 걸요."

"글쎄요, 저는 그런 과격한 표현을 쓰진 않았을 것 같은데요. 가끔 그렇게 생각하는 것 같기는 합니다."

대프니는 조금 놀라긴 했지만 한편으론 다행이라고 생각했다. 그녀가 이메일에서 피드백에 관한 구체적인 내용을 밝히지 않은 만큼 카터는 이런저런 생각을 해본 듯했다. 대프니는 재빨리 화제를 돌렸다.

"요즘 파트너로 같이 일해서 너무 좋습니다. 힘을 합쳐서 회사를 완전히 변신시킬 기초 작업을 하고 있으니까요."

그러면서 대프니는 목적을 달성하려면 팀원들과의 관계도 달라져야 한다고 말했다. "저는 카터 씨가 변할 수 있고 다른 간부들에게도 모범을 보일 기회가 있다고 생각합니다."

그리고 나서 대프니는 이렇게 덧붙였다. "다시 한번 말씀드리면 제가 지금부터 드리는 말씀은 그냥 제 생각일 뿐입니다." 그리고는 본격적인 이야기를 해나갔다.

"제 이야기를 듣고 원하는 대로 하시면 됩니다. 조언을 받아들이셔도 되고, 바꾸셔도 되고, 필요 없다고 생각하시면 무시하셔도 됩니다. 카터 씨께서 직접 판단하세요. 저는 카터 씨가 간부들, 그리고 팀원들과 신뢰를 쌓을 기회가 왔다고 생각합니다. 신뢰가 쌓이지 않으면 카터 씨께서 회사의 회생을 위해서 노력하실 때 제약이 많을 테니까요. 어떻게 생각하세요?"

카터는 미간을 찡그렸다. 고개를 숙인 채 관자놀이를 문지르기도 했다. 잠시 후 카터가 입을 열었다. "'신뢰'라는 말이 아주 강력하네요. 팀원들이 저를 신뢰하지 못한다는 말씀이세요?" 카터는 약간 방어적인 태도로 물었다.

대프니는 몇 명의 팀원이 카터와 이야기를 나누지 않으려 하고, 정보도 공유하지 않는다고 말했다는 사실을 털어놓았다. "저는 카터 씨께서 일부러 팀원들을 멀리하신다고는 생각하지 않습니다. 행동이 항상 의도를 반영하는 것은 아니니까요. 그리고 우리 회사처럼 큰 회사가 나아갈 방향을 바꿀 때는 사람들 사이에 오해가 생기는 일도 비일비재하고요."

그러면서 대프니는 자신의 경험을 예로 들었다. "최고경영자를 모시고 있는 입장이다 보니 종종 저를 최고경영자의 지시를 그대로 따르는 관리자 정도로 생각하시는 분들이 있습니다. 팀원 중에 누군가가 그런 이야기를 했을 때 정말 마음이 아팠습니다."

카터는 대프니의 이야기를 경청했지만 여전히 상처받은 표정이었다. "신뢰는 저에게 가장 중요하고 핵심적인 가치입니다. 게다가 저는 재무책임자이고요. 제가 신뢰할 수 있는 사람으로 보이지 않는다는 사실이 마음 아픕니다. 팀원들이 저를 믿지 못한다는 건 극복하기 어려운 문제네요."

대프니는 고개를 저었다. "저는 카터 씨가 행동을 몇 가지만 바꾸셔도 신뢰 회복이 시작될 거라고 생각합니다. 원하시면 저와 함께 이야기해보는 건 어떠실까요? 다시 한번 말씀드리지만, 이것은 그냥 제가 관찰한 내용입니다."

카터는 그녀에게 고마움을 전했다. "솔직히 말씀드리면 대프니 씨의 이야기를 듣고 많이 놀랐습니다. 생각을 좀 해봐야겠습니다. 대프니 씨의 조언이나 도움이 필요하면 말씀드릴게요."

⫿ 3단계_ 상대방의 피드백도 기쁜 마음으로 받아들여라

대화가 이어지도록 하기 위해 대프니는 이렇게 덧붙였다. "조금 이기적인 부탁을 드리자면, 다음에 뵐 때 저도 피드백을 받을 수 있을까요? 저는 카터 씨의 통찰력을 높이 평가합니다. 회사의 회생을 위해 제가 할 수 있는 일이 있다면 꼭 말씀해주세요."

누군가에게 개인적인 피드백을 제공하고 싶다면 그 사람에게도 반드시 피드백을 요청해야 한다. 동반 개발co-development은 쌍방으로 이루어져야 한다. 대프니는 카터가 자신에게도 맹점이 있다는 것을 알기를 원했다. 그녀 역시 '카터'의 코칭을 통해 능력을 개발할 의향이 있다는 사실을 보여준 것이다. 대프니는 카터에게 자신의 일 처리 방식에 관한 그의 통찰력을 높이 평가하고 그의 조언을 기쁜 마음으로 받아들일 준비가 되어 있다는 것을 보여주고 싶었다.

당신이 팀을 이끄는 위치에 있더라도 팀원들보다 위에 있다고 생각해서는 안 된다. 당신은 팀원들과 동등한 위치에 있으며, 그들과 함께 성장하고 발전해야 한다. 팀원들과 소통할 때 기준을 세우는 것이 당신의 역할이다.

팀원들에게 피드백을 주는 일이 쉽지는 않겠지만 계속해서 하다 보면 팀원들이 당신에 대해 느끼는 심리적 안전감과 투과성뿐만 아니라 당신이 팀원들에 대해 느끼는 심리적 안전감과 투과성도 커진다는 사실을 꼭 기억하라.

||| 4단계_ 피드백은 선물이다. 한번 준 피드백은 잊어라

대프니는 카터에게 피드백을 주면서 카터가 그 정보를 원하는 대로 이용할 수 있다고 그를 안심시켰다. 그런 의미에서 코칭 피드백은 진정한 선물이다. 선물이라고 표현한 만큼 한번 준 피드백은 상대방의 소유다. 그것을 받아들일지, 고려해볼지, 분석할지, 무시할지는 그 사람의 결정에 달렸다.

대프니는 카터에게 분명히 말했다. "조언을 받아들이셔도 되고, 바꾸셔도 되고, 필요 없다고 생각하시면 무시하셔도 됩니다." 그녀는 강요하지 않았을 뿐더러 선택권이 완전히 카터에게 있다는 사실을 그가 이해하길 원했다.

그 후로 몇 주 동안 대프니는 카터를 만날 때 팀의 신뢰 문제에 관해 나눈 둘의 대화를 언급하지 않기 위해 각별히 신경 썼다. 한편으론 카터가 언제 그 이야기를 다시 꺼낼지, 언젠가 꺼내기는 할지 궁금했다.

대화를 나눈 지 3주가 지날 무렵, 주간 회의를 앞두고 카터가 대프니에게 대화를 나눌 수 있는지 물었다. 그러면서 그는 대프니의 이야기가 충격으로 다가온 이유를 설명했다.

카터는 모회사의 최고재무책임자가 회생 계획을 승인하도록 설득하는 데 자신이 얼마나 애를 썼는지 다른 간부들이 모른다고 말했다. 그러면서 이렇게 말했다. "저는 그 일에 제 명예를 걸었습니다. 간부와 팀원들의 관심을 얻으려면 모회사가 그들을 강하게 압박하게 하는 것이 유일한 방법이라고 생각했습니다."

대프니는 카터의 이야기를 들으면서 카터가 자신의 행동이 회사에 어떤 영향을 미치는지 정말 모르고 있다는 사실을 처음으로 깨달았다. 지금처럼 변동성이 큰 시장 상황에서 가장 중요한 것은 업무 효율이고, 그러기 위해선 최고재무책임자의 역할이 누구보다 중요했다. 예산 삭감에 부담을 느낄 시간적 여유가 없다. 더 솔직한 대화가 가능해져서인지 대프니는 카터의 입장에 훨씬 더 공감하고 있는 자신의 모습에 깜짝 놀랐다.

다시 한번 말하건대, 피드백은 선물이다. 따라서 팀원이 피드백을 받아들이지 않을 가능성도 염두에 뒤야 한다. 크리스마스 선물로 받은 맘에 들지 않는 넥타이처럼 팀원은 당신에게 감사 인사만 하고 피드백을 활용하지 않은 채 머릿속에 그냥 넣어둘 권리가 있다. 당신이 할 일은 누군가가 문제를 해결하고 걱정이 해소되도록 겸허하게 돕는 것이지 그 사람에게 반응을 강요하는 것이 아니다. 상대방이 당신의 선물을 원하지 않거나 받아들이지 않더라도 서운하게 생각하지 말고 잊어버려라. 그저 허락받은 선까지만 손을 계속 내밀면 된다.

피드백을 주고 나서 잊어버리지 않으면 그 사람과 계속 싸우게 될 것이다. 그러면 상대는 당신과 거리를 두려 할 것이고, 이렇게 되면 상대는 동반 개발에 참여하려던 생각을 접을 수 있다. 상대방이 당신 팀에 들어가는 것 자체를 거부할지도 모른다.

팀원들이 자신의 길을 스스로 선택할 수 있도록 충분한 시간을 주자. 당신은 옆에서 돕기만 하면 된다.

||| 5단계_ 상대방을 깨달음의 단계까지 이끌어라

솔직한 피드백이라고 해서 반드시 직설적으로 말할 필요는 없다. 부드러운 말투로 하고 싶은 말을 하는 것도 좋은 방법이다.

대프니는 카터가 처음에 방어적인 태도를 보인 것을 기억했다. 그가 문제의 원인이 자신에게 있지 않다고 생각한다는 것도 알고 있었다. 카터가 해결해야 할 문제가 있다고 인정하는 것도 똑똑히 들었다. 대프니는 카터의 그런 모습을 보며 자신이 더 직설적으로 피드백을 제공할 기회라고 생각했다.

대프니는 카터에게 이렇게 말했다. "저희가 더 발전할 수 있는 방법을 생각해볼 수 있겠어요. 우리 둘 다 팀원들에게 말할 때 '저희'라는 표현을 더 자주 쓰는 건 어떨까요? 그러면 팀원들도 저희가 같은 팀에 속해 있다고 생각한다는 걸 알게 될 거예요. 실적이 부진한 이유를 묻는 대신 '여러분의 매출이 오르도록 저희가 더 도울 일은 없을까요?'라고 묻는 것도 괜찮을 것 같네요."

대프니는 말을 이어나갔다. "팀원들이 저희 도움을 거절할지도 몰라요. 그래도 노력하고 있다는 건 알아줄 겁니다."

대프니는 이어서 카터를 팀 플레이어로 보이게 해줄 실용적인 조언 몇 가지를 제시했다. "해결책을 마련하는 데 저희도 껴달라고 부탁해요. 향후 매출액을 예측하시거나 부진한 매출을 발견하셨을 때 그 정보를 모회사와 공유하기 전에 저와 개빈에게 먼저 보여주시는 것도 좋겠습니다. 그러면 저희가 절차를 어기지 않으면서도 사태를 수습하고 생각을 정리할 시간을 벌 수 있어요."

대프니는 카터와 함께 앞으로 나아가고 싶었다. "이런 행동이 사소하게 느껴지실 수도 있습니다. 하지만 이런 작은 차이가 결국 큰 도움이 될 겁니다."

나는 대프니가 중요한 이야기를 했다고 생각한다. 직설적이고 솔직한 피드백을 줘도 된다는 허락을 받지 못했더라도 팀원으로 하여금 진실을 깨달을 수 있게 하는 언어를 사용하는 것이 좋다. 질문을 던져 그들의 실패와 성공 경험을 들어보는 것도 좋다. 이렇게 하다 보면 자신을 객관화하는 데 도움이 된다.

질문을 던질 때는 육하원칙 가운데 '무엇을'과 '어떻게'에 해당하는 질문을 집중적으로 하는 것이 효과적이다. 예를 들어 당신과 동료들이 함께 추진하던 일이 실패로 돌아갔다고 가정해보자. 협상을 이끈 사람은 피터로, 그는 협상을 성사시키려는 마음이 과했던 나머지 고객이 요구하지도 않은 부분까지 전부 양보하고 말았다. 한마디로, 회삿돈을 낭비했다. 게다가 당신은 피터에게 직설적이고 솔직한 피드백을 줘도 된다는 허락을 받지 못했다. 바로 이럴 때 '무엇을'과 '어떻게'에 해당하는 질문을 던지는 것이 중요하다. "이번 협상에 관해서 어떻게 생각하십니까? 저희가 무엇을 더 잘할 수 있었을까요? 예전 협상은 어땠나요? 그때의 성공 비결은 무엇이었죠? 이번 협상은 다르다고 느끼셨습니까?"

이런 질문을 던지면 상대는 질문에 대한 답을 떠올리는 과정에서 스스로 결론을 도출할 수 있다. 이렇게 되면 자신의 문제점을 깨달을 확률도 높아진다. 팀원 스스로 문제를 해결할 수 있도록 돕는 것은 선물을 주는 것이나 마찬가지다. 이 선물은 개인의 성장에 가장 크고 강력한 도움이 된다.

반대로 육하원칙 가운데 '왜'에 해당하는 질문은 피하는 것이 좋다. 상대방을 비난하는 것처럼 보일 수 있고, 이런 질문이 건설적인 대화로 이어지는 경우는 거의 없기 때문이다. 내 경험에만 비추어 봐도 그렇다. 당시 나는 그것이 솔직하게 행동하는 것인 줄로 착각했다. 나는 진심으로 일이 잘못된 원인을 밝혀내고 싶었다. 왜 마감일을 지키지 못했는지, 프로젝트 일정이 왜 늦어지는지, 어떤 과정에서 예산을 초과했는지, 어떤 결정이 그토록 나쁜 결과를 낳았는지 알고 싶었다.

안타깝게도 나는 상대방이나 팀원들의 입장을 충분히 이해하거나 그들을 지지하는 모습을 보이지 못했다. 물론 원했던 답도 얻지 못했다. "그 협상을 이끌 리더로 왜 피터를 보내셨습니까? 피터는 경험이 부족한데요"라는 말은 팀 전체를 취조하는 듯한 느낌을 준다. 그보다는 이렇게 물어야 한다. "피터가 그 협상을 어떻게 이끌었다고 생각하십니까?" 이렇게 물으면 팀원들에게 피드백과 조언을 구하는 것처럼 들린다. 팀원들 역시 덜 방어적인 모습을 보인다. 자신의 결정을 설명하고 정당화해야 할 의무를 느끼지 않기 때문이다.

||| 6단계_ 상대방을 아끼고, 아끼고, 또 아껴라

동반 개발 관계의 성공적인 출발은 말투와 접근법, 언어, 그리고 상대방을 아끼는 마음에 달려 있다. 동반 향상 관계를 형성하려면 상대방을 진심으로 아껴야 한다. 대프니는 카터가 단순히 자신의 요구에 부응하려는 이유만으로 행동을 바꾸는 걸 원치 않았다. 그녀는 다른 팀원들이 카터에 관해서 불평하는 상황이 카터의 명성에 타격을 입히고 있다는 사실을 알고 있었다. 카터 본인을 위해서라도 그는 자신이 다른 사람들과 원만하게 지내지 못하는 이유를 알아야 했다.

대프니는 피드백을 줄 때 칭찬으로 시작하는 경우가 많았다. 그런 다음 솔직한 피드백으로 넘어갔다. 이런 방식은 한때 나를 코치했던 모리스의 방식과는 배치된다. (미안해요, 모리스!)

모리스는 이런 방법을 '비판 샌드위치'라고 불렀다. 빵 두 개 사이에 상대방을 비판하는 말을 끼워 넣는다고 해서 그런 말을 받아들이기가 쉬워지지는 않는다는 의미였다. 상대방의 능력을 개발하는 데 아무런 관심이 없다면 모리스의 말이 옳을 것이다. 하지만 비판 샌드위치와 진심이 담긴 동반 향상 대화에는 커다란 차이가 있다. 바로 상대방을 진심으로 걱정하는 마음이다. 누군가를 비판해야 하는 상황이라면 대화를 나누는 과정에서 그 진심이 반드시 드러나도록 하라.

||| 7단계_ 행동 책임제를 도입해라

이후 카터가 대프니에게 추가 조언을 구하지는 않았지만 대프니는 카터가 자신의 피드백을 받아들였음을 알 수 있었다. 카터는 회사의 재무자료를 살펴보다가 의문이 드는 부분을 발견하면 예전처럼 모회사로 곧바로 가지 않고 대프니를 먼저 찾았다. 팀 회의를 할 때도 대프니는 '저희'라는 단어를 의도적으로 많이 써서 한 팀이라는 사실을 강조했다.

아래에 소개하는 글은 누군가가 당신에게 피드백을 줬을 때 당신이 다른 사람에게 부탁하는 방법이다.

감사합니다, 조. 말씀하신 것처럼 제가 다른 사람들의 말을 듣는 태도를 좀 고쳐야 할 것 같습니다. 그런 의미에서 부탁 하나만 드려도 되겠습니까? 다음에 제가 또 누군가의 말을 끊거나 방해하면 그 자리에서 바로 알려주시겠습니까?

만일 다른 사람들 앞에서 지적당할 때 당신이 방어적인 태도를 보일 것 같다면 뒷부분만 살짝 수정하면 된다.

감사합니다, 조. 말씀하신 것처럼 제가 다른 사람들의 말을 듣는 태도를 좀 고쳐야 할 것 같습니다. 그런 의미에서 부탁 하나만 드려도 되겠습니까? 다음에 제가 또 누군가의 말을 끊거나 방해하면 대화가 끝나자마자 저를 한쪽으로 불러서 알려주시겠습니까?

만일 당신이 방어적인 태도를 보일 것 같기는 하지만 실시간 피드백이 행동 변화에 도움이 될 것 같다는 생각이 든다면 둘만의 암호를 정해놓는 것도 방법이다. 암호는 가벼운 분위기 속에서 재미있게 만들면 된다.

그러니까요, 조, 말씀하신 것처럼 제가 다른 사람들의 말을 듣는 태도를 좀 고쳐야 할 것 같습니다. 그런데 제가 원래 말을 한번 하기 시작하면 멈추기가 쉽지 않습니다. 특히 논쟁 중이거나 신나는 일에 관해서 이야기할 때는 더 그렇습니다. 회의가 끝난 뒤 저를 한쪽으로 불러서 알려주셔도 좋고, 바로 그 순간에 저희만의 암호인 "다른 팀원들은 어떻게 생각하는지 궁금하군요"라고 말씀하셔도 좋습니다. 그 말을 들으면 제가 알아차리겠습니다. 제가 부족한 점이 많다는 것은 잘 알고 있습니다. 그럼에도 제가 실력을 키울 수 있도록 도와주셔서 정말 감사드립니다. 제가 언젠가 도와드릴 수 있는 날이 오면 은혜에 꼭 보답하고 싶습니다.

한 달에 한두 번씩 체크인을 하면 행동 교정에 큰 도움을 받을 수 있다. 팀원에게 당신이 바꾸려고 하는 행동의 진척 상황에 대해 업데이트해줄 수 있는지 물어보라. 체크인할 때마다 당신이 상대방에게도 피드백을 할 수 있다고 말하라. 누군가가 당신에게 피드백을 달라고 요청하는 시간이 길어질수록 구체적이고 실천하기 쉬운 방법을 더 많이 준비해둬야 한다. 피드백은 공감대를 확실하게 형성한 뒤에 줘야 효과적이라는 사실을 잊지 마라. 그래야 상대방도 부담을 이겨내고 당신의 조언을 적극적으로 받아들일 것이다. 그리고 이때부터 동반 개발이 시작된다.

솔직한 피드백은 의미 있고 생산적인 모든 관계의 핵심이자 신뢰를 쌓는 토대다. 리더는 모든 직원이 정기적으로 솔직한 피드백을 주고받아야 한다는 점을 분명하게 알려야 한다. 다른 시각에 대한 열린 마음을 공개적으로 표현하는 것은 다른 사람의 의견에 건설적으로 반대하고 혁신을 위한 새로운 접근법을 모색해도 되는 안전한 문화를 만든다.

_ 보스턴 사이언티픽Boston Scientific 말초혈관 중재술 사업부Peripheral Interventions의
회장 제프 미르비스Jeff Mirviss

진심은 힘이 세다

대프니가 카터와 동반 개발을 위해 선택한 접근법은 '상대방을 진심으로 아끼는 마음으로 솔직한 피드백을 제공하는' 것이었다. 그녀는 나쁜 마음으로 카터에게 팀원들이 그를 신뢰하지 않는다고 지적하지 않았다. 카터를 비하하거나 그의 감정을 상하게 하기 위한 목적의 공격적인 피드백을 하지도 않았다. 대프니는 감정의 가감 없이 카터를 대했다. 팀이 성공하고 임무를 완수하려면 카터가 반드시 성공해야 한다고 생각했기 때문이다.

대프니의 사례에서 보건대, 상대를 아끼는 마음으로 솔직한 피드백을 제공할 때 상대의 성장과 발전을 도울 수 있다. 나는 이것이 상대로 하여금 피드백을 받아들이게 하는 가장 효과적인 방법이라고 생각한다. 대부분의 사람들은 잘못을 지적하기만 하는 것처럼 보이는 사람이 자신을

비판하도록 두지 않는다. 반대로 나를 위해 진심으로 도우려는 마음으로 피드백을 주는 사람에게는 관대하다. 피드백의 이름으로 나를 도와주고 있다는 걸 느낄 수 있기 때문이다.

동반 개발은 기쁨을 오랫동안 유지하게 해주는 선물이다. 누군가의 직장생활과 일상생활의 궤도를 완전히 바꿔주기 때문이다. 한 번의 대화가 대프니와 카터의 인생을 바꾼 것만 봐도 그렇다. 대프니와 카터처럼 당신과 당신이 아끼는 사람도 같은 경험을 해보기 바란다. 지금부터는 상대방을 아끼는 마음으로 솔직한 피드백을 제공할 때 알아두면 유용한 팁을 공개한다.

⦀ 팁1_ 그 순간에 집중하라

상대방에게 신뢰를 얻으려면 그 사람의 이야기에 완전히 집중해야 한다. 마샤 레이놀즈Marcia Reynolds는 자신의 책《불편한 질문이 모두를 살린다The Discomfort Zone》에서 "사람들이 힘을 합치면 관계에 활력이 생긴다"라고 했다. "사람들이 서로 소통하면 '뇌와 뇌 사이에 있는' 공간에서 어떤 일이 벌어진다. 대화의 의도, 감정, 배려하는 태도가 상대방의 변화하려는 의지와 욕구, 용기에 영향을 줄 것이다. 따라서 상대방과 이야기하는 순간에 집중하고 대화가 이루어지는 내내 신뢰를 유지하도록 의식적으로 신경 써야 한다."

나는 지금 휴대전화를 옆에 두고 이 책을 쓰고 있다. 30분에 한 번씩 문자 메시지를 확인한다. 글을 쓸 때는 전화기를 아예 꺼두거나 다른 방에 놓아두는 것이 좋겠지만 그러지 않는다. 하지만 팀원과 얼굴을 마주하고 피드백을 줄 때는 '대화에만' 집중한다. 지난 2012년 〈타임스〉는 "휴대전화 때문에 눈치 없는 사람 취급을 받고 계십니까?"라는 제목의 기사를 실었다. 기사에서 소개한 연구는 신뢰와 그 순간에 집중하는 행동 사이의 긴밀한 연결고리를 보여주었다. 연구에 따르면, 휴대전화를 잠시만 사용하더라도 연결고리가 끊어질 수 있으며 사람들이 상대방의 입장에 덜 공감하고 상대방을 덜 의식하게 된다고 했다. 기껏 열심히 노력해서 동료와 신뢰를 쌓고 더 나은 관계를 형성할 준비를 해놓고 집중력 부족으로 일을 그르치지 마라.

||| 팁2_ 피드백이 상대방을 위한 것임을 분명히 하라

피드백을 제공할 때 그것을 받는 사람보다 주는 사람에게 초점이 더 맞춰지면 많은 경우 코칭에 실패한다. 당신이 주는 피드백은 당신이 아닌 '팀원을 위한' 것임을 잊지 마라. 상대방에게 비판처럼 들릴 위험이 있는 말을 사용하지 않는 것도 중요하다. 말을 꺼내기 전에 "내가 지금 하려는 말이 이 사람에게 어떻게 도움이 될까?"라고 자문해 보는 습관을 들여야 한다.

여러 면에서 뛰어나지만 프레젠테이션 기술은 부족한 직원이 있었다. 나는 그녀가 좀 더 중요한 업무를 담당하고 우리 상품과 서비스를 더 많이 판매하려면 옷 입는 방식과 말하는 톤을 바꾸는 것이 좋겠다고 생각했다. 한편으로 내가 지나치게 예민한 것일지도 모른다는 생각도 들었다. 내 문제를 그녀에게 무의식적으로 투영하는 것은 아닌가 하는 걱정이었다. 나는 빈민가에서 자랐고, 장학금을 받은 덕에 부잣집 아이들이 다니는 사립학교에 다닐 수 있었다. 그로 인해 다른 아이들에게 지독한 놀림을 당했다. 나는 그 아이들과 말도 다르게 했고, 언제 어떤 포크를 써야 하는지도 몰랐다. 옷도 물려받은 것을 입고 다녔다.

나는 괜히 잘못 말했다가 그 직원에게 상처를 주게 될까봐 두려웠다. 더 솔직히 말하면 내가 느꼈던 기분을 그녀가 느끼게 될까봐 무척 조심스러웠다. 나는 그 직원을 불편하게 할 수 있는 말을 꺼내기 전에 내가 주려는 피드백에 대한 솔직한 평가를 인사과 친구들에게 부탁했다. 다행히 그들은 내 생각이 맞다며 나를 안심시켜 주었다. 그들 역시 그 직원의 옷차림과 태도가 그녀의 앞길에 걸림돌이 될 것이라고 생각하고 있었다. 내 피드백이 그 직원의 미래를 위한 것이라는 확인을 받고 나니 자신감이 생겼다. 결과는 어떻게 됐을까?

당사자의 허락을 받고 이 민감한 주제를 그녀와 논의할 수 있었다. 나는 그녀에게 진심으로 피드백을 주었고, 그녀 역시 내 피드백을 진심으로 받아들였다.

또 하나의 예로, 아이가 어렸을 때 나는 "음식을 먹을 때는 입을 다물고 먹어야지"라고 잔소리를 하곤 했다. 이렇게 말하면 아이는 잠깐은 말을 들었다. 하지만 효과가 오래가지는 않았다. 이에 나는 똑같은 피드백을 다른 방법으로 전달했다. "네가 맨날 얘기하는 그 여자애 있잖니? 너 그 친구 앞에서도 밥을 이렇게 먹니?" 그러자 아이가 먹던 것을 멈추고 몸을 앞으로 내밀더니 이렇게 물었다. "무슨 말씀이세요?" 그 말에 나는 그 나잇대의 여자아이들은 남자아이들보다 위생과 매너에 더 신경을 쓴다고 설명했다. 여자아이에게 잘 보이고 싶은 아들의 마음을 알고 도움이 될 만한 피드백을 줬더니 아이가 관심을 보인 것이다.

||| 팁3_ 당신을 먼저 코치해달라고 부탁하는 것도 방법이다

이상적인 동반 개발은 마치 테니스 경기와 같다. 서브를 넣을 때도 있고 받을 때도 있는 것처럼 피드백 역시 서로 주거니 받거니 해야 한다. 하지만 동반 개발을 이제 막 시작한 상황에서는 팀원의 실적이나 행동에 관한 솔직한 피드백을 하기가 쉽지 않을 것이다. 만일 상대방에게 피드백을 줄 수 있을 만큼의 허락을 아직 받지 못했다는 생각이 든다면 함부로 피드백을 주려고 시도하지 마라. 이런 경우에는 당신이 능력을 개발할 수 있도록 도와달라고 팀원에게 '먼저' 부탁하는 것도 방법이다. 먼저 피드백을 받은 뒤에 상대에게 피드백을 줘도 되겠냐고 묻고 행동해도 늦지 않다.

더 이상 개발할 능력이 없다는 생각이 드는가? 그렇다면 오산이다. 직급과 상관없이 모든 사람은 끊임없이 성장할 수 있으며, 또 성장해야 한다. 펩시코PepsiCo의 전 회장 겸 최고경영자인 인드라 누이Indra Nooyi는 〈포춘〉과의 인터뷰에서 "배우기를 절대로 멈춰서는 안 된다"라고 강조했다. "대학을 갓 졸업한 신입사원이든 최고경영자든 모든 것을 다 알지는 못한다. 이런 사실을 인정한다고 해서 나약해 보이는 것은 아니다. 가장 강인한 리더들은 평생에 걸쳐 새로운 것을 배우는 사람들이다."

⫴ 팁4_ 당신의 솔직한 피드백이 어떻게 들리는지 책임져라

피드백을 줘도 된다는 허락을 받았다고 해서 상대방이 항상 피드백을 받길 원한다고 생각해서는 안 된다. 상대방과 탄탄한 신뢰를 쌓고 원만한 관계를 이어왔더라도 본의 아니게 선을 넘을 수 있기 때문이다.

내가 최근에 새로운 팀과 일하면서 겪은 일을 소개하려고 한다. 팀원 중 한 명이 거의 선포를 하듯 자신은 매우 솔직한 성격이라고 말했다. 원래 그렇게 태어났다고 했다. 자랑스러워하는 그의 표정과 달리 나는 그것이 우리 일을 훼방 놓으려는 핑계로 보였다. 회의가 진행되는 동안 그는 우리가 내놓은 해결책에 동의하지 않는다는 뜻을 반복해서 드러냈다. 심지어 그는 우리의 해결책이 고려할 가치가 없다고 말했다. 다른 사람들의 말에 호기심을 보이기는커녕 지나치게 직설적인 표현으로 회의를 몇 번이나 중단시키기도 했다.

나중에 그 사람의 성장 배경에 관해 알게 되었다. 그는 의견이 항상 무시당하는 집에서 성장했다. 그렇다 보니 의견을 낼 기회가 생길 때마다 자신의 생각을 서둘러 밝히는 습관이 생겼다. 어른이 된 그는 '불안정한 소년'을 '눈에 보이는 대로 솔직하게 말하는 사람'으로 변신시켰다. 하지만 이런 식의 솔직한 태도는 효과가 없었다. 이 사람이 공통의 임무를 최우선으로 생각하지 않는다는 걸 모두가 알기 때문이었다.

피드백의 목적은 대화를 촉진하는 데 있다. 다른 사람들의 시각에 지나치게 신경 쓴 나머지 상대가 당신의 시각에 쉽게 동의하고 받아들일 것이라고 생각해서는 안 된다. 그런 행동은 당신이 팀의 임무를 완수하고 목표를 달성하는 데 도움이 되지 않는다는 것을 유념하라.

⫼ 팁5_ 방어적인 태도는 금물이다

최고마케팅책임자로 일하던 시절, 나는 다른 사람들이 우리가 제공하는 서비스를 어떻게 생각하는지 궁금해서 그것을 조사하는 데 많은 비용을 썼다. 그때 내가 조사 결과나 보고서를 받아놓고 읽지 않은 채 서랍에 넣었다면 지금의 나는 없었을 것이다. 마찬가지로, 다른 사람들이 당신에 관해서 어떻게 생각하는지 듣지 않는 것은 바보 같은 짓이다. 다른 사람들의 시각을 신경 쓰지 않고 당신이 해오던 대로 일해서는 더 이상 발전할 수 없다.

누군가에게 지적이나 비판을 당하는 것은 유쾌한 일은 아니다. 그래서 그런 말을 들었을 때 대부분의 사람들은 방어적인 태도를 보인다. 지금부터는 이런 흔한 함정에 빠지지 않도록 피드백을 더 잘 듣고 받아들이는 데 도움이 되는 팁을 소개하려고 한다.

먼저 침착한 태도를 유지해야 한다. 피드백은 모두가 더 높이 올라가는 데 도움이 되는 데이터이다. 그 데이터를 어떻게 이용할지는 당신의 결정에 달렸다. 속상한 피드백을 받았더라도 그것을 선물로 받아들이는 태도가 중요하다. 팀원들이 어떤 피드백을 주든 그것을 겸손하고 감사한 마음으로 받아들여야 한다.

감정을 조절하는 능력도 필요하다. 종종 감정을 통제하는 걸 어려워하는 사람들이 있다. 하지만 방어적인 태도나 감정적인 반응으로 다른 사람들의 피드백을 차단해버리면 결국엔 당신의 성장에 방해가 될 수밖에 없다.

피드백이 반드시 따라야 하는 지시 사항이라고 생각해서 피드백 받기를 부담스러워하는 사람들도 있다. 책임자가 직원들에게 일방적으로 명령을 내리던 시절에 그렇게 습관이 든 탓이다. 하지만 지금은 그렇지 않다. 당신이 더 괜찮은 팀원이 되는 데 특정한 피드백이 도움이 될지 말지는 당신이 직접 판단해야 한다. 다만 상대의 진심을 놓쳐서는 안 된다. 그런 피드백에는 통찰력이 들어 있으며, 그것을 발판 삼아 당신이 나아갈 방향을 수정할 수도 있다. 비판이나 피드백을 받을 때 감정을 통제하기가 어렵고 마음이 불편하다면 그런 심정을 동반 향상하는 파트너에게 털어놓는 것도 방법이다. 그들의 도움을 받아 두려움을 극복해 나가면 된다.

질문을 던지는 것도 중요하다. 방어적인 태도를 자제하면 호기심이 자연스럽게 수면 위로 떠오를 것이다. 사람들이 해주는 이야기를 기쁜 마음으로 듣고, 피드백의 내용이 이해되지 않거나 명확하지 않을 때는 분명하게 설명해달라고 부탁하면 된다. 이때도 당신의 말이 방어적으로 들리지 않도록 주의해야 한다.

팀원이 준 피드백이 두루뭉술하고 포괄적일 때는 확실하게 물어야 한다. 예를 들어 상대방이 "의사소통 기술을 좀 더 갈고닦으면 좋을 것 같습니다"라고 말했다고 가정해보자. 이 경우 좀 더 구체적인 피드백을 달라고 부탁하면 된다. "제가 회의 시간에 말을 지나치게 많이 했지요? 혹시 제 말투가 부적절했나요? 제 말이 무례하게 들렸을까요? 당장 한 가지만 고쳐야 한다면 무엇을 고치면 될까요?"나 "해주신 말씀을 더 확실하게 이해하고 싶습니다" 또는 "감사합니다. 언제 그런 생각이 드셨는지 구체적으로 알려주실 수 있으실까요?" 같은 반응이 이상적이다. 이렇게 하면 당신이 열린 마음을 가지고 있다는 것을 보여줄 수 있고, 그러면 상대방도 솔직하게 이야기할 것이다.

감사 인사도 빼놓지 말아야 한다. 피드백의 내용에 동의하든 하지 않든 선물을 준 사람에게 감사 인사를 하는 것은 당연하다. 다른 사람에게서 추가 피드백을 받더라도 그 사람의 선물 같은 피드백을 소중히 생각할 것임을 분명하게 이야기해야 한다. 그러면 두 사람 사이에 신뢰가 더 쌓이고 심리적인 안전감도 더 커진다. 서로에 대한 투과성이 더 높아지는 것은 당연하다.

피드백을 받다 보면 조언이라는 명목으로 당신을 공격하려는 사람이 나타날 수도 있다. 이때 미끼를 물어서는 안 된다. 그 사람의 의도에 신경 쓰지 말고 그냥 똑같이 "감사합니다"라고 하면 된다.

팀원들이 당신을 어떻게 생각하는지도 알고 있는 것이 좋다. 그래야 그 정보를 어떻게 이용할지 결정할 수 있다. 고립된 채 다른 사람들이 자신을 어떻게 생각하는지 궁금해하는 사람도 있는데, 이는 바람직한 방법은 아니다.

우물이 마를 때까지 물을 퍼내지 마라. 팀원과의 관계가 탄탄할수록 더 많은 피드백을 자주 받을 수 있으며, 실제로 그렇게 하는 것이 좋다. 그리고 이 과정에서 상대방이 당신에게 들이는 노력의 정도를 가늠해보라. 서로에 대한 투과성은 어느 정도인지, 당신과 동반 향상 관계에 있는 파트너가 당신과의 동행에 얼마나 전념하는지, 팀의 프로젝트와 목표, 임무에 피드백이 얼마나 필요한지 직접 판단하라.

ⅠⅠⅠ 팁6_ 당신의 피드백에 대한 피드백을 받아라

조언을 주고받는 것이 일상적이고 자연스러운 일 처리 방식으로 자리 잡고 나면 당신이 제공하는 피드백에 대한 피드백을 받는 것이 좋다. 이때가 바로 당신의 조언이 상대방에게 어떻게 들리는지 알아볼 기회이기 때문이다. 이런 열린 대화는 건강한 활동으로, 논의를 계속하다 보면 함께 더 높이 올라가는 것은 물론 팀원들과의 관계도 더 깊어질 것이다.

상대방이 당신의 마음을 읽어주길 기대해서는 안 된다. 당신이 어떤 식으로 협업하고, 피드백을 받고, 의사소통하길 좋아하는지 상대방이 다 알 수는 없다. 나는 개인적으로 신속하고 분명하게 행동하는 걸 좋아한다. 예를 들어 30분이 주어지면 나는 그 시간 안에 논의의 핵심에 도달하고 우리가 시간을 생산적으로 썼음을 보여주고 싶다. 그런데 페라지 그린라이트의 마케팅 책임자는 나와 반대로 좀 더 오랫동안 대화를 나누고 자연스럽게 친밀감을 쌓고 싶어 했다. 그렇다 보니 그녀와 대화를 나눌 때면 본의 아니게 그녀의 말을 자꾸 방해하게 됐다. 빨리 요점을 말하라는 내 재촉에 그녀는 상처를 받고 말을 멈춰버렸다.

성공적인 동반 향상을 위해서는 우리 둘 다 태도를 바꿔야 했다. 나는 조바심을 내지 말아야 했고, 그녀는 내가 자신을 존중하지 않는다고 생각하지 말아야 했다. 나는 그녀가 선호하는 의사소통 방식에 공감하려고 노력했다. 이를 그녀에게 알리려고 애썼고, 그녀가 말할 때 재촉하지 않기 위해 조심했다. 서로에게 솔직하고 함께 일하고 싶은 의지 덕분에 우리는 서로의 스타일에 장점이 있음을 깨달았다. 이 일을 계기로 우리는 재미있고, 유연하고, 효과적으로 함께 일할 수 있었다.

팀원들은 영화 〈스타트렉〉에 나오는 벌칸Vulcan족처럼 독심술을 하지 못한다. 따라서 그들이 당신을 이해할 수 있게 도와야 하며, 함께 일하면서 서로 코치해주자고 제안해야 한다.

리더들은 누군가의 감정을 상하게 할 만한 피드백은 공유하지 않는 것이 '친절한' 행동이라고 생각한다. 하지만 상대방에게 친절하려면 솔직하게 말할 수 있는 용기가 필요하다. 나약함과 친절을 혼동하기 쉬운데, 진정한 친절은 강인함을 내포한다. 팀원들이 성과를 올릴 수 있는 근무 환경은 솔직함과 투명성에 의존한다. 성과를 거두기 위한 파트너십을 구축하려면 그런 요소들이 꼭 필요하다.

_ 카인드 스낵스KIND Snacks의 최고경영자 대니얼 루베츠키Daniel Lubetzky

||| 팁7_ 상사와도 능력을 동반 개발하라

상사에게 정말로 솔직하고 개인적인 피드백을 해도 되느냐고 묻는 사람이 많다. 그때마다 내 대답은 똑같다. "당연하죠!"

누구든 직급이 높아질수록 부하 직원들에게 피드백을 더 많아 받아야 한다. 하지만 현실적으로는 이렇게 하기가 쉽지 않다.

군대에서는 자신보다 계급이 높은 사람에게 공개적으로 피드백을 하기 전에 "편히 말씀드려도 되겠습니까?"라고 묻는 훈련을 받는다. 내가 운영하는 회사 중 한 곳에 미 육군 특전사 출신 간부가 한 명 있었다. 그는 더는 군인 신분이 아니었음에도 나에게 피드백을 하기 전에 이렇게 물었다. 그때마다 나는 그가 진심을 담아 가감 없이 생각을 쏟아 내리라는 걸 알 수 있었다.

당신이 피드백을 해도 괜찮다는 허락을 상사에게 받지 못했을 수도 있다. 상사 입장에선 아직 당신의 피드백을 받을 준비가 되어 있지 않거나 그 정도로 열린 마음을 가지지 못했을 가능성도 있다. 이때 상사에 대한 투과성Porosity을 높이는 것은 당신 몫이다. 피드백에 대한 허락을 얻으려고 노력해야 하며, 앞에서 조언한 대로 상사를 도우려는 마음을 보이는 동시에 당신에 관한 이야기를 먼저 해야 한다. 물론 성격상 자신의 행동은 조금도 의식하지 않은 채 남을 통제하기 좋아하는 책임자도 있을 것이다. 결국에는 상사의 생각이나 감정을 파악할 때 조심해야 할 사람도 당신이다. 괜히 선을 넘어서 상사를 불필요하게 자극하는 일은 만들지 마라.

||| 팁8_ 피어 코칭 운동을 시작하라

2017년, 메릴 린치의 최고경영자 앤디 시그는 회사의 수익을 증대하는 데 더 집중하겠다고 발표했다. 회사의 고문인 리처드 플루타Richard Pluta는 그 소식을 듣고 메릴 린치의 본사에서 일하는 친구 스티브 새뮤얼스Steve Samuels에게 연락했다. 그러고는 자신이 도울 일이 없는지 물었다.

그리고 얼마 후, 플루타와 새뮤얼스는 함께 세운 계획을 들고 시그를 찾아갔다. 계획은 꾸준히 성장하는 메릴 린치 최고의 자산 관리사들을 초대하여 '자산 관리사 성장 네트워크AGN: Advisor Growth Network'를 만드는 것이었다. 모든 자산 관리사가 서로를 코치하고, 그들이 최고가 되도록 도운 성장 비법을 공유하자는 의도였다.

플루타가 먼저 말했다. "우리가 나서서 우리는 물론 모두에 대한 책임을 질 때가 됐습니다. 이런 프로그램을 시작하기에 적기라고 봅니다. 이제 우리는 하나의 챌린지를 시작했습니다. 우리는 고객을 섬기고 회사가 더 성장할 수 있도록 능력을 개발하면서 이 챌린지를 통해 서로에게 동기를 부여해야 합니다."

얼마 지나지 않아 메릴 린치에 소속된 자산 관리사 1만 5,000명 가운데 600명 이상이 AGN에 가입했다. 그들은 각자 일하는 지점에서 그룹 코칭을 진행하며 동료들의 성장을 지원했다. 또 AGN 회원들은 서로를 코치하고 실적이 좋은 직원들에게 코칭을 받기도 했다.

AGN의 초기 성과를 목격한 본사의 지역 담당자들은 이후 동반 향상 개발팀을 꾸렸다. 팀끼리 경영 방식을 공유하고 페라지 그린라이트의 동반 향상 접근법을 활용하려는 것이었다. 결과는 예상대로 대성공이었다. 메릴 린치는 불과 2년 만에 기업 인수 자문 비율이 6배나 증가했다고 보도했다. 수익과 순거래액, 순이익도 역대 최고치를 달성했다.

이런 피어 코칭이 전파되면서 시그의 성장 계획은 톡톡히 효과를 봤다. 플루타, 새뮤얼스, AGN 회원들, 그리고 수천 명의 직원들이 회사의 성장과 고객 관리의 질을 높이겠다는 목표로 업무에 매진하고 있다. 이는 결국 자기 자신을 넘어 회사를 돕는 길이다.

서로에 대한 신뢰가 가져오는 결과

시간이 지나면서 카터는 대프니에게 더 자주 피드백을 요청했다. 그 대마다 그녀는 솔직한 피드백을 해주었다. 카터를 코치하는 것은 대프니에게도 성장의 기회로 작용했다. 대프니는 리더로 성장했고, 종종 사소한 것들은 그냥 넘기는 편이 낫다는 점도 배웠다.

대프니는 카터가 프레젠테이션을 준비할 때 할 말을 미리 써두는 것이 썩 맘에 들지 않았다. 마치 로봇이 말하는 것처럼 딱딱하게 들렸기 때문이다. 그래서 다음 프레젠테이션 때는 중요한 사항만 적어서 발표해볼 것을 권했다. 하지만 방식을 바꿨음에도 카터는 프레젠테이션을 매끄럽게 진행하지 못했고, 이 경험을 통해 대프니는 카터의 프레젠테이션 스타일이 크게 중요하지 않다는 사실을 깨달았다. 대프니는 카터의 요구와 능력에 맞게 피드백을 조정했고, 그 덕택에 실력이 좋은 코치로 거듭날 수 있었다.

대프니는 항상 팀원들 앞에서 카터를 칭찬했다. 카터가 얼마나 많이 달라지고 있고, 얼마나 진전을 보이는지 모두에게 알려주고 싶었기 때문이다. 그녀는 회의가 끝날 때마다 카터에게 열심히 해줘서 고맙다는 메시지를 보냈다. 업무 수완이 뛰어나고 시나리오 분석 능력도 잘하고 있다는 말도 덧붙였다.

얼마 뒤, 그들은 둘의 점심 식사 자리에 영업부를 이끄는 다른 간부를 초대했다. 그리고 그날 그 자리에서 많은 이야기를 나눴다. 덕분에 대프니와 카터는 합리적이고 집중적인 단기 영업 목표를 세울 수 있었다. 한번은 점심을 먹다가 둘 다 깜짝 놀란 일이 있었다. 근본적으로 완전히 다른 상품을 어떻게 조합하느냐에 따라서 회사가 비용을 줄일 수 있다는 사실을 알게 된 것이다. 카터의 시각으로는 상상조차 못했을 일이다.

또 대프니와 카터는 영업부 책임자들과 함께 30일 주기로 반복되는 '성공을 향한 질주winning sprints' 프로그램을 개발했다. 이 프로그램의 목적은 팀원들의 필요에 따라 측정 가능한 성과를 보여주고, 그들이 나아갈 방향을 바꿀 수 있는 시간을 주는 것이었다. 안타깝게도 첫 도전은 결과가 좋지 않았다. 이에 인사부와 영업부 책임자들은 영업 활동에 필요한 자금을 좀 더 지원해달라고 요청했다. 카터는 처음에는 거부했지만 훈련을 참관하고 난 뒤에는 마음을 바꿨다. 훈련의 의미를 눈으로 직접 확인했기 때문이다.

대프니와 카터의 주재로 카페테리아에서 비공식적으로 열리던 회의는 곧 개빈의 회의실로 옮겨갔다. 회의에 참석하는 사람의 수도 늘어났다. 대프니와 카터는 팀을 공식적으로 확장하기 위해 각자 인맥 관리 실천 계획RAP을 수립했다. 데이터 수집을 목적으로 이루어지던 비공식 대화가 공식적인 협업적 문제 해결CPS 과정으로 진화한 것이다. 대프니와 카터의 동반 개발은 이렇게 동반 창조로 향했다.

CPS 과정 중 계약 조건에 관해 던진 법률 고문의 한마디가 엄청난 결과로 이어진 일도 있었다. 그의 말을 따라 매매 계약서에서 간단한 두 가지 사항을 바꾼 결과 45일 만에 계약 갱신율 30% 상승이라는 어마어마한 결과를 얻었다. 그 덕에 영업팀은 5년 만에 처음으로 분기 목표를 달성했다. 이런 실질적인 변화에 직원들은 더 열심히 일했다. 몇 개월에 걸쳐 신용 관리 개선 및 새로운 인수 계약, 새로운 시장 진출 모델에 바탕한 전략 계획을 수립했다.

물론 모두가 변화의 속도를 따라간 것은 아니다. 개빈은 뒤늦게나마 IT와 마케팅 부서의 책임자 몇 명을 갈아치웠다. 새로운 책임자를 정할 때 대프니의 의견을 반영하기도 했다. 내가 그들에 대한 코칭을 끝냈을 무렵, 회사는 5년 만에 처음으로 수익을 내는 데 성공했다.

이런 놀라운 결과는 모두 대프니가 카터는 자신과 같은 팀의 일원이며 자신의 코칭을 필요로 한다는 사실을 인정한 데서 비롯됐다. 그녀는 카터와 동반 향상하고 동반 개발 관계를 형성하는 것이 자신의 역할임을 분명히 알았다. 서로를 신뢰하고 지지한 덕분에 두 사람은 동료들과 협업하고 목표를 달성하는 과정에서 많은 어려움을 이겨낼 수 있었다.

단순한 신뢰를 넘어

카터는 사람들이 자신을 신뢰하지 않는다는 말에 충격을 받았다. 그는 자신이 대단히 믿음직스럽고 깨끗한 사람이라고 생각했기 때문이다. 신뢰는 그의 업무를 대표하는 단어였다. 카터는 신뢰에 다양한 종류와 단계가 있다는 사실을 알게 되었다. 여기서의 믿음직스러운 행동이 다른 곳에서의 신뢰로 이어지는 것은 아니라는 사실도 배웠다.

페라지 그린라이트는 여러 해에 걸쳐 팀이 신뢰를 쌓는 법을 개발했다. 우리가 이용하는 신뢰 모델에서는 신뢰를 크게 세 가지 유형으로 구분한다. 유형에 따라서 각각 어떤 부분에서 신뢰가 무너질 수 있는지, 그리고 어떻게 하면 신뢰를 쌓을 수 있는지 공개한다.

'직업적 신뢰'는 업무상 기대치가 충족되면 쌓인다. 하지만 서로 다른 직업적 경험에서 비롯된 시각이 충돌할 경우 이 신뢰는 위기를 맞는다. 예를 들어 최고재무책임자인 카터가 다른 팀원들이 매출을 늘리는 데 필요하다며 내놓은 다양한 의견을 인정하지 않았을 때 카터에 대한 팀원들의 신뢰가 약해졌다. 팀원들은 카터를 근시안적이고 사업을 키우려는 회사의 목표에 관심이 없는 사람으로 인식했다.

'구조적 신뢰'는 조직에서 금이 가장 자주 가는 신뢰의 유형이다. 위계질서가 확실한 조직에서는 책임자가 부하 직원들을 상대로 권력을 행사할 수 있다. 직원들의 업무를 평가하고 그들의 승진을 통제할 수도 있다. 그런데 회사에는 부서 간의 견제와 균형이 존재한다. 한 부서가 성취하려는 일에 대한 권한이 다른 부서에도 있다는 의미다. 카터가 이끄는 재무팀이 다른 여러 부서의 예산과 지출을 감독하는 것처럼 말이다. 이런 구조 때문에 신뢰가 무너지고 투명성이 보장되지 않을 우려가 있다. 그리고 이로 인해 직원들의 심리적 안전감이 약해지면 동반 향상과 큰 변화를 일으키는 데 필요한 위험을 감수하려는 태도가 나타나지 않을 수 있다.

신뢰의 마지막 유형은 '개인적 신뢰'다. 개인적으로 신뢰를 쌓는 일은 직업적 신뢰와 구조적 신뢰가 무너졌을 때 유용하게 쓸 수 있다. 다시 말해 무너진 직업적 신뢰와 구조적 신뢰를 회복하는 데 도움이 되는 비장의 무기라고 할 수 있다.

업무상 의견이 충돌했던 경험이 있을 것이다. 자신의 지위를 이용해 당신이 성취하려고 했던 일을 방해하거나 망친 사람도 있을 것이다. 이런 경우 상대방과 쌓아놓은 개인적 신뢰에 기반하여 솔직한 대화를 하면 무너진 신뢰를 회복하는 것을 넘어 양쪽 모두에게 도움이 되는 해결책을 찾을 수 있다. 그리고 이런 일을 해냈다는 건 서로에 대한 존중과 서로를 아끼는 마음, 서로에게 전념하는 태도가 있었다는 의미다. 이것이 바로 우리가 페라지 그린라이트에서 개인적 신뢰를 반드시 쌓아야 한다고 강조하는 이유다.

오래된 업무 규칙

직업적으로 성장하고 직무 기술과 대인관계 기술을 개발하고 싶을 때 상사를 찾았다. 업무 평가 결과를 참고하거나 훈련 프로그램을 활용하기도 했다. 상사는 대체로 자신의 부하 직원들에게만 능력 개발에 관한 피드백을 주었다.

새로운 업무 규칙

능력을 개발하고 성장하고 싶을 때 상사가 아닌 팀원들을 찾는다. 팀원들의 발전과 향상을 위해 솔직한 피드백을 제공한다. 그들의 성공과 임무의 성공을 위해서다.

아낌없이 칭찬하고
기꺼이 축하하라

Praise and Celebrate

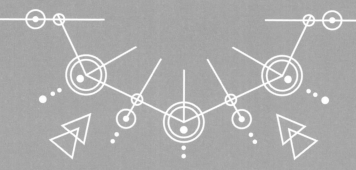

다른 사람의 노력을 인정하는 것은 페덱스 문화에서 매우 중요한 요소다. 우리 회사의 브랜드 가치와 명성이 이런 부분에 기반을 두고 있다고해도 과언이 아니다. 어디서 일하든 그들의 행동을 보상하고 인정해주면 그들이 놀라운 성과를 올리는 모습을 보게 될 것이다. 이런 말이 그저 듣기 좋은 이야기라고 생각할지도 모르겠지만, 실제로 효과가 있는 방법이다. 직원들이 최선을 다하는 것과 최소한의 노력만 하는 것의 차이는 엄청나다.

_페덱스FedEx의 회장이자 최고운영책임자 라지 수브라마니암Raj Subramaniam

아낌없이 칭찬하고
기꺼이 축하하라

2010년, 제너럴 모터스General Motors는 이제 막 회사 정리bankruptcy reorganization를 마친 상태였다. 북미 지부의 리더들은 GM의 회생이 수천 개의 프랜차이즈 매장에서 제공하는 고객 경험의 향상에 달려 있다는 사실을 알고 있었다. 고객 경험을 향상하기 위해 GM은 '트러스티드 어드바이저Trusted Advisor'라는 이름의 새로운 프로그램을 개발했다. 현장 영업팀을 이끄는 지부장들을 위한 프로그램이었다.

이 프로그램의 목적은 지부장의 역할을 자동차 딜러들을 위한 전략적 파트너로 바꾸는 데 있었다. 즉 지부장이 대리점 사업을 키우고 매출 목표를 달성하도록 도우면서 고객 경험까지 향상시키는 역할을 하는 것이다. 다시 말해 거대한 북미 네트워크에 속한 모든 GM 지부장과 모든 프랜차이즈 가맹점 사이에 동반 향상을 기반으로 한 동반 창조 관계를 형성하자는 것이었다.

하지만 GM 북미 지부 회장이었던 마크 로이스Mark Reuss의 생각은 달랐다. 그는 지부장 50명만 관리하면서 작게 시작하기를 원했다. 즉 지부장들이 맡는 딜러는 한 명이었다. 마크는 일단 소규모로 새로운 방식의 파트너십을 발전시켜 보고 일이 성공적으로 진행되면 그때 더 확장시켜 나가길 원했다. 마크는 파산 여파에 시달리는 영업사원들의 사기를 진작시킬 수 있는 최고의 방법은 성공이라는 걸 누구보다 잘 알고 있었다.

효과가 나타나기까지 오랜 시간이 걸리지 않았다. 트러스티드 어드바이저에 가입한 지부장들이 자신이 맡은 딜러의 자동차 임대율, 부품 판매량, 판매 수익성 향상을 도우면서 몇 달 만에 가시적인 성과를 낸 것이다. 임대 계약이 끝나가는 고객에게는 새로운 모델의 대여 서비스를 제공하는 등 새로운 아이디어도 시도했다. 새로운 트러스티드 어드바이저 프로그램이 성공할 기미를 보이자 마크와 그의 팀은 프로그램에 대한 칭찬과 함께 축하를 건넸다.

마크와 그의 팀은 페라지 그린라이트에서 우리와 함께 자신들의 성과를 확인했다. 우리는 딜러들이 새롭게 시도한 방법들을 하나씩 검토하면서 그것이 혁신적인지, 측정 가능한 성과를 올렸는지, 고객 경험을 향상시켰는지, 반복 가능한지 등을 확인했다. 현장에서 가장 효과적이었다고 평가 받은 방법들이 추려지자 마크는 지부장들과 딜러들에게 아낌없는 칭찬을 쏟아냈다. 각각의 방법과 관련된 구체적인 사항들은 회사의 모든 사람들이 볼 수 있는 주간 뉴스레터에 실었다.

새 프로그램이 효과적이었던 것은 마크가 그 일에 전념하고 열의를 쏟은 덕분이었다. 그는 딜러와 지부장들에게 자주 전화를 걸어 따뜻한 말을 전했다. 대리점 한 군데를 골라 새로운 방법을 직접 시도해보고 효과를 관찰하기도 했다. 마크는 리더로서 함께 더 높이 올라가는 것의 의미를 직접 보여줬고, 이는 현장에서 일하는 모든 영업팀이 그를 본보기로 삼기에 충분했다.

프로그램이 시작된 첫해부터 트러스티드 어드바이저의 성공 사례가 여기저기서 쏟아져 나왔다. 한 대리점은 부품 판매가 44% 이상 증가하는 성과를 올렸고, 어떤 곳에서는 거의 0%였던 자동차 임대율이 45%로 껑충 뛰면서 월 수익이 41%나 증가하기도 했다.

머지않아 마크가 이끄는 간부팀은 50개 대리점에 한정하지 않고 전국 대리점을 대상으로 대대적인 캠페인에 돌입했다. 그들은 전국 지점의 성공 스토리와 그 주역들을 칭찬하고 축하했다. 정기적으로 내보내는 영상에 그들의 이야기를 싣고, 성과에 관한 내용을 GM의 뉴스레터와 프랜차이즈 뉴스레터에도 게재했다. 딜러들은 GM의 지역 행사와 전국 행사에 초대받았고, 그 자리에 참석한 사람들에게 공을 인정받았다. 그들은 GM이 최고의 회사라고 칭송했고, 새로운 트러스티드 어드바이저 파트너십 모델의 장점을 대대적으로 홍보했다.

대리점에서 소소하게 올린 성과를 직접 칭찬하고 그들의 스토리를 널리 알리면서 마크와 그의 팀은 트러스티드 어드바이저 캠페인이 전국적으로 확산하는 데 불을 붙였다. 영업사원들과 대리점이 단순히 수익을 얻는 것을 넘어 시장 점유율과 고객 만족도를 급증시킨 변화를 직접 체험하길 원한 결과였다.

트러스티드 어드바이저 프로그램은 딜러와 지부장들이 동반 향상하는 동반 창조 활동을 통해 고객 서비스와 수익성 향상을 위한 새로운 모델을 제시했다. GM이 회생하고 조직적으로 변신할 수 있는 계기를 제공한 것이다.

│ 평범한 일상을 의미 있는 순간으로 만드는 한마디 │

GM의 성공 스토리는 작지만 집중된 긍정적인 에너지가 조직 전체에 엄청난 이득을 가져다줄 수 있다는 사실을 잘 보여준다. 권위와 상관없이 사람들을 이끌 때 팀원들을 응원하면서 그들을 돕는 것은 당신이 영향을 미칠 수 있는 책무 가운데 하나다. 칭찬과 축하는 팀원을 아끼고 팀원으로 하여금 자신의 성과에 책임을 지게 하는 가장 큰 원동력이다. 이런 활동은 투과성Porosity을 높이는 촉매 역할도 한다. 오늘 누군가를 칭찬하고 그 사람의 성과를 축하해주면 다음에 함께 어려운 날을 맞이했을 때 고난을 감당하기가 그만큼 수월해질 것이다.

내 친구 필립은 세계적인 광고 회사의 리더다. 필립의 고객 중에는 〈포춘〉 500에 이름을 올린 대기업들도 많다. 나는 필립과 함께 있을 때마다 그가 휴대전화를 붙들고 있는 모습을 본다. 보통은 휴대전화 두 대를 동시에 쓰는 내가 더 바쁘다. 한 대로는 문자 메시지를 보내고, 다른 전화로는 회의를 하기 때문이다. 하지만 필립은 나보다도 휴대전화를 많이 쓴다.

언제가 농담 반 호기심 반으로 그에게 물었다. "항상 그렇게 휴대전화를 붙들고 있으면 일은 언제 합니까?" 그 말에 필립은 씩 웃으면서 말했다. "휴대전화야말로 고객들과 소통하고 그들을 만족시킬 수 있는 가장 간단하고 좋은 도구입니다." 그러더니 그는 휴대전화를 들어 이렇게 덧붙였다. "이것이 제가 하는 일의 가장 중요한 부분입니다. 회의가 아무리 많아도, 할 일이 아무리 많아도 저는 항상 응원의 말을 남기는 것을 잊지 않습니다."

필립이 말하는 '응원의 말'은 100명 가까이 되는 고객과 동료들에게 전화를 하거나 문자 메시지를 남기거나 이메일을 보내는 것이다. 즉 그들에게 꾸준히 칭찬이나 축하의 말을 들려주는 것이다.

필립은 그것이 혼란스럽고 불확실한 세상에서 자신의 팀과 고객에게 필요한 응원과 지지를 보내는 일이라고 설명했다. "에너지 레벨을 높이 유지하고 앞으로 나아가는 속도가 느려지지 않도록 돕는 것은 중요합니다."

그의 동료들은 지금 더 새롭고, 더 크고, 더 강한 경쟁자들을 상대로 싸우고 있다. "무척 힘든 상황이죠. 제가 해야 할 일은 그들의 에너지가 떨어지지 않게 응원하고 더 높이 올라가도록 돕는 것입니다."

필립은 계속해서 말을 이어나갔다. "저희는 고객에게 시장 진출 전략을 완전히 다시 짜라고 요구합니다. 모두가 무엇이 잘못되고 있는지, 무엇을 고쳐야 하는지에 온 신경을 쏟고 있죠. 일을 더 많이, 더 빨리 해야 하는 것은 물론이고 광고비가 얼마나 실적으로 이어지는지도 시시각각 확인해야 합니다. 한마디로 다들 엄청난 중압감을 견디면서 근무하고 있습니다."

필립은 고객들의 일은 물론 사적인 부분까지 대단히 많이 알고 있다. 그는 가끔 SNS를 통해 축하해줄 만한 일을 찾아내기도 한다. 고객이 여행을 다녀왔거나 생일을 맞았거나 회사에서 좋은 일이 있었다는 것을 알아내 축하해주는 것이다. 무엇보다 그는 진심을 담아 축하와 응원을 건넨다. "저는 사람들의 성공을 축하해주는 일이 정말이지 즐겁고 신납니다."

필립의 이런 모습은 내 코치인 셔노를 떠오르게 한다. 셔노 역시 갑자기 전화를 걸어 내 안부를 묻거나 문자 메시지로 내게 칭찬이나 축하의 말을 들려주기 때문이다. 그는 이런 행동을 사람들을 '끌어안는다'라고 표현한다.

"키이스, 잘 지냈어요? 동생 같은 당신에게 마음을 전하고 싶어 연락했어요. 테드 토크에 나가 동반 향상에 관해 이야기한 것도 잘 봤습니다. 출장도 많이 다니지요? 힘들더라도 당신이 세상에 변화를 불러오고 있다는 사실을 잊어서는 안 돼요."

힘들고 고된 하루를 보내고 있거나 공항에 앉아 비행기 탑승 시간을 기다리다가 이런 메시지를 받으면 감정치료사를 만난 듯 기분이 단숨에 좋아진다.

누군가를 축하하고 칭찬할 때 그것을 받는 이의 마음속엔 햇살이 비추는 것 같은 기분이 들 것이다. 나도 그런 경험을 해봤고, 동기와 조직 행동을 연구하는 심리학자들도 이런 주장에 동의한다. 행동경제학자인 댄 애리얼리Dan Ariely 교수는 자신의 저서《상식 밖의 경제학Predictably Irrational》에서 칭찬이 돈보다 더 가치 있다고 주장했다. 그에 따르면 가끔 듣는 칭찬이 근로자의 생산성과 동기 부여의 측면에서 보면 현금으로 지급하는 보너스보다 더 큰 영향력을 행사할 수 있다고 한다. 다른 연구를 진행한 연구진들 역시 개업의들이 긍정적인 감정을 가지고 있고, 실제로 그런 경험을 하면 문제 해결과 의사 결정, 인지 능력이 향상된다는 사실을 밝혀냈다. 기분이 좋아질 준비가 된 의사들은 (작은 사탕 봉지처럼 소소한 선물을 받았더라도) 더 유연하게 생각하고 다른 식으로 준비가 됐거나 전혀 준비되지 않은 의사들보다 더 정확한 진단을 신속하게 내렸다. 연구진은 긍정적인 감정이 다른 아이디어에 열린 마음을 가지게 하고, 유연한 사고를 촉진하고, 창의적인 문제 해결을 돕는다고 결론 내렸다.

나는 오래 전부터 긍정적 강화Positive Reinforcement의 중요성을 믿어왔다. 그래서 첫 책인《혼자 밥 먹지 마라》에서 긍정적 강화가 주는 장점에 관해 열심히 설명했다. 이것이 바로 내가 필립의 이야기를 듣다가 가슴이 철렁 내려앉은 이유다. 내가 요새 주변 사람들을 칭찬하는 일에 소홀하다는 사실을 깨달았기 때문이다.

몇 년 전, 친구들과 저녁 식사를 하던 날의 일이다. 나는 루크 맞은편에 앉아 있었다. 첫 회사를 성공적으로 매각한 루크는 기분이 좋아 보였다. 나는 회사를 키우고 성과를 낸 그에게 축하 인사를 건넸다.

"루크, 고생 많았지? 8년간 성취한 일은 보통 사람들은 꿈도 꾸지 못했을 일이야. 축하해." 이렇게 나는 그의 끈기와 의지를 칭찬했다. 그런데 친구 토니가 루크 쪽으로 몸을 기울이는 게 아닌가? 토니는 거의 같이 앉다시피 루크 옆에 바짝 붙었다. 그런 토니에게 나는 웃음을 지으며 뭐하는 거냐고 물었다. 내 말에 토니는 이렇게 대답했다. "그냥 너한테 칭찬받는 게 어떤 느낌인지 체험해보고 싶었어."

그 말에 모두가 크게 웃었다. 웃긴 상황이었지만 나는 마음 편히 웃을 수 없었다. 토니가 워낙 소중한 친구다 보니 나는 토니에게 항상 솔직하고 직설적인 조언을 하곤 했다. 그것이 성장을 위한 기회라고 생각했기 때문이다. 그만큼 토니에게는 축하를 많이 건네지 못했다. 그리고 그날 토니는 재미있는 방법으로 자신의 마음을 드러냈다. 그렇게 토니는 내게 소중한 교훈을 안겨줬다.

직장에서든 개인적으로든 마음을 담아 건넨 칭찬과 축하의 말이 누군가의 인생에 전환점으로 작용할 수도 있다. 마이클 루이스Michael Lewis는 《블라인드 사이드The Blind Side》와 《머니볼Moneyball》 같은 베스트셀러를 쓴 유명 작가다. 지난 2005년 한 인터뷰에서 고등학교 야구 코치였던 피츠에 관한 이야기를 들려줬다. 자신감이 부족했던 자신을 믿어준 덕에 루이스는 자신에 관한 생각을 바꿀 수 있었다고 한다.

주자들이 스코어링 포지션scoring position에 있는 상황에서 피츠는 루이스를 투수로 투입하면서 이렇게 말했다. "내가 이 상황에서 투입하고 싶은 선수는 너밖에 없다." 루이스는 피츠의 말을 믿었고, 3루 주자는 물론 다음 타자까지 아웃시켜 이닝을 마무리했다.

이 말의 위력은 경기가 끝난 뒤 더 빛을 발했다. "코치님은 경기장에서 엄청나게 드라마틱한 순간을 만들어내시고, 그 순간이 대단히 중요한 것처럼 느껴지게 하십니다." 그러면서 이렇게 덧붙였다. "일이 결과적으로 잘 풀리면 코치님은 그것을 그 사람의 결정적인 면모를 보여준 일화로 여기십니다. 경기가 끝나고 난 뒤 코치님은 저에게 공을 주시면서 모두가 있는 자리에서 저에 대해 말씀하셨어요. 참고로 저는 코치님이 말씀하신 그런 사람이 되지 못합니다. 코치님은 제가 위기를 잘 견뎌낸다고 하셨습니다. 압박이 심한 상황에서 제가 투수를 해주길 바란다고 하셨어요. 전부 코치님이 지어내신 말씀입니다. 하지만 저는 그런 사람이 되려고 노력했습니다. 그리고 그때부터 저는 모든 면에서 달라졌습니다. 저는 공부에도 더 열중하려고 합니다."

이후 피츠 코치는 루이스가 다니는 학교의 교장을 찾아가 루이스가 중요한 순간에 실력을 발휘한 일을 얘기하며 앞으로 더 크게 성장할 거라고 말했다. 피츠 코치를 만난 교장은 루이스를 불러 이렇게 말했다. "우리 모두 너에게 기대를 많이 하고 있단다. 피츠 코치가 네 칭찬을 많이 하더구나."

루이스의 말처럼 "우리는 보통 그런 사소한 순간이 인생의 전환점이 되리라고 생각하지 않습니다. 하지만 저는 그 순간이 제 인생의 전환점이 되었다고 생각합니다. 코치님이 그 순간을 만들어내셨습니다."

피츠 코치는 평범하고 일상적으로 보이는 순간을 의미 있는 순간으로 전환했다. 10분 남짓한 시간에 마이클 루이스가 결코 잊지 못할 경험을 선사한 것이다. 우리도 피츠 코치처럼 누군가의 인생을 바꿀 수 있다. 이것이 바로 리더가 누릴 수 있는 특권 가운데 하나다.

여섯 번째 규칙: 실천 방법

팀원들과의 관계를 강화하고 투과성을 더 높이고 싶다면 진심을 다해 당신이 알고 지내는 사람들을 응원하라. 사람들은 생각보다 더 축하받고 인정받는 것을 좋아한다.

다른 사람을 칭찬하고 축하할 때 어떤 기분이 드는지도 살펴라. 틀림없이 당신의 기분도 좋아질 것이다. 우울할 때 다른 사람들에게 축하와 감사의 말을 전하는 것이 그런 기분에서 벗어날 수 있는 최고의 방법이라는 사실을 당신도 알게 되길 바란다. 지금부터는 칭찬과 축하가 다른 사람들과의 관계를 얼마나 돈독하게 만드는지, 그리고 칭찬과 축하를 습관으로 만드는 방법을 살필 것이다.

||| 방법1_ 개인적으로, 그리고 실시간으로 축하하라

팀원 중 누군가가 어떤 일을 잘했을 때는 잘했다고 인정하라. 작은 일이든 큰일이든 상관없다. 가능하다면 구체적인 행동이나 태도와 연관 지어 칭찬하면 더 좋다.

나와 함께 일하는 섀넌은 나와 전화 통화를 하고 나면 내가 했던 말을 정리해서 꼭 이메일로 보내준다. 나는 그녀에게 이메일이 얼마나 도움이 되는지 알려준다. "섀넌, 이렇게 이메일로 정리해서 보내주니 우리가 놓치는 부분이 없다는 것을 확인할 수 있어서 좋아요. 덕분에 마음 편히 일할 수 있어요. 정말 고마워요."

실리콘밸리에 있는 한 신생 기업에서 일하는 제일런은 '민중의 책임자'로 불린다. 그는 구체적이고 즉각적이며 긍정적인 피드백을 좋아한다. 그는 이것이 매우 중요하다고 말한다. "사람들은 자신이 무엇을 잘하고 있는지 모를 때가 많습니다. 사람들에게 어떤 면에서 어떤 식으로 잘하고 있는지 알려주지 않으면 일을 그렇게 계속해도 되는지 그들이 어떻게 알겠습니까?"

어느 날 팀 회의가 끝나갈 무렵 제일런은 모두에게 집중해달라고 부탁했다. 그러고는 회의를 이끈 리더를 칭찬했다. 그 리더는 제일런보다 직급이 한참 아래였다. 제일런은 그 사람이 회의 중에 던진 질문과 피드백을 주고받는 모습이 훌륭했다고 칭찬했다. "우리 모두 이런 점을 높이 평가해야 한다고 생각합니다." 그리고 이렇게 덧붙였다. "앞으로 이렇게 일을 처리해야 합니다. 가장 대담하고 좋은 답을 얻을 수 있도록 우리 모두 이런 식으로 피드백과 질문을 주고받아야 합니다."

⫼ 방법2_ 백금률을 잊지 마라

백금률이 무엇인지 다시 한번 떠올려보자. "그들이 대접받고자 하는 대로 그들을 대접하라." 누군가를 공개적으로 칭찬하는 것은 멋진 일이다. 하지만 모든 사람이 그것을 편하게 여기는 것은 아니다. 따라서 팀원들의 성향을 파악하여 '그들이' 원하는 방식으로 칭찬하고 축하해줘야 한다.

칭찬의 효과는 주로 칭찬을 받는 대상이 다른 사람들 앞에서 모습을 보이고 인정받는 데서 비롯된다. 하지만 어느 회사에나 내성적인 직원들이 있다. 그들에게는 공개적인 칭찬과 축하가 오히려 불편할 수 있다. 이런 팀원들에게는 진심을 담은 손 편지나 메일이 더 적합하다. 상대방이 가장 편안하게 생각할 방법으로 칭찬해주면 당신이 있는 그대로의 자신을 높이 평가해준다는 생각이 들어 더 고마울 것이다.

공개적인 칭찬보다 개인적으로 칭찬하는 것이 나은 경우가 또 있다. 나는 가끔 동료의 가족에게 전화를 건다. 그러고는 동료의 능력을 인정하고, 멋진 사람으로 키워주셔서 감사하다고 말씀드린다. 언젠가 프랭크의 아버지에게 전화를 드린 적이 있다. 자동 응답기에 프랭크가 얼마나 훌륭한 직원인지 말씀드리고 아드님을 자랑스러워하셔도 좋다는 말을 덧붙였다. 몇 년 뒤 프랭크는 나에게 아버지께서 그 메시지를 삭제하지 않고 평생 간직하셨다고 알려줬다.

||| 방법3_ 완벽하지 않더라도 기꺼이 칭찬하라

터널 끝에 빛이 있다는 사실을 조금이라도 보여주지 않으면 팀의 실적은 좋아지지 않을 것이다. 팀이 특별히 어려운 임무를 수행하고 있거나 힘든 시간을 보내고 있을 때가 바로 칭찬이 필요한 순간이다. 설령 팀원들의 일처리가 완벽하지 않고 결과가 만족스럽지 않더라도 말이다. "지옥에 있으면 앞으로 계속 나아가야 한다"라는 말이 있다. 축하와 칭찬은 마음속 연료 역할을 한다. 연료가 있어야 어려운 구간을 지나 빛을 만나러 갈 수 있다.

마티와 몇 달간 함께 일한 적이 있다. 최고경영자인 마티는 전략팀 리더인 재스민을 해고하고 싶어 했다. 그는 재스민이 자신의 요구를 무시하고 일을 처리하는 속도가 늦은 것이 불만이었다. 마티는 최대한 빨리 답을 받고 싶어 했지만 재스민은 어떤 식으로든 결론을 내리기 전에 시장 데이터를 완전하게 수집하는 편을 선호했다. 많은 직원들이 두 사람의 스타일이 다른 것이라며 마티를 설득하려고 했다. 재스민의 신중함 덕분에 마티는 심각한 문제에 처할 만한 위기를 여러 번 모면하기도 했다.

나는 마티에게 이렇게 조언했다. "재스민을 그만 괴롭히세요. 잘한 일은 잘했다고 칭찬하시고, 재스민에 대한 마티 씨의 인상을 재스민이 직접 바꿀 기회를 주세요. 그렇게 못하시겠다면 해고하시고요."

나는 마티가 자신이 옳다는 생각에 사로잡혀 괜히 재스민을 트집 잡는 것이라고 인정하길 바랐다. 그가 정말로 재스민의 성장을 바란다면 그녀를 칭찬해야 했다.

다행히 마티는 내 제안에 동의했다. 그는 재스민을 지적하는 대신 그녀가 회사를 위해 힘쓴다고 생각되는 일들을 인정하기 시작했다. 여전히 불만스러웠지만 재스민이 조금만 나아진 모습을 보여도 칭찬을 시작했다. 나는 마티가 회의가 끝난 뒤 재스민에게 감각이 뛰어나다고 말하는 장면을 보며 매우 기뻤다. 힘들어하는 직원을 칭찬해주지 않고 버텨봤자 그 직원의 성과만 나빠진다는 사실을 마티가 깨닫기까지는 꽤 오랜 시간이 걸렸다.

큰 관점에서 보았을 때 다른 사람의 능력을 인정하는 것은 큰 노력이나 돈이 드는 일이 아니다. 좀 더 솔직히 말하면, 팀원들을 자극하여 생산성을 높이고 동기를 부여하는 일로, 궁극적으로는 그들의 충성심까지 얻어낼 수 있는 행동이다.

젊은 직원들은 일에서 의미와 목적을 찾고 싶은 욕구를 말로 표현하는 경우가 많다. 이를 고려할 때 직원들의 노고를 인정하고 칭찬하는 일은 매우 중요하다. 훌륭한 인재를 당신 회사에 붙잡아두기 위해서도 꼭 필요한 일이다. 한 연구에 따르면 직장을 그만두는 사람의 79%가 '충분히 인정받지 못했다'는 점을 사직 사유로 꼽았다고 한다. 특히 밀레니얼 세대는 이전 세대보다 열악한 근무 환경과 능력을 인정해주지 않는 업무 문화에 대한 포용력이 훨씬 더 적은 것으로 드러났다. 이들은 상사가 자신의 노력을 알아주기를 바라며, 출근해서 업무에 전념하는 모습을 상사가 인정해주길 바란다.

안타깝게도 보수적인 생각을 가진 상사들이 젊은 직원들의 이런 면을 비웃는 모습을 자주 목격했다. 상황을 그냥 받아들이라고 제안하고 싶다. 축하와 칭찬이 그들의 에너지를 상승시키고 일을 계속할 수 있게 돕는 연료라면 모두에게 메달을 줘도 된다. 그리고 또 하나, 인정받고 싶은 욕구는 밀레니얼 세대만 느끼는 것이 아니다. 보수적인 생각을 가진 사람들은 인정하기 싫을지 모르지만 나이와 직급이 더 높은 사람들도 자신의 상사가 주는 칭찬을 기대한다. 다만 그들이 이런 욕구를 드러내지 않는 것은 인정받으려는 생각을 오래전에 접었기 때문일 것이다.

이처럼 긍정적 강화에 대한 욕구는 매우 보편적이다. 페라지 그린라이트의 연구팀은 실용적인 아이디어를 얻으려고 더 멀리, 더 넓은 세계로 모험을 떠난다. 언젠가 〈블랙피시Blackfish〉라는 다큐멘터리에 출연한 사육사를 인터뷰할 기회가 있었다. 〈블랙피쉬〉는 '씨월드SeaWorld'에 사는 범고래를 다룬 다큐멘터리였는데, 그는 범고래를 훈련할 때 '긍정적 강화'를 많이 이용해야 한다고 말했다. "당근 대신 채찍을 너무 자주 주면 고래가 당신을 죽일 테니까요."

우리는 괜찮은 실적을 올리는 성과 중심주의 회사다. 우리는 고객 가치를 창출하면서 승리를 하나씩 쌓아나간다. 시간을 내서 승리를 축하하고 팀원들의 노고를 인정해주는 것은 매우 중요한 일이다. 이것이 바로 우리가 동반 향상하는 방식이다. 이렇게 하나의 조직으로 모두 함께 앞으로 나아간다.

_ 제네시스Genesys의 최고경영자 토니 베이츠Tony Bates

||| 방법4_ 승리가 계속해서 이어지는 상황을 축하하라

작은 성과와 승리라도 진심으로 인정해주면 더 큰 성과와 승리를 얻을 수 있다. GM의 사례는 승리가 계속해서 이어지는 상황을 축하하는 것의 가치를 잘 보여준다. GM은 작은 승리를 축하하고 동반 향상하는 파트너십을 칭찬하면서 트러스티드 어드바이저 모델로 전환하는 일에 사람들이 자연스럽게 의욕을 느끼게 했다. 그다음에는 트러스티드 어드바이저에 가입한 지부장과 딜러들이 서로에게서 경영 방식을 배우게 했고, 덕분에 대리점의 실적은 크게 상승했다. 여기서부터는 확산 효과가 나타나 트러스티드 어드바이저는 하나의 상징이 되었다. 한마디로 서두

르지 않고 차근차근 진행했다.

만일 이 프로그램을 전국적으로 한꺼번에 시행했더라면 어떻게 됐을까? 결과를 장담할 수는 없지만 큰 관심을 받지 못했을 것이다. 50개의 대리점만을 대상으로 시작했기에 대리점이 혁신의 실험실이 되는 집중 관심을 받을 수 있었다. 작은 승리가 계속해서 이어지는 움직임도 중요했다. 승리가 이어지지 않았더라면 새로운 경영 방식이 축하받을 기회를 얻기도 전에 트러스티드 어드바이저 프로그램은 추진력을 잃었을 것이다.

한때 나는 작은 승리는 대수롭지 않게 생각했었다. 칭찬과 축하는 '더 큰 승리'를 위해 아껴두었다. 내가 말하는 큰 승리란 큰 계약을 따내고, 고객 회사의 최고경영자가 우리 덕에 주가가 올랐다며 감사의 말을 하고, 〈하버드 비즈니스 리뷰〉에 중요한 연구 결과를 발표하고, 우리가 쓴 책이 〈뉴욕타임스〉 베스트셀러 목록에 오르는 것과 같은 것들이었다. 하지만 이런 큰 승리는 자주 일어나지 않는다. 큰 승리만 축하하다 보면 팀의 사기를 높이는 데 어려울 수 있다는 깨달음을 나중에야 얻었다.

이제는 다르게 생각한다. 큰 승리는 작은 승리를 쌓는 과정에서 부산물처럼 생기는 것으로, 작은 승리도 축하할 일이라는 걸 잘 안다. 그리고 이런 깨달음 덕분에 나는 인생의 여러 측면에서 생산성을 높일 수 있는 새로운 무기를 얻었다. 우리 팀이 잘하는 일에 관심을 쏟으면 자연스럽게 팀원들의 실적과 생산성을 높일 수 있다. 물론 문제점을 파악하고 해결하는 일은 여전히 해야 하지만, 더는 거기에만 초점을 맞추지 않는다. 그리고 팀원들의 승리를 축하해주다 보면 그들이 잘못한 일을 고칠 때 훨씬 더 집중해서 하는 모습을 볼 수 있다.

고백하건대, 우리 집 둘째는 학교에서 많은 문제를 일으켰다. 솔직히 말하면 아이에게서 작은 승리를 기대하기 어려웠다. 처음 우리 집에 왔을 때부터 거의 모든 방면에서 무례하고 파괴적인 행동을 일삼았다. 학교 수업에도 전혀 관심이 없었다. 나는 아이를 사립 가톨릭 학교에 보냈는데, 퇴학당하고 말았다. 이후 특수 사립학교에 보냈지만 역시나 같은 결과를 얻었다.

나는 아들을 위해 최선을 다했지만 힘에 부치는 건 사실이었다. 그러던 어느 날 문득 아이로 하여금 작은 승리를 쟁취하게 해야겠다는 생각이 들었다. 아들이 자신을 승리자로 생각한다면, 무언가 자랑스러운 것이 생긴다면 그것이 전환점으로 작용할 수도 있겠다는 생각이었다. 그러면 아이는 또 다른 작은 승리를 원하게 될 것이고, 그렇게 승리가 계속 이어지면 될 것 같았다.

그날 나는 아이와 친구 몇 명을 극장에서 집으로 데려오고 있었다. 아이들은 뒷좌석에 앉아 프리스타일 랩을 하고 있었다. 그날 나는 처음으로 아들이 랩하는 것을 들었다. 실력이 꽤 괜찮았다. 다음 날 나는 호들갑이라 느껴질 정도로 아이의 랩 실력을 칭찬했다. 아이를 한껏 격려하고 싶었기 때문이다. 아이는 대충 한 거라며 내 말에 크게 신경 쓰지 않는 듯했다.

"그래도 아빠는 네가 랩을 진짜 잘한다고 생각해. 네가 랩을 그렇게 잘한다니 기쁘구나. 어젯밤에 네가 친구들보다 훨씬 잘했어." 아이는 아무 말도 하지 않았고, 우리의 대화는 그렇게 긍정적으로 끝났다. 얼마 뒤 아이와 친구들이 뒷좌석에 앉아 또 랩을 했을 때 나는 휴대전화의 녹음 버튼을 눌러 아이의 목소리를 녹음했다. 그러고는 집으로 돌아와 아이에게 그것을 들려주었다. "이것 좀 들어보렴. 네가 얼마나 잘하는지 들어봤으면 좋겠어." 아이는 관심 없는 척했지만 나에게로 와서 슬쩍 웃었다. 평소 잘 웃지 않는 아이였기에 그날 그 찰나의 미소가 나에게는 돌파구처럼 느껴졌다.

우리는 녹음본을 가지고 편집도 하고 재녹음도 하며 즐거운 시간을 가졌다. 아이는 또 웃었다. 나 역시 아이를 응원하고 피드백을 줄 생각에 신이 났다. 그렇게 함께 시간을 보낸 뒤 나는 아이에게 지나가는 말로 원한다면 랩을 가르쳐줄 코치를 구해주겠다고 말했다. 아이는 내 말에 응했고, 나는 곧바로 음악 일을 하는 친구들에게 부탁해서 코치를 섭외했다. 코치는 이제 막 업계에 발을 들인 젊은 아티스트로, 아이들에게 재능을 기부하는 데 관심이 많았다. 그는 곧 우리 '그린라이트 기빙' 재단에서 추진하는 '워즈 투 라이프Words to Life' 프로젝트를 위해 나와도 협업했다. 이 프로젝트의 목적은 위탁 가정에서 자라는 아이들이 음악을 통해 자신의 이야기를 들려주는 일을 돕는 것이었다.

당시 내 아들의 세상에는 그다지 좋은 일이 없었던 것 같다. 그런 상황에서 랩은 아이가 빛을 발할 수 있는 분야인 동시에 우리 가족이 다 함께 축하해줄 수 있는 일이었다. 아이는 랩을 하면서 자존감이 높아졌다. 내가 아이를 격려하고 아이에게 긍정적 강화를 제공하면서 둘의 사이도 더 좋아졌다. 아이와 다투지 않게 되니 아들과의 관계는 점점 깊어졌다. 아이가 음악 속에서 생기를 되찾는 모습은 그야말로 감동이었다.

이후 나는 아이의 학교에 찾아가 영어 선생님을 만났다. 그러고는 아들이 마치지 못한 과제들을 다시 할 수 있는지 물었다. 아이는 조금씩 학교에 관심을 보였고, 놀랍게도 두 학기가 지난 뒤에는 우등생 명단에 이름을 올렸다. 우리는 그저 아이가 작은 승리의 경험을 쌓을 수 있는 분야를 찾았을 뿐이다. 그러고는 아이가 작은 승리를 쌓는 모습을 응원했고, 고맙게도 아이는 다른 분야에서도 승리를 이어나갔다.

LHH에서는 팀의 고유한 재능과 일 처리 방식을 인정하고 개발하는 데 코칭의 초점이 맞춰져 있다. 이렇게 해야 팀의 성과와 생산성이 향상된다고 생각하기 때문이다. 팀원들에게 동기를 부여하고 그들이 일을 주도적으로 처리하길 바란다면 기회가 생길 때마다 그들의 행동을 칭찬하고 축하해줘라. 직원들의 노력과 그들의 성과를 공개적으로 칭찬하면 목적의식이 더 강해지고 팀원들 간의 관계도 더 긴밀해진다.

_ LHH의 회장 란지트 드 수사Ranjit de Sousa

⦀ 방법5_축하 전문가로서 당신의 브랜드를 확립하라

내 친구 로이는 성공한 생물 공학자이자 기업가다. 나는 로이를 감정적 삼촌 정도로 생각한다. 나는 로이가 다른 사람에 관해 조금이라도 나쁘게 말하거나 비판적으로 이야기하는 걸 한 번도 들어본 적이 없다. 로이의 말은 언제나 긍정적이고 남을 배려하는 마음이 담겨 있다.

로이는 항상 사람들을 소개할 때 양쪽 모두를 크게 칭찬한다. 나를 두고는 "뛰어난 사람이고, 세상에서 가장 큰 기업들을 회생시킨 행동 공학의 창시자이며, 우리의 인생을 바꿔줄 최고의 인재"라고 했다. 딱 봐도 알겠지만 심하게 과장된 표현이다.

이런 엄청난 칭찬을 들으면 쑥스럽고 민망한데, 로이는 만나는 모든 사람에게 이렇게 과한 칭찬을 늘어놓는다. 그의 퍼스널 브랜드는 다른 사람들을 야단스럽다 싶을 만큼 축하해주는 습관과 밀접한 연관이 있다. 그런데 이런 습관이 다른 사람들에게 옮겨가기도 한다. 사람들은 로이 주변에 있기를 좋아하고 자연스럽게 그를 신뢰한다. 로이가 이렇게 과장법을 구사하는데도 말이다.

나도 축하 전문가로서의 브랜드를 확립하고 싶어 로이의 방식을 따라 해 본 적이 있다. 고백하건대, 페라지 그린라이트에서의 평소 내 행동을 돌아보면 부끄럽기 짝이 없다. 기대했던 것만큼 일이 원활하게 진행되지 않을 때마다 나는 부정적인 생각을 하곤 했다. 이런 성향은 내가 받은 가정교육에서 비롯되었다고 할 수 있다. 부모님께서는 내가 최고의 성과를 올리고 더 높이 올라갈 수 있도록 투지를 심어주셨다. 내가 본인들보다 나은 삶을 살기를 원하셨기 때문이다. 두 분은 내가 더 잘됐으면 하는 마음으로 나를 강하게 밀어붙이셨다. 그 영향으로 나는 일반적인 성공의 지표에 미치지 못할 때마다 나 자신을 혹독하게 다스렸다. 부모님께서 내게 실망하셨을까봐, 내가 하는 일이 부모님의 기대에 미치지 못할까봐 불안했다.

이런 성향은 사회생활 초기에는 도움이 되었다. 하지만 리더가 되고 난 뒤에는 그렇지 않았다. 나는 페라지 그린라이트의 임무를 매우 중요하게 생각했다. 그래서 사람들이 저지른 실수를 그냥 지나치지 못했다. 나는 상대가 성장할 가능성이 보이면 주저하지 않고 알려줬다. 내 조언을 받아들이지 않거나 기대한 만큼 행동을 바꾸지 않을 때도 주저하지 않고 알려줬다. 나는 그것이 상대를 위한 것이라고 생각했다. 하지만 모두가 내 피드백을 그렇게 받아들이지 않았다. 생각해보면 혼자만의 착각이었다.

누군가를 코치할 때 그 사람을 비판하는 일은 코칭의 '절반'일 뿐이다. 다른 절반은 그 사람을 축하해주는 일이다. 팀원들을 공개적인 자리에서 축하해주면 동반 향상자로서 당신의 브랜드를 확립할 수 있다.

가장 최근에 공통의 임무를 멋지게 해낸 팀원 다섯 명을 골라 문자 메시지를 보내보라. 임무가 단기 프로젝트였든 장기 프로젝트였든 상관없다. 당신이 그들을 생각하고 있으며, 함께해주어 고맙다는 마음을 전하면 된다. 중요한 것은 진심이다. 그러고 나서 그들의 반응을 살펴보라.

||| 방법6_ 팀원들을 위해 종종 무모한 태도를 보여라

당신이 믿어줘야 할 사람이 있다. 바로 자신의 능력을 믿지 못하거나 믿으려는 의지가 없는 사람이다. 자신을 응원하지 못하는 이런 사람들을 당신이 응원해줘야 한다. 내 친구 중 한 명은 이런 행동을 가리켜 상대방을 위해 '무모한 태도를 보이는 일'이라고 부른다.

상대의 행동에 변화를 가져오게 하는 것은 무척 어렵고 고단한 일이다. 몇 명에게는 영향을 끼칠 수 있을지 모르지만 실제로 한 사람의 힘으로 변화를 이뤄내는 것은 매우 어렵다. 특히 지금의 직장 문화를 만들어낸 여러 가지 원칙과 가치, 태도를 바꾼다는 것은 더더욱 어려운 일이다.

이런 순간에 내가 할 수 있는 일은 그들이 크고 작은 변화를 받아들이는 데 낯설지 않은 사람들이라는 점을 상기시키는 것이다. 나는 사람들이 과거에 성공적으로 변화를 이뤄낸 일에 참여했던 경험을 떠올리게 한다. 그러면 나이가 어느 정도 있는 직원들은 식스 시그마Six Sigma나 1980년대의 품질 혁신 운동을 언급한다. 사람들은 그런 변화가 처음에는 불가능해 보였다는 사실을 인정한다. 하지만 시간을 갖고 노력했더니 그것이 뉴노멀로 자리 잡았다고 말한다.

나는 사람들에게 종종 미국의 금연법에 관한 이야기를 꺼내곤 한다. 30년 전에는 사람들이 기차나 사무실, 심지어 음식점에서 담배를 피웠다. 그 당시에 우리가 흡연 문화를 이렇게 통째로 바꿔놓을 거라고 생각한 사람은 많지 않았을 것이다. 나는 간부들에게 가장 성공적이었다고 생각되는 팀에 관한 이야기를 들려달라고 부탁하기도 한다. "그 팀이 어떤 행동을 자주 보였습니까?" "가장 어려운 도전 과제는 무엇이었나요?" "어려움을 이겨내기 위해 어떤 일을 하셨지요?" 이런 질문들을 던지면 사람들은 당시의 경험을 떠올리며 대답한다. 그때 어떻게 해서 일을 성공적으로 끝마쳤는지 기억을 떠올리는 것이다.

이때 당신이 해야 할 일은 그들의 승리를 축하해주는 것이다. 당신이 다음에 무엇을 이룰 수 있을지 기대하는 마음으로 과거의 승리를 미래에 투영해보는 것이다. 그리고 이런 희망의 기운을 팀원들에게도 나눠줘야 한다. 그러면 단기적으로는 팀원들의 성과를 높이는 데 도움이 되고, 장기적으로는 그들이 어렵게 생각하는 도전 과제에 도전할 수 있는 동기를 부여할 수 있을 것이다.

이것이 바로 내가 페라지 그린라이트에서 함께 일했던 리엄을 설득한 방법이다. 나는 리엄이 새로운 고객과 함께하는 프로젝트에 몰입하기를 바랐다. 리엄은 우리 회사가 창립 이래 따낸 가장 큰 계약의 프로젝트의 책임자였다. 하지만 프로젝트가 마무리된 뒤 리엄은 그다음 일을 맡기를 망설였다. 그는 나에게 부담스럽다고 고백했다. 실패할 확률이 높다는 의미였다. 리엄은 이렇게 물었다. "만약 실패하면 어떻게 됩니까? 그때도 제가 해고당하지 않고 여기서 계속 일할 수 있을까요?" 나는 리엄에게 다소 무리한 요구를 하고 있었고, 리엄은 불안감이 컸던 것이다.

내가 아무런 조치 없이 리엄에게 그 일을 맡겼더라면 리엄은 본인의 예상대로 실패했을 것이다. 하지만 나는 그가 새로운 역할에 완전히 몰두하길 바랐다. 그가 새로운 일에 재미를 느끼길 바랐다. 나는 이런 말로 리엄을 안심시켰다. "리엄 씨가 원하는 모든 것이 멀지 않은 곳에 있어요. 원하는 것을 향해 앞으로 나아가기만 하면 됩니다."

내가 리엄의 실력과 노력을 끌어낼 유일한 방법은 그에게 무모하다 싶은 만한 태도를 보이는 것이었다. 나는 리엄이 과거에 성공적으로 했던 일과 그가 가고 싶어 하는 곳 사이에 길을 마련할 수 있도록 도와야 했다.

나는 리엄과 여러 번에 걸쳐 저녁 식사 자리를 마련하고 그때마다 격려와 응원의 마음을 전했다. 덕분에 리엄은 기회를 잡기로 결심했고, 보란 듯이 프로젝트를 멋지게 완수해냈다. 그는 페라지 그린라이트의 기술과 전략을 영업 조직에 전수하는 다수의 팀을 이끌었다. 리엄 덕분에 그 기업들은 영업 매출 규모를 크게 향상시킬 수 있었다.

'희망'이라는 말은 '상황이 나아질 수 있고 우리가 상황을 나아지게 만들 수 있다는 믿음'으로 정의된다. 희망은 직장에서 생산성을 높이는 요인의 14%에 해당할 만큼 막강한 힘을 발휘한다. 누군가에게 줄 수 있는 선물 가운데 희망보다 더 귀한 선물은 없다. 팀원에게 희망을 심어주려면 자기 자신과 자신의 능력을 새로운 관점에서 볼 수 있도록 도우면 된다.

누이인 캐런이 암으로 세상을 떠난 뒤 나는 피츠버그에 혼자 살고 계신 어머니에 대한 걱정을 지울 수 없었다. 딸을 잃은 슬픔을 감히 상상조차 할 수 없었다. 어머니는 거동이 불편하다는 핑계로 매년 겨울마다 갔던 플로리다 여행을 건너뛰겠다고 말씀하셨다. 내가 매년 겨울 휴가 때마다 보내드리는 여행이었다.

나는 어머니와 어머니의 건강을 위해 무모한 태도를 보이기로 작정했다. 여행을 가셨으면 좋겠다고 말씀드렸다. 그리고 건강 회복을 위해 노력하시면 알래스카로 크루즈 여행을 함께 가겠다는 약속도 했다. 나는 헬스 트레이너를 고용하여 일주일에 두 번씩 어머니 댁으로 보냈다.

몇 주 뒤, 어머니는 자신의 모습이 담긴 영상을 내게 보내주셨다. 나는 그 영상을 모아 개인 SNS에 올렸다. 엄마 친구분들이 엄마의 노력을 축하하고 그분들도 성공과 희망의 기운을 느끼길 바라는 마음을 담았다. 무모한 태도 전략은 성공했고, 나는 약속대로 어머니와의 크루즈 여행을 예약했다.

나는 회사의 설립자이자 최고경영자로 수십 년 동안 일하면서 '동반 향상'의 원칙 몇 가지를 활용했다. 특히 칭찬과 축하의 원칙을 열심히 이용했다. 나는 트위터와 인스타그램에서 일을 잘한 사람에게 감사를 전하면 여러 가지 이점을 누릴 수 있다는 것을 안다. 팀원들은 공개적으로 칭찬받은 것에 뿌듯함을 느끼고, 소셜미디어 팔로워들은 내가 팀원들을 얼마나 존경하는지 보고는 우리 회사에 긍정적인 감정을 느끼게 된다.

_ 질로우 그룹Zillow Group의 전 최고경영자 스펜서 라스코프Spencer Rascoff

⫼ 방법7_감사한 마음을 잊지 마라

잘 찾아보면 축하할 일은 생각보다 많다. 유달리 힘든 날이나 축하할 일이 별로 없다는 생각이 드는 날일수록 감사할 일을 찾아보라. '오늘 내가 감사할 일이 무엇이 있을까?', '팀원이나 고객, 내 업무와 관련해서 어떤 점을 감사히 여길 수 있을까?' 이런 질문을 속으로 던져보는 습관을 들이는 것이 좋다.

이렇게 감사한 일에 신경을 쓰면 마음가짐이 긍정적으로 변한다. 여러 연구를 살펴보면 감사하는 태도는 우리가 상상하는 것 이상으로 장점이 많다. 더 건강해지고, 더 행복해지고, 인간관계가 개선될 뿐만 아니라 더 기민해지고, 투지와 자존감도 높아진다.

어떻게 감사의 마음을 표현해야 할지 고민할 필요가 없다. 간단하게 "제 이메일에 빨리 답해주셔서 감사합니다. 답을 빨리 보내주시니 제가 정말 중요한 일을 하는 것처럼 느껴집니다"라고만 써도 진심이 느껴진다. 과거에 도움 받았던 일을 언급하면서 감사 인사를 전하는 것도 좋은 방법이다. "아까 우연한 계기로 그날 저를 도와주셨던 일이 떠올랐습니다. 그때 정말 감사했어요. 절대로 잊지 못할 겁니다."

나는 팀원들이 나를 존중해주는 것도 고맙고, 내가 회사의 미래에 대해 낙관적으로 생각하고 자신감을 가질 수 있도록 도와주는 것도 고맙다. 일을 하다 보면 예상치 못한 문제도 생기고 일이 제대로 돌아가지 않는 것에 대해 불만이 쌓이기도 한다. 이런 상황이 반복되다 보면 스트레스가 쌓일 수밖에 없는데, 이럴 때 문제를 잠시 접어두고 잠깐이라도 짬을 내서 팀원에게 감사하는 마음을 표현해보라. 그러면 기분이 한결 나아지는 것을 넘어 문제를 해결한 기운도 더 커질 것이다.

||| 방법8_실수와 실패도 축하하라

"성공뿐만 아니라 실패도 축하해야 합니다."

코카콜라 컴퍼니Coca-Cola Company의 전 회장이자 최고경영자였던 무타르 켄트Muhtar Kent가 2018년 한 연설에서 한 말이다. "제가 36년간 일하면서 후회하는 것이 있다면 실수를 허용하는 분위기를 만들지 못했다는 겁니다. 실수를 통해서 배울 수 있는 것이 정말 많습니다. 성공하려면 위험을 감수할 줄 알아야 하는데, 저희는 위험을 감수할 만큼 대담하지 못했습니다."

위험을 감수하고 혁신을 향해 나아가는 일은 변화의 핵심 요소다. 하지만 혁신적인 프로젝트의 90%가 실패로 끝난다고 예측하는 전문가들도 있다. 아마존의 최고경영자 제프 베이조스Jeff Bezos는 2014년에 이렇게 말했다. "아마존의 리더로서 제가 해야 하는 일 중 한 가지는 직원들이 대담하게 움직일 수 있도록 격려하는 겁니다. 하지만 사람들이 대담한 시도를 하도록 용기를 북돋아주기는 어렵습니다. 대담한 시도를 한다는 것은 실험을 해본다는 말인데요. 실험할 때는 그 일의 성공 여부를 미리 알 수 없습니다. 실험은 실패할 가능성이 크지만 큰 성공을 몇 번 거두면 실패의 수십 가지 일을 다 보상해주죠."

베이조스는 회사의 실패를 축하하는 일에 앞장선다. "저는 아마존닷컴에서 실패를 거듭하면서 수십억 달러를 날렸습니다. 그러니까 실패하는 데 수십억 달러를 썼습니다." 그러면서 이렇게 덧붙였다. "하지만 이런 사실은 중요하지 않습니다. 정말 중요한 것은 계속 실험하지 않는 기업, 실패를 포용하지 못하는 기업은 결국엔 절박한 상황에 놓인다는 겁니다. 그런 기업들은 망하기 직전에야 기적을 바라는 마음으로 위험한 도전을 감행합니다."

결과적으로는 성공으로 끝난 혁신도 온갖 시행착오를 거쳐 탄생한 경우가 많다. 세상에서 가장 많이 팔리는 윤활 스프레이는 WD-40 제품이다. 이 브랜드의 이름이 'WD-40'인 이유는 발명가가 39번의 실패를 거듭하고 40번째 시도 만에 완성했기 때문이다. 실패를 축하하는 정신이 기업의 이름에 새겨져 있는 만큼 WD-40은 실패를 축하하는 기업 문화가 강하다.

이 회사에 다니는 직원들은 이런 말을 자주 듣는다. "WD-40에서는 일이 잘못되더라도 그것을 '실패'라고 부르지 않는다. 우리는 그것을 배움의 순간이라고 말한다. 우리는 그 일을 공개적으로 논의하고, 배우고, 바로잡고, 배움의 순간을 통해 성장할 기회를 기쁜 마음으로 받아들인다. 배움의 순간이 반복되는 일이 없도록 배운 내용을 다른 직원들과 공유하기도 한다."

실패를 연구하는 학자들은 실패 사례를 진지하게 조사하고 논의할 때 그것을 통해 배울 수 있다고 말한다. 군대에서 사용하는 사후 검토 회의와 사후 분석이 대표적인 사례다. 이 자리에는 관련자 모두가 참석해서 예상했던 결과와 실제로 일어난 결과, 잘못된 점, 잘된 점, 그 이유 등을 논의한다.

사후 검토 회의가 성공적으로 이루어지려면 자존심이나 방어적인 태도, 다른 사람을 원망하는 태도를 버려야 한다. 축하는 누군가가 새로운 것을 시도하는 대범함을 인정해주는 일이다. 실패를 축하해주면 팀원으로 하여금 자신의 성과에 대해 정직하고 공개적으로 이야기하는 데 필요한 심리적 안전감을 줄 수 있다. 팀원이 배움을 얻고 용기를 내서 재도전할 수 있는 용기도 줄 수 있다. 당사자가 수치심을 느끼지 않게 하기 때문에 일이 어디서 어떻게 잘못됐는지를 명확하게 파악할 수 있다는 것도 실패를 축하해주는 것의 또 다른 장점이다.

로켓 공학의 아버지로 불리는 베르너 폰 브라운Wernher von Braun은 이를 분명하게 보여주었다. 1954년 로켓 발사가 실패로 끝나자 폰 브라운과 그의 팀원들은 속을 태웠다. 그들은 실패의 원인으로 추측되는 부품을 조사하기 시작했는데, 이때 로켓 발사 준비 단계에 참여한 엔지니어 한 명이 찾아왔다. 그러고는 폰 브라운에게 로켓 엔진의 연결부를 조이다가 불꽃이 튀는 것을 목격했다고 말했다. 당시에는 별일이 아니라고 생각해서 아무에게도 말하지 않았다는 것이다. 알고 보니 그것이 바로 로켓 발사가 실패한 가장 큰 원인이었다. 엔지니어가 용감하게 나선 덕분에 폰 브라운의 팀원들은 문제를 찾느라 시간을 쏟을 필요가 없어졌다. 폰 브라운은 그에게 샴페인 한 병을 보내 그의 실수와 솔직함을 축하했다. 그러면서 이렇게 말했다. "완전한 솔직함은 모두가 힘을 합쳐서 미사일을 개발하는 것처럼 복잡한 일을 할 때 절대로 포기할 수 없는 요소입니다."

이 말은 모든 분야에 해당하는 이야기다. 지금 우리는 1954년 미국 우주산업계가 겪었던 어려움에 직면해 있다. 어느 기업에나 '달에 로켓을 발사'하는 것만큼이나 중요한 프로젝트 한두 개씩을 진행하고 있다. 사람들은 이 프로젝트를 성공적으로 끝마치기 위해 능력의 한계에 도전하고 있다.

팀원들이 일을 주도적으로 처리하길 바란다면, 그들이 서로에게 영감을 불어넣고 동기를 부여하길 바란다면 기회가 생길 때마다 팀원들을 칭찬하고 축하하라. 당신이 칭찬으로 보상해주면 사람들은 최선을 다해 그 일에 집중할 것이다. 오늘의 축하가 결국엔 내일의 성공으로 돌아온다는 사실을 잊지 마라.

오래된 업무 규칙

팀원은 상사가 자신의 노고를 인정해주고, 업무에 전념하고 있다는 사실을 알아주길 바란다.

새로운 업무 규칙

작은 성과와 승리에 대한 상사의 인정은 더 큰 성과와 승리로 돌아온다. 축하와 칭찬은 성장의 연료다.

함께하지 못할 사람은 없다

Co-Elevate the Tribe

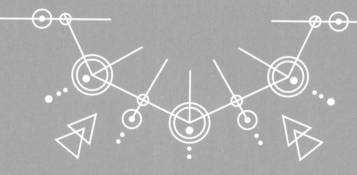

팀을 이끌려면 팀원들에게 그들이 서로의 능력을 극대화할 책임이 있다
는 사실을 상기시켜 줘야 한다. 즉 서로의 강점은 지지해주고 약점은 보
완할 수 있는 관계가 되어야 한다. 영웅 같은 리더가 진두지휘하던 옛날
식 모델은 이제 한물간 시스템이 되어 버렸다. 이제는 팀원들이 서로를
도와야 하며, 리더의 역할은 그런 동반 향상이 원활하게 만드는 것이다.

_ 오디블Audible의 최고경영자 밥 캐리건Bob Carrigan

함께하지 못할 사람은 없다

어느 날 TV 방송국에서 일하는 친구에게 전화가 걸려왔다. 그는 인기 드라마 촬영 중에 일어난 심각한 인사 문제에 대해 들려주며, 방송국 고위 간부들이 주연 배우의 출연을 그대로 둘지 중간에 멈출지를 두고 고민이라는 이야기를 털어놓았다. 친구 말에 의하면 그 배우는 "남을 무시하고 지배하려 드는 무례한" 사람이었고, 이로 인해 여기저기서 불만이 쏟아져 나오고 있다고 했다. 그렇다 보니 촬영장 분위기는 내내 좋지 않고, 참다 못한 사람들은 일을 그만두겠다고 하는 상황이며, 심지어 소송에 관한 소문까지 돌고 있다고 했다. 시청률이 잘 나오는 드라마였지만 방송국 관계자들이 시청률과 상관없이 드라마를 없애버릴 가능성도 있다고 했다.

친구는 나에게 단도직입적으로 물었다. "혹시 주연 배우를 코치해줄 생각이 있어? 이런 일에 관심이 있을지 모르겠는데, 여기 걸려 있는 게 워낙 많아서 말야." 그러면서 친구는 이 드라마가 최근에 첫 번째 시즌을 끝내고 곧 다음 시즌의 제작 여부를 결정해야 한다고 말했다.

나는 일 대 일 코칭을 거의 하지 않는다. 팀 단위로 코칭해야 오래간다는 걸 경험상 알기 때문이다. 하지만 이 경우에는 팀 코칭이 불가능했다. 게다가 친구에게서 상황 설명을 듣고 나니 다른 접근법이 떠올랐다. 어쩌면 주연 배우가 촬영장에서 동반 향상 팀을 꾸릴 수 있도록 격려할 수 있을 것 같다는 생각이 들었다. 그 팀이 배우로 하여금 행동을 바꾸도록 코치해주면 될 것 같았다.

나는 주연 배우와 저녁 식사를 하는 데 동의했다. 편의상 배우의 이름은 AJ라고 하겠다. 친구는 AJ가 "매우 성격이 강하고, 목적의식이 분명하며, 배우라는 직업에 자부심이 강한" 사람이라고 귀띔해줬다. 나는 AJ의 이런 면모를 한껏 활용하면 되겠다고 생각했다.

일주일 뒤, 나는 약속 시간보다 조금 일찍 브렌트우드에 있는 한 음식점에 도착했다. 하지만 AJ는 벌써 나를 기다리고 있었다. 그녀는 테이블에 앉아서 대본을 읽고 있었다. 나는 AJ와 몇 마디 농담을 주고받았고, 그 과정에서 살짝 놀랐다. 그녀가 나에 관한 정보를 찾아보았다는 사실을 알아차렸기 때문이다. 그녀는 내가 한 일에 관해서 잘 알고 있었다. 지금까지 수많은 고객을 소개받았지만 첫 미팅 때 AJ만큼 나에 대해 철저히 조사하게 하고 나온 사람은 없었다.

함께 이야기를 나누다 보니 AJ가 자부심이 강한 완벽주의자라는 점이

다시 한번 분명해졌다. 그녀는 자신의 기준에 미치지 못하는 사람은 누구든 얕보는 성격이었다. 촬영이 끝나면 모두 저녁 식사를 하러 갔지만 AJ는 다음 날 대사를 외우기 위해 남았다. 그녀는 나에게 동료 배우들과 어울리는 일은 자신에게 중요하지 않다고 했다. "저는 이 업계에서 오랫동안 일했습니다. 드라마의 성공은 제가 에너지를 얼마나 쏟아붓느냐에 달려 있죠."

AJ는 자신이 맡은 배역과 이 드라마를 통해 표현하고 싶은 것에 관한 구체적인 비전이 있다고 말했다. 그녀가 보기에 촬영장의 모든 문제는 다른 사람들 때문에 일어났다. 동료 배우 한 명은 제대로 준비되지 않은 상태로 임하는 경우가 많았고, 프로듀서들은 작품의 질보다는 예산에 신경을 더 많이 썼다. 고위 간부들도 문제였다. 드라마가 사랑받도록 그녀가 최선을 다했음에도 간부들은 그를 지지해주지 않았다.

나는 주연 배우로서 AJ가 가진 마인드에 동의했다. 동시에 그 마인드를 강화하기 위해선 그녀가 자신의 연기를 넘어서는 리더십을 가져야 한다고 생각했다. AJ는 모두가 하나되는 촬영 환경을 만드는 데 앞장서야 했다. 촬영장의 분위기가 드라마의 성패에 영향을 미치기 때문이다. 하지만 안타깝게도 AJ는 작품에 대한 팀원들의 열정을 무시하고 있었다.

사실 나는 AJ 같은 사람들과 일해본 경험이 많다. 이런 사람들은 열정이 넘치고, 스스로 동기를 부여하며, 그만큼 많은 일을 성취한다. 그리고 자신만큼 열정이 넘치지 않는 사람을 무시한다. 실제로 AJ는 자신이 수준 이하라고 생각하는 사람이나 일에 대해서는 공개적으로 무시하고 불만을 표출했다. 동료 배우와 스태프들은 그녀의 말에 상처 받았고, 부당한 괴롭힘을 당하고 있다고 생각했다. 그녀는 자신이 잘못한 게 있다면 드라마에 지나치게 애정을 많이 쏟은 것이라고 했다.

하지만 AJ는 우리가 지금 저녁 식사를 함께하는 이유를 누구보다 잘 알고 있었다. 드라마가 사라질 위기에 처해 있었다. 나는 AJ를 향해 이렇게 말했다. "제가 말씀드리고 싶은 요점은 이겁니다. 동료 배우와 스태프들이 촬영장에서 힘든 시간을 보내고 있습니다. 방송국에서 드라마의 방영을 취소할 가능성도 있고요. 제가 해야 할 질문은 이겁니다. '드라마를 살리는 데 필요하다면 어떤 일이든 하시겠습니까?'"

AJ가 생각하기에 자신은 이미 드라마를 책임지는 부담을 감당하고 있었다. 그런데 내가 지금 또 다른 유형의 책임을 요구하고 있다. 나는 AJ가 촬영장 분위기와 스태프들의 근무 환경을 건강하게 바꿔주기를 바랐다. 권위와 상관없이 리더가 된 AJ의 새로운 임무는 촬영장에 동반 향상 문화를 정착시키는 것이었다.

AJ는 주저하지 않고 해보겠다고 대답했다. 그녀의 얼굴에는 진실함이 담겨 있었다. 하지만 나는 그때까지만 해도 AJ가 단순히 자기 때문에 드라마가 취소될까봐 두려워 어떤 일이든 해보겠다고 대답한 것으로 생각했다.

나는 일단 AJ가 해야 할 일은 해를 그만 끼치는 것이라고 알려주었다. 촬영장에 있는 모두를 위해 그녀가 모범을 보여야 한다고 말했다. 이 말은 곧 그녀가 다른 사람을 비난하는 것을 멈추고, 자신만이 옳다는 생각을 버리고, 촬영장에서 분노와 짜증 등의 감정을 드러내지 말아야 한다는 뜻이었다. "당신이 리더니까요." 나는 이 말을 다시 한번 상기시켰다.

AJ는 촬영장에 있는 모든 사람의 에너지를 높여야 했다. 이를 위해 나는 그녀에게 모든 에너지를 조절할 수 있는 다이얼이 이마에 붙어 있다고 상상해보라고 했다. 다이얼을 조절하여 사람들의 에너지를 조절할 수 있는 것은 그녀뿐이라는 말도 덧붙였다.

내 제안에 AJ는 이것이 매우 무리한 요구라고 맞받아쳤다. 그녀의 말에 동의했다. 그러면서 도움이 필요하다는 말도 했는데, 역시 옳은 말이었다. 내가 촬영장에 직접 갈 수는 없는 만큼 그녀는 다른 사람들의 도움을 받아야 했다. AJ는 동료 배우와 스태프 가운데 몇 명을 골라 그들과 동반 향상해야 했다. 그러고 나서 자신이 과거에 보인 행동을 반복하지 않게 도와달라고 그들에게 부탁해야 했다. 이렇게 작은 집단을 먼저 형성하고 또 다른 배우와 스태프에게 부탁하여 동반 향상으로 나아가야 했다. 이들의 공통 임무는 사람들이 서로를 지지하는 동반 향상 문화를 촬영장에 정착시키는 것이었다.

나는 이것을 '부족을 위해서 부족을 활용하는' 방법이라고 부른다. 권위와 상관없이 처음 리더가 되면 "내 팀원은 누구까지일까?"라는 질문을 던져야 한다. 그러고 나서 팀원들을 모집하고 그 팀을 지원해야 한다. 그다음에 할 일은 팀원들과 동반 창조하는 것이다. 처음에는 개인적으로, 그 후에는 집단 단위로 진행하면 된다. 시간이 지나면서 팀원들과 동반 개발해도 좋다는 허락을 받으면 그때도 처음에는 개인적으로 시작하되 곧 더 많은 팀원을 다양한 공통 임무에 활용해야 한다. 권위와 상관없이 리더로 활약하려면 앞으로 나아가면서 다른 팀원에게도 동반 향상에 전념하는 이런 태도를 똑같이 심어줘야 한다.

이렇게 만들어진 팀은 동반 향상과 동반 개발이라는 같은 언어를 사용하는 하나의 부족이 된다. 권위와 상관없이 리더가 되면 이런 식으로 조직 문화에 변화를 불러올 수 있다. '부족을 위해서 부족을 활용하다' 보면 부족에 들어오는 사람도 많아지고 부족이 영향을 미치는 범위도 확장된다. 불만 잘 붙이면 동반 향상은 산불처럼 순식간에 확산될 것이다.

이것이 바로 내가 AJ와 그녀의 드라마에 불을 붙이고 싶은 이유였다. 우리는 AJ가 신뢰하는 몇몇 사람을 영입하는 것으로 동반 향상 과정을 시작하기로 했다. 드라마에 애정이 많으면서도 AJ가 자신의 행동과 근무 환경을 바꿀 수 있도록 도와줄 사람들을 찾아야 했다.

나는 일단 AJ에게 가장 신뢰하는 동료 배우 한 명을 꼽아보라고 했다. 이왕이면 다른 배우나 스태프들과도 소통할 수 있는 사람이면 더 좋겠다고 말했다. 그러려면 AJ가 심리적 안전감을 형성하고 있는 사람이어야 할 테고, 그녀가 다른 사람들을 대하는 태도를 바꾸는 일을 도울 용기를 갖춘 사람이어야 할 것이다. AJ의 나쁜 버릇이 나타날 때마다 그녀에게 솔직한 피드백도 줄 수도 있어야 할 것이다. AJ는 미겔이라는 젊은 배우를 단번에 지목했다. 그녀는 미겔을 좋아하고 존중했다.

일주일 뒤, 처음 AJ를 만났던 브렌트우드의 식당에서 우리 셋은 식사를 함께하고 있었다. 나는 두 사람에게 그들이 촬영장에서 새로 맡은 임무는 동반 향상자로서 다른 사람들을 돕는 것이라고 설명했다. 처음에는 서로를 돕고, 그 다음에는 다른 팀원들을 도와야 한다고 알려줬다.

하지만 나는 두 사람이 도랑에 빠진 차를 밀어 올리는 것처럼 힘들고 하기 싫은 일을 하는 것은 원치 않았다. 그래서 나는 두 사람의 공통 임무를 찾았다. 바로 지금껏 업계에서 한 번도 보지 못한 촬영장 문화를 만들자는 강력하고 대범한 목표를 제시한 것이다. 이 계획이 성공한다면 그 둘은 개인적으로는 물론 직업적으로도 성공을 거둘 수 있을 것이다.

AJ와 미겔은 먼저 이 계획에 절대로 동참하지 않을 것 같은 사람들을 추리기 시작했다. 특정인 몇몇은 이 계획을 방해하려고 할 것이라는 예상도 했다.

"당연히 반발도 있을 겁니다." 나는 그들에게 이렇게 말했다. "하지만 저는 계획에 동참하지 않으려는 사람들은 조금도 신경 쓰지 않습니다." 그러고는 계획에 동참할 '가능성이 있는' 사람들을 모아서 작은 핵심 집단을 형성하고, 그들과 동반 향상을 시작하는 것이 중요하다는 말을 다시 한번 강조했다. "가능하지 않은 일을 걱정하기 전에 두 분의 다음 파트너가 누가 될 것인지 이야기해 보세요."

그러면서 나는 두 사람에게 편협하지 않고, 인내심이 강하고, 드라마를 살리기 위해 기꺼이 나설 사람이 있는지를 물었다. 내 말에 미겔은 웬디를 지목했다. 웬디는 미겔과 탄탄한 관계를 맺고 있는 프로듀서였다.

일주일 뒤, 이번에는 우리 넷이 저녁 식사를 함께하고 있었다. 촬영장 문화를 바꾸는 일은 이 세 사람으로 구성된 핵심 집단의 책임이었다. 식사가 시작되기 전 나는 AJ에게 부정적인 이야기는 최대한 자제해달라고 부탁했다. 미겔과 웬디가 공통 임무에 초점을 맞출 수 있도록 도와달라고도 했다. 처음 30분 정도는 평화롭게 이어졌다. 그러나 웬디가 계획을 방해할 것으로 보이는 사람들을 지목하기 시작하면서 분위기는 갑자기 달라졌다. 그 말에 AJ가 작심한 듯 말을 꺼냈다.

"기본적인 규칙을 몇 가지 정해야 할 것 같아요." 그러더니 세 사람의 협업 범위에 관한 말을 꺼냈다. "우리의 임무는 다른 사람들에 관한 것이 아닙니다. 아직까지는요. 지금은 우리 셋에 관한 일이에요. '우리가' 드라마에 얼마나 진심인지, '우리가' 리더로서 얼마나 큰 역할을 할 수 있는지가 중요해요. 우리가 촬영장에 어떤 모습으로 나타나고, 촬영장에서 어떻게 행동하는지에 따라서 사람들은 우리의 계획을 판단할 겁니다. 우리의 행동과 다른 사람들을 이 일에 합류시키려는 우리의 노력에 따라서 그 사람들이 초대에 응할지 응하지 않을지가 결정됩니다. 그러니까 지금은 우리에 관한 이야기만 하는 것이 좋겠습니다."

AJ의 말은 처음부터 끝까지 다 옳았다. 모든 변화는 기회를 탐색하는 것에서 시작된다. 나는 그들에게 배우나 스태프들에 대한 험담을 절대로 하지 않겠다고 약속해달라고 부탁했다. 만일 촬영장에서 문제가 발생하면 불평하는 대신 그 문제를 처리하기에 가장 적합한 사람과 열린 마음으로 대화하겠다는 약속을 해달라고도 부탁했다.

그런 다음 나는 세 사람에게 새로운 행동 수칙을 공식적으로 적어보라고 제안했다. 이 수칙은 세 사람뿐만 아니라 나중에 다른 사람들도 따르게 될 중요한 사항이었다. 그들이 적은 수칙은 다음과 같다.

1) 우리는 서로를 용서하고 서로를 험담하지 않을 것이다.
2) 우리는 섣불리 판단하지 않고 서로의 이야기를 경청할 것이다. 누군가와 대화를 나눌 때는 말하기 전에 그 사람을 더 확실히 이해하기 위해 노력할 것이다.

3) 누군가가 아이디어를 내거나 의견을 공유하면 그것을 인정하고, 존중하고, 귀담아 들을 것이다.

4) 우리는 최대한 많은 사람이 우리의 계획에 동참하도록 노력할 것이다. 동료 배우와 스태프들에게 적극적으로 피드백을 구할 것이다.

5) 우리는 이 업계의 프로로서 서로의 성장을 도울 것이다.

6) 우리는 계속해서 열린 마음으로 진심을 담은 솔직한 피드백을 주고받을 것이다.

이후로 몇 주 동안 세 명은 내가 기대했던 것 이상으로 촬영장에서 놀라운 모습을 보여줬다. 그들은 스태프 두 명을 임무에 끌어들였고, 곧 배우 몇 명을 영입하는 데도 성공했다. 새로 들어온 팀원들은 세 사람의 도움으로 긍정적인 직장 문화를 만드는 공통의 임무를 받아들였다.

AJ가 변화를 불러오는 데 전념하겠다고 약속하면서 방송국은 이 드라마를 한 시즌 더 제작하기로 결정했다. 방송국의 고위 간부들은 변한 AJ의 태도, 그리고 그녀가 드라마에 참여하는 배우와 스태프들로 구성된 집단에서 리더 역할을 자처했다는 사실에 감명 받았다.

몇 달 뒤 드라마 팀이 새로운 시즌을 위해 다시 뭉쳤을 때 촬영장 분위기는 완전히 달라져 있었다. 이전까지의 내분과 서로에 대한 나쁜 감정은 사라진 지 오래였다.

AJ가 계속해서 행동 변화를 보이자 다른 사람들도 그녀를 다른 시선으로 보게 되었다. 덕분에 촬영장 분위기는 한결 부드러워졌다. AJ의 명성은 빠르게 달라졌고, 업계에서도 그녀를 따뜻한 눈으로 보게 되었다.

AJ는 더는 모두가 두려워하는 프리마 돈나가 아니었고, 동료 배우와 스태프들도 이제 그녀의 눈치를 보느라 조심스럽게 행동할 필요가 없어졌다.

이런 놀라운 변화를 불러온 것은 AJ 누구도 아닌 자신이었다. 하지만 그녀 혼자서 해낸 일은 아니었다. 그녀는 동반 향상자로 구성된 팀을 꾸렸고, 그 팀에 소속된 모두가 권위와 상관없이 리더가 되어야 했다. 그들은 AJ와 팀이 힘든 과거로 돌아가지 않도록 서로에게 부지런히 피드백을 제공했다.

> 75년의 역사를 자랑하는 기업으로서 우리가 디지털 솔루션을 제공하는 회사로 거듭난 것은 결코 쉬운 일이 아니었다. 동반 향상은 우리가 리더십을 재정의하는 데 도움이 되었다. 팀원들이 서로의 실적과 발전에 책임을 지게 되었기 때문이다. 팀원들이 자기 일에 제대로 책임을 지는지 서로 확인하면서 사내 문화와 우리의 비전이 맞아떨어졌다.
> _ 파슨스 코퍼레이션Parsons Corporation의 최고경영자 척 해링턴Chuck Harrington

일곱 번째 규칙: 실천 방법

나는 집에서 파티를 열 때마다 첫 건배사를 하고는 손님들에게 이렇게 부탁한다. "지금부터 여러분 모두 저와 함께 이 파티의 호스트가 되어 주지 않으시겠습니까?"

내가 이렇게 부탁하는 이유는 파티에 참석한 한 명 한 명에게 세심한 신경을 써주기가 어렵기 때문이다. "만일 술잔을 들고 있지 않은 손님을 보시면 한잔 하고 싶으신지 먼저 물어봐 주세요. 혼자 서 계신 분께도 말을 걸어 주세요. 그분을 여러분이 아는 다른 분께 소개하거나 대화에 초대해주시면 더 감사하겠습니다. 이렇게 한다면 모두가 즐거운 시간을 보낼 수 있을 것입니다."

그런 다음 나는 모두에게 내 부탁을 들어주겠다고 약속해달라고 요구한다. 그러면 손님들은 깔깔 웃으면서 약속한다고 큰 소리로 대답한다. 손님들과 새로운 행동 수칙을 정하는 것이다. 이렇게 하고 나면 마음이 한결 편안해져 파티를 즐길 수 있게 된다. 모두가 서로에게 손을 내밀 것을 알기 때문이다.

권위와 상관없이 사람들을 이끄는 일은 파티를 여는 일과 비슷하다. 우리는 리더로서 모두를 돕고, 모두가 환영받는 기분이 들게 하고, 모두의 마음이 편하게 해줘야 한다. 모든 사람을 세심하게 돌볼 수 있는 가장 쉬운 방법은 팀원들이 서로를 돌보게 하는 것이다.

동료와 팀원, 친구, 가족과 동반 창조하고 동반 개발을 하는 데 속도가 붙으면 다른 사람들도 동반 향상 임무에 투입시켜야 한다. 공식적인 직함과 상관없이 리더가 궁극적으로 해야 할 일은 팀원들을 지지하고 그들이 자신만의 방식으로 사람들을 이끌도록 영감을 불어넣는 것이다. 그리고 나면 팀원들을 AJ와 비슷한 임무에 투입할 수 있다. 지금부터는 조직 내에서 사람들의 행동을 바꿀 수 있는 효과적인 방법을 소개할 것이다.

||| 방법1_ 험담을 금으로 바꿔라

부정적인 태도와 불평불만, 피해 의식은 동반 향상과 변화를 불러오려는 계획에 독이 되는 행동이다. 하지만 비판적인 생각의 표현이 코칭을 통해 종종 팀원들을 돕는 좋은 기회로 작용할 수도 있다. 누군가가 동료를 헐뜯을 때마다 불만의 표출이 긍정적인 행동으로 전환될 수 있도록 대화의 초점을 바꾸는 방법이다.

최근에 페라지 그린라이트에서 함께 일하는 팀원 한 명이 나에게 이런 문자 메시지를 보내왔다. "토머스가 salesforce.com에 데이터를 입력하는 일을 더는 책임지지 않게 되었습니까?"

"그게 무슨 말이지요?" 나는 이렇게 되물었다.

"토머스가 일을 제대로 하지 않는 것 같습니다. 그가 다른 역할을 맡게 됐는지 아니면 데이터 입력하는 일을 하지 않아도 된다는 허락을 받은 건지 궁금합니다."

이 사람은 동료에 관한 불평을 상사인 나에게 은근한 방식으로 늘어놓고 있었다. 나는 토머스에게 당장 메시지를 보내 일의 자초지종을 묻고 싶은 것을 겨우 참았다. 그러고는 어떻게 해야 할지 고민하다가 이 상황을 동반 향상을 강화하는 기회로 삼기로 결심했다. 내가 직접 나서서 토머스를 코칭할 것이 아니라 팀원에게 코칭을 부탁하기로 한 것이다.

나는 메시지를 보낸 팀원에게 이렇게 답했다. "아마도 내게 하려던 질문이 이게 아니었나 싶군요. '토머스가 혼자서 일을 다 처리하기는 무리인 것 같습니다. 데이터 입력을 할 시간도 부족해 보이고요. 제가 도울 일이 있을지 토머스에게 묻기 전에 이 상황이나 토머스의 업무에 관해 조언할 부분이 있을까요? 토머스가 다시 정상적으로 일하도록 어떻게 도울 수 있을지 알아봐야겠습니다.'"

그러고는 한 걸음 물러나 상황을 다시 한번 살폈다. 하지만 곧 내가 개입할 필요가 없다는 사실을 깨달았다. 나는 이어서 다시 그에게 메시지를 보냈다. "알아서 이 일을 잘 처리할 거라 생각합니다. 토머스와 대화를 통해 무슨 일이 있는지 알아보세요. 우리가 팀으로서 각자 맡은 책무를 조절할 필요가 있을지도 살펴보고요. 만일 그런 상황이라면 다음 팀 회의 때 토머스가 팀원들에게 상황을 직접 이야기하도록 격려해줘요. 우리의 임무와 토머스의 성공을 위해 상황을 면밀하게 살핀 뒤 토머스가 이 일을 잘 해결할 수 있도록 책임지고 도와주기 바랍니다. 다음 주 회의 때 일이 어떻게 됐는지 물어볼 예정인데, 벌써 결과가 기다려지는군요. 토머스와 팀에 도움이 된다고 판단된다면 팀원들에게 공유하기 전에 둘이 먼저 충분한 대화를 나누는 게 좋겠네요. 그렇지 않으면 둘이 알아서 잘 해결한 것으로 알고 있겠습니다."

나는 이 메시지를 전달하면서 신이 났다. 문제를 직접 해결하려는 본능을 억누르고 토머스의 팀원에게 동반 향상에 대한 의미를 알려주고 토머스가 문제를 해결하도록 도울 수 있게 격려했기 때문이다. 데이터 입력에 관한 교묘한 불평이 결국엔 두 팀원이 능력을 개발하고 성장할 기회로 작용했다.

다른 사람을 험담하는 데 시간을 낭비하지 마라. 누군가에 관한 험담이 들릴 때 그것을 그냥 무시하는 것도 적절한 행동은 아니다. 리더로서 당신이 할 일은 팀원들에게 동반 향상을 전파하는 것임을 잊어서는 안 된다.

||| 방법2_ 팀원을 '도울 목적으로만' 험담하라

팀원과 문제가 생겼을 때는 그 사람과 개인적으로 대화할 자리를 마련하는 것이 좋다. 대화할 때도 당신이 팀원을 지지한다는 뜻을 밝힌 뒤 시작해야 문제를 해결하기가 쉽다. 때로 팀원을 만나기 전에 다른 팀원 한두 명과 문제를 미리 상의하는 것도 도움이 될 수 있는데, 이때는 지원이 필요한 팀원을 도울 목적으로만 그 사람에 관한 이야기를 나눠야 한다. 예를 들면 이런 식으로 대화를 시작할 수 있다. "요새 조슈아의 일이 계속 밀리고 있는 것 같은데, 우리가 도울 게 없을까요? 이 문제를 조슈아와 논의하기에 가장 좋은 방법은 무엇일까요?"

이 경우에는 남의 등 뒤에서 불평을 늘어놓는 것처럼 보이지 않도록 조심해야 한다. 당신이 지금 진심으로 상대를 생각하고 있다는 것을 분명히 해야 한다는 의미다. 나는 당신이 도우려는 팀원과의 대화를 준비할 때만 팀원들의 약점을 논해도 괜찮다고 생각한다. 그 팀원의 성장을 도울 의도로 하는 말이기 때문이다.

당신이 동료들에게 팀원에 관한 조언을 구했다는 사실을 당사자가 알게 될 확률은 생각보다 높다. 하지만 당신의 의도가 순수했다면 그것이 문제가 되지는 않을 것이다. 다만 당사자가 그 사실을 알고 난 뒤 심리적으로 얼마나 안전할 수 있을지는 당신이 판단해야 한다. 당신이 동료들의 조언을 구한 것은 정확한 사실을 취합하고 싶었기 때문이라고 설명해주라. 그리고 그 팀원과 더 성공적인 관계를 형성하는 것이 당신의 목표라는 점도 알려주라. 이런 일은 사람들 몰래 이루어질 필요가 없고 그래서도 안 된다.

나는 고객과 일하는 초기에는 진단 면접으로 코칭을 시작한다. 그러면 그 팀의 문제와 팀원들 간의 관계, 팀의 강점과 약점을 이해하는 데 도움이 된다. 대화를 나누다 보면 팀원들의 입에서 동료와 상사에 관한 불평불만이 터져 나온다. 이때마다 나는 팀원들의 행동에 실망했다는 간부들의 소리를 듣는다. 답답한 일에 관해서 불평하는 것은 자연스러운 행동이다. 하지만 안타깝게도 비생산적인 방법으로 불만을 늘어놓는 사람이 많다.

실적이나 성과가 좋지 못한 팀원에 관해 불평하는 일은 대개 그 사람을 험담하는 형태로 나타난다. 한 명이 불평하고 다른 한 명이 들어주는 것보다 더 좋지 않은 상황은 두 명이 함께 불평을 주고받으면서 정작 당사자의 상황을 개선해줄 생각은 하지 않는 것이다. 아마 이 책을 읽는 대부분의 사람들이 이런 행동을 해봤을 것이다. 특히 험담만 하고 끝내는 것은 팀원을 지지하고 팀원의 실력이 향상될 수 있도록 돕겠다는 책임을 저버리는 것이나 마찬가지다. 이런 모습은 바람직한 리더십이 아니다.

누군가에 대한 불평과 불만을 표출하는 것이 실제로 도움이 될까? 그렇지 않다. 불평불만만 늘어놔서는 문제를 해결하는 데 아무런 도움이 되지 않는다. 그것은 구직 활동을 하겠다면서 집 뒤에 있는 베란다에 앉아 맥주를 홀짝이며 이직하고 싶다며 푸념하는 것이나 마찬가지다. 다시 말해 행동이 수반되지 않은 빈말에 불과하다. 그런 말은 인생에 아무런 도움이 되지 않는다.

||| 방법3_ 가장 큰 어려움을 겪고 있는 팀원을 코치하라

당신의 임무에 필요한 팀원이 실적을 충분히 올리지 못하거나 반복해서 문제를 일으키거나 해고당할 위험에 처해 있다면 앞에서 살펴본 미 육군사관학교의 정신을 떠올려보라. 진정한 리더는 그 누구도 버리고 가지 않는다. 함께 더 높이 올라간다는 말은 '모두 다 함께' 한다는 뜻이다. 다른 사람을 돕고, 아끼고, 당신에 관한 이야기를 들려주고, 부족을 위해 부족을 활용하는 기술을 동원하여 뒤처지는 팀원을 다시 무리 안으로 데려와야 한다.

사이먼은 가족이 운영하는 대형 운송 업체에서 데이터 관리자로 일하고 있다. 사이먼의 회사가 경쟁사들을 따라잡으려면 기술 혁신이 필요했다. 회사는 사이먼의 야심 찬 계획에 큰 기대를 걸고 있었다. 하지만 기대와 달리 사이먼이 가진 능력은 부족했고, 엎친 데 덮친 격으로 사이먼은 해고당할 위기에 처해 있었다.

어느 날 나는 그 회사의 인사 책임자에게 전화를 받았다. 그는 절박한 목소리로 사이먼이 자기 자신을 구제할 방법이 없을지를 물었다. 사이먼을 해고하면 기술 혁신에 차질이 생기고, 회사는 더 깊은 위기에 빠질 것임을 그도 알고 있었다. 하지만 다른 선택지가 없었고, 이에 그는 나에게 전화를 걸어온 것이었다.

사이먼의 가장 큰 문제는 겸손이 미덕인 회사에서 자신의 성과를 지나치게 인정받으려고 한 나머지 사람들에게 진실함을 심어주지 못한 데 있었다. AJ와 마찬가지로 그의 행동을 바꿔줄 팀이 필요했다.

사이먼과 이야기를 나눠보니 그는 모든 책임이 보수적인 회사 문화에 있다고 생각하고 있었다. 나는 그의 말에 반박하지 않았다. 대신 일자리를 잃지 않으려면 그가 회사 문화에 적응하도록 도와줄 일종의 통역사가 필요하다고 말했다.

사이먼은 금세 조슈아를 지목했다. 조슈아는 회사 내 공급망의 운영을 책임지는 직원이었다. 나는 조슈아를 만나 단도직입적으로 물었다. "사이먼을 좋아하시죠? 다른 직원들은 사이먼이 회사 문화에 어울리지 않는다고 생각합니다. 안타깝게도 이로 인해 사이먼은 조만간 해고당할 위기에 처해 있고요. 사이먼을 도울 생각이 있나요?"

조슈아는 사이먼이 똑똑한 사람이며, 사람들이 그를 오해하는 경우가 많다고 대답했다. 그러면서 사이먼이 해결해야 할 문제가 있다는 데 동의했다. 게다가 조슈아가 일하는 부서는 사이먼의 기술적 통찰력이 필요한 상황이었다. 이렇게 조슈아는 사이먼의 동반 향상 계획에 참여하게 되었다.

나는 조슈아에게 사이먼이 동료들과 협업할 수 있도록 코치해달라고 부탁했다. 사이먼이 현재 자신감이 많이 떨어진 상태인 만큼 회의에서 해도 될 말과 해서는 안 될 말이 무엇인지를 알려주라고 말했다. 특히 두 사람이 함께 참석하는 회의가 있을 때 사이먼에게 미리 격려의 말을 해주면 좋겠다는 의견도 전했다. 회의가 끝난 뒤에는 사이먼에게 적절한 칭찬을 해주고 진심을 담아 조언해주면 많은 도움이 될 거라고 덧붙였다.

내 말에 조슈아는 인사부도 사이먼을 돕는 일에 함께하면 좋을 것 같다고 의견을 내놓았다. 그러고는 실제로 인사부의 도움을 얻어냈다. 두 사람은 그렇게 사이먼의 성장을 도울 사람들의 수를 늘려 나갔다. 그러자 어느 순간부터 일이 알아서 진행되는 게 보였다. 사이먼은 의심스러운 눈초리를 거두지 않았지만 서로에 대한 존중과 존경심을 가진 사람들이 사이먼을 돕기 위해 노력한 결과였다. 그리고 이에 부응하는 듯 사이먼 역시 조금씩 달라지는 모습을 보이기 시작했다. 그를 싫어하던 사람도 그의 변화를 눈치 챌 정도였다.

오래지 않아 사이먼의 모습은 크게 달려졌다. 자신의 성과를 과시하려 들거나 정이 안 가는 습관까지 완전히 없어진 것은 아니지만 이전에 비하면 훨씬 좋아졌다. 자연스럽게 사이먼을 지지해주는 사람도 늘어났고, 그들은 사이먼의 가치를 알아보기 시작했다.

AJ의 사례와 마찬가지로 조직의 인사부 책임자가 사이먼의 발전에 중요한 역할을 했다. 나는 앞으로 인사부 리더들이 직장에서 동반 향상 운동을 주도하는 데 중요한 역할을 하리라 확신한다. 권위와 상관없이 사람들을 이끄는 일은 매우 중요한 일이다. 강조하건대, 이제는 전통적 조직 체계에 동반 향상이라는 개념을 편입하여 동반 창조로 나아가야 한다.

지속적인 변혁은 오늘날의 비즈니스 세계에서 뉴노멀로 자리 잡았다. 동반 향상 문화는 구글이나 앤세스트리처럼 훌륭한 기업이 변화에 속도를 올리고 그 속도를 유지하는 능력을 뒷받침해준다. 동반 향상은 대단히 혁신적인 기업에서 성공을 끌어내는 요소들과 긴밀하게 맞물려 있다. 따라서 우리의 임무를 지지하고 서로를 지지하는 데 다른 팀원들에게 점점 더 의지할 수 있다. 동반 향상의 규모가 커지면 직장 문화와 일상생활에서의 소속감도 더 커진다. 이것이 바로 새로운 통찰력과 기회를 이용하기 위해서 폭넓게 생각하고 신속하게 결정하는 데 필요한 심리적인 안전감을 키워주는 요소다.

_ 앤세스트리Ancestry의 최고경영자 마고 조지아디스Margo Georgiadis

||| 방법4_ 코치의 수를 계속 늘려라

팀을 개발하다 보면 팀 능력의 향상을 위해 코칭 인력을 추가로 투입해야 하는 경우가 생긴다. 내 경우만 해도 외부 코치들의 도움이 없었더라면 둘째 아이와의 관계를 형성하지 못했을 것이다. 우리는 처음 만났을 때 모든 면에서 서로 멀찍이 떨어져 있었다. 아이는 도시에 살다 온 열두 살 소년이었고, 나는 펜실베이니아의 시골 마을에서 성장해 예일대학교와 하버드 경영대학원을 졸업한 40대 남자였다. 우리는 둘 다 가난하게 자랐지만 나는 가족의 지원을 받았고 아이는 그러지 못했다. 아이의 마음을 움직이고 아이가 발전할 수 있도록 도우려면 나보다 아들과 더 말이 잘 통하는 지원군이 필요했다.

나는 사회복지사들에게 부탁해 위탁 가정에서 자란 청년들의 성공 스토리를 수집했다. 위탁 보호가 끝난 뒤에도 잘 지내는 청년들이 있는지 알고 싶었다. 내가 찾는 사람은 아들과 말이 잘 통할 것 같은 18~20세 사이의 남자아이, 그중에서도 가정 위탁을 거쳐 모범적인 삶을 꾸려나가고 있는 사람이었다.

사회복지사들은 나에게 빅터를 소개해줬다. 빅터는 위탁 가정 출신의

19세 남자아이로, 경찰학교 훈련 프로그램에 참여하고 있었다. 나는 빅터가 나와 아들 사이에서 통역사이자 코치 역할을 해줄 것이란 기대로 그를 고용했다. 빅터는 주말마다 우리와 어울렸고, 내가 아이와 소통하는 모습을 관찰했다. 아이에게 이야기하는 방법, 필요할 때는 야단치는 방법에 관해서도 조언을 해주었다. 아이가 소리를 지르고 짜증을 낼 때 어떻게 반응해야 하는지도 알려줬다.

빅터는 내가 아이를 사랑한다는 것, 그리고 내가 아이 곁에 항상 있을 것이라는 사실을 알려주는 방법에 관해서도 코치해줬다. 빅터 역시 아이와 시간을 보내며 나의 의도와 아이의 행동이 초래할 결과에 관해 이야기해주었다.

나는 아이의 선생님과 축구팀 코치를 집에 초대하여 저녁 식사도 함께했다. 내 아버지도 내가 장학금을 받아 학교에 다니는 불쌍한 아이라고 놀림 당하던 시절에 담임선생님을 집으로 초대했었다.

나는 아이와 공감할 수 있는 엄마 같은 사람도 있었으면 좋겠다고 생각했다. 그래서 선샤인을 우리 집 요리사로 고용했다. 그녀는 바베이도스 출신의 따뜻하고 활기 넘치는 여성이었다. 사실 요리사가 딱히 필요하지는 않았지만, 아이를 키우는 데 도움이 필요할 것 같아 결정했다. 선샤인도 어렸을 때 위탁 가정에서 자랐기 때문에 누구보다 내 사정을 잘 이해해주었다.

앞에서 언급한 랩 코치도 고용했다. 나는 아이가 자신감 있는 사람으로 성장하게 하고 싶었다. 이를 위해 아이의 학교 친구들도 코치로 동원했다. 휴가철이면 아이의 친구들을 초대해 우리 집을 아이들이 어울릴 수 있는 즐거운 장소로 쓰이게 했다.

이런 동반 향상 관계를 통해 아이를 도와줄 팀이 탄생했다. 이 팀의 일원들은 모두 아이를 지지하고, 아이가 스스로 자신의 일을 선택할 수 있도록 도우려는 사람들이었다. 아이와 감정적으로 교감하려는 나의 노력에 다른 사람들의 마음까지 더해져 아이의 행복과 발전을 열성적으로 응원해주는 사람들이 생긴 것이다. 아이의 발전을 위해 이런 식으로 팀을 확장한 결과 아이는 자연스럽게 그들과 동반 향상하기 시작했다.

||| 방법5_ 티핑 포인트를 만들어라

어쩌면 당신은 동반 향상을 함께할 첫 파트너가 누구인지 알고 있을지도 모른다. 이미 그와 탄탄한 동반 향상 관계를 형성하고 있을 수도 있다. 팀원들의 투과성을 높이는 일, 그들을 돕고 아끼고 그들에게 당신에 관한 이야기를 들려주는 일이 얼마나 중요한지는 더 이상 말하지 않아도 알 것이다.

AJ를 처음 만났을 때 나는 동반 향상하는 작은 규모의 핵심 집단만 있어도 촬영장에 동반 향상 분위기를 전파할 수 있으리라고 확신했다. 그런 성공 사례를 이전에도 많이 접했고, 페라지 그린라이트에서도 여러 번 경험했기 때문이다. GM의 사례에서도 1천 명에 달하는 영업 지부장 가운데 200명 정도가 새로운 트러스티드 어드바이저 영업 모델을 도입하겠다고 신청했지만 실제로 도전에 응한 것은 50명 정도에 불과했다. 하지만 결과적으로는 그 50명이 엄청난 변화를 불러일으켰다. 그들은 작은 규모의 동반 향상 팀을 스스로 조직했다. 그리고 새로운 해결책을 동반 창조하고, 서로를 지지하고 코치했다. 각자 맡은 딜러들과 동반 향상하면서 서로의 성과를 축하해주기도 했다. 그렇게 그들은 동반 향상을 전파하고 긴밀한 유대감을 자랑하는 스타 집단이 되었다.

이후 트러스티드 어드바이저 프로그램의 참여율은 폭발적으로 증가했다. 30%에 달하는 지부장이 참여하면서 동반 향상 프로젝트는 티핑 포인트를 맞이했다.

직장에서 동반 향상 챌린지를 시작할 때 구체적인 목표가 필요하다면 30%라는 숫자를 기준으로 삼길 권한다. 당신이 참여하는 각각의 프로젝트를 위한 RAP을 마련하면서 명단에 있는 이름 가운데 5%에 집중하라. 그 5%를 동원해서 당신과 동반 향상할 수 있는 사람을 30%까지 끌어올리면 된다.

힘을 합쳐 동반 향상으로 함께 나아갈 팀원들을 계속해서 초대하라. 그러면 머지않아 당신과 같은 언어를 사용하고 권위와 상관없이 사람들을 이끄는 팀원들이 생길 것이다. 처음에 당신의 제안을 완곡하게 거부했던 사람일지라도 포기하지 마라. 그중에 내가 '사울Saul에서 바울Paul이 된 경우'라고 부르는 사람이 있을지도 모른다. 신약성서에 보면 타르수스에 살던 사울은 기독교인을 박해하는 것으로 악명 높은 인물이었다. 그러던 어느 날 다마스쿠스로 가던 중 천국에서 내려온 목소리와 환영에 힘입어 개종을 하게 된다. 그는 사울에서 바울로 이름을 바꾸고, 예수의 열두 제자 중 한 명이 된다. 바울은 결국 초기 교회의 열렬한 전도사가 된다.

우리는 아무도 해본 적 없는 일을 선도하고 있다. 그런 일을 해내려면 끊임없이 창의력을 발휘하고 혁신해야 한다. 우리 팀은 생물학, 화학, 식품공학, 자동화 기술, 공공 봉사 교육 등 다양한 분야의 전문가들로 구성되어 있다. 따라서 우리는 '실천하는 몽상가들'이라는 하나의 팀으로 똘똘 뭉쳐야 한다. 동반 향상을 통해 지식을 공유하고, 서로 기운을 북돋아 주고, 해결책이 분명하지 않은 문제를 해결할 수 있도록 서로 지지해준다.

_ 멤피스 미츠Memphis Meats의 최고경영자 우마 발레티Uma Valeti

다 함께 더 높은 곳으로

드라마가 이어질 것이라는 소식을 AJ가 들은 지 얼마 안 됐을 때 나는 AJ, 웬디, 미겔과 마지막으로 만났다. 드라마의 다음 시즌을 위한 준비가 막 시작되던 참이었다. 나는 웬디와 미겔에게 특별히 부탁했다. "두 분 모두 AJ와 계속해서 발전하고 성장하는 관계를 유지하겠다고 약속해주셨으면 좋겠습니다. 만일 AJ가 자기주장만 내세운다면 두 분이 개입해서서 다른 사람들의 반응과 피드백을 받아들이도록 도와주셔야 합니다."

나는 그들에게 촬영장의 분위기가 좋지 않은 상태에서 AJ가 이 임무를 시작하게 됐다는 점을 상기시켰다. 따라서 이들 셋은 서로에게 약속한 듯 모범적인 모습을 보여야 했다. 그들은 촬영장에 있는 모든 사람이 근무 환경이 달라졌다고 느낄 때까지 동반 향상 팀원을 계속해서 영입해야 했다. 만일 어느 시점에서든 스태프나 배우 중에서 서로에게 약속한 내용을 충실히 이행하지 못하는 경우가 생기면, 즉 다른 사람을 탓하거나 비난하는 사람이 생기면 그 사람의 감정을 통제할 책임이 세 사람에게 있었다.

"여러분은 서로를 코치해야 합니다. 하지만 이것이 전부가 아닙니다. 다른 사람들을 진심으로 '아껴야' 합니다. 다른 사람들을 축하해주고, 우리가 살핀 동반 향상 원칙을 전부 실천해야 합니다. 당신들은 드라마 팀의 동반 향상 코치입니다. 이것이 여러분의 새로운 임무입니다."

그리고 몇 주 지나지 않아 나는 드라마 촬영장의 분위기가 눈에 띄게 달라졌다는 소식을 들었다. AJ, 미겔, 웬디는 계속해서 새로운 팀원들을 영입했고, 생각지 못한 사람들까지 여럿 합류시켰다.

일 년쯤 지났을까. 나는 드라마의 스태프 중 한 명에게 긴 문자 메시지를 받았다. 직접 만나본 적 없는 사람이었다. 그는 AJ, 미겔, 웬디가 나와 저녁 식사를 하고 나서 처음으로 영입한 사람 중 한 명이었다. 당시만 하더라도 드라마의 존폐가 불투명한 상황이었다. 스태프가 보내준 메시지는 다음과 같았다.

작년부터 지금까지 이곳의 달라진 에너지를 매일 느끼고 있습니다. 동료애와 협업 정신은 당연하고, 모두가 서로를 진심으로 돕고 싶어 합니다.

AJ에게 제 아들의 야구 코치에 관한 이야기를 들려줬습니다. 코치는 아이들에게 하나의 팀으로 똘똘 뭉치면 다른 팀이 절대로 이기지 못할 것이라고 했습니다. 저희 드라마 팀도 그에 못지않게 손발이 잘 맞는다고 느낍니다. 저희는 온 마음을 다해서 촬영에 진지하게 임하고 있습니다.

이런 일이 일어날 것이라고는 예상하지 못했습니다. 하지만 저희는 계속해서 더 가까워지고 있습니다. 모든 사람이 서로를 정말 열심히 도와주고 모두가 잘되기를 바라고 있습니다.

이후 나는 방송에서 그 드라마의 두 번째 시즌을 시청했고, 촬영장 분위기가 달라진 덕분인지 드라마는 최고 시청률을 기록했다. AJ는 한바탕 난리를 겪으며 변화를 주도하는 사람으로 거듭났다.

임무를 완수하고 문화를 바꾸는 동반 향상 팀을 꾸리는 것은 당신의 몫이다. 다시 한번 강조하건대, 처음에는 당신이 힘든 일을 맡아야 한다. 팀원들을 조금씩 끌어들이고, 그들과 임무를 공유하는 것이야말로 모두가 더 높은 곳으로 향하는 방법이며, 이때가 바로 우리 모두가 능력의 10배에 달하는 성과를 올리고 목표의 10배에 달하는 결과를 얻을 수 있는 순간이다. 그때가 되면 팀의 동반 향상 챌린지에 불이 붙고, 그것이 티핑 포인트로 작용하여 동반 향상 챌린지가 문화를 바꿀 힘을 얻을 것이다.

동반 향상 계약서

여러 연구에 따르면 목표와 관련한 계약서를 쓸 때 목표를 달성할 확률이 훨씬 높아진다고 한다. 내가 AJ와 새로운 행동 수칙을 정할 때 사용한 방법이기도 하다. 그들은 TV 드라마 촬영장의 환경을 바꾸겠다는 공통의 목표가 있었다. 새로운 행동 수칙을 정할 때 참고할 수 있는 동반 향상 계약서의 예시를 소개한다.

1) 임무와 서로의 성공에 전념하기

: 우리는 서로를 내버려두지 않고 반드시 성공하도록 최선을 다해 도울 것이다. 우리는 공통의 임무를 달성하기 위해 함께 일하면서 서로의 능력을 향상시킬 것이다.

2) 협업하기

: 우리는 자신의 아이디어를 일방적으로 이해시키려 하거나 억지로 합의에 도달하지 않도록 할 것이다. 다른 사람의 생각에 이의를 제기할 때는 존중하는 마음을 담을 것이고, 더 나은 결과를 얻기 위해 임무에 관한 솔직한 피드백을 제공할 것이다.

3) 능력 개발하기

: 우리는 실적 개선을 위해 서로의 능력을 개발하는 일을 성실히 도울 것이다. 우리의 성장을 위해 상대방에게 솔직한 피드백을 제공할 것이다.

4) 진실 말하기

: 우리는 임무와 서로를 위해 진실을 말할 것이다. 필요할 때는 상대방에게 솔직한 피드백을 제공할 것이다. 우리는 서로의 성공에 신경을 쓰는 만큼 기쁜 마음으로 솔직한 조언을 주고받을 것이다.

5) 피해 의식 갖지 않기

: 그 어떤 것도 우리가 불러오는 변화를 방해하지 못할 것이다. 우리는 과거에서 벗어날 것이고, 피해 의식에 사로잡힌 언어는 용납하지 않을 것이다. 누군가가 피해자의 사고방식에 빠졌거나 피해자처럼 말하면 서로 알려줄 것이다.

6) 자신의 행동부터 돌아보기

: 상대방이 답답하게 느껴질 때 우리는 우리의 행동을 먼저 바꿀 방법을 찾아볼 것이다. 다른 사람을 비난하고 탓하기 전에 "내가 한 역할은 무엇일까?"라고 자문할 것이다.

7) 상대방을 돕고 아끼는 데 투자하기

: 우리는 관계 강화 및 심리적 안전감 형성을 위해 서로를 돕고 우리에 관한 이야기를 공유할 것이다.

8) 축하하기

: 우리는 서로의 성과와 팀의 승리를 축하하고 칭찬할 것이다.

오래된 업무 규칙

: 비협조적이고, 함께 일하기 어렵고, 실적을 충분히 올리지 못하는 동료는 피하거나 단념했다.

새로운 업무 규칙

: 팀원 한 명이 임무에 방해가 될 때 그 팀원과 동반 향상하고 그의 실적이 개선되도록 동료들이 도와야 한다.

8장
여덟 번째 규칙

더 멀리, 더 높이
함께하라

Join the movement

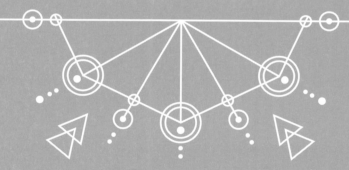

파타고니아에는 단순히 문화가 있는 것이 아니라 운동이 있다. 직원들이 공통의 가치를 굳게 믿는 것은 기업이 누릴 수 있는 가장 강력한 차별점 가운데 하나다. 직원들은 사내에서만 가치에 따라 행동하는 것이 아니라 전 세계에 그것을 전파한다. 우리의 경우에는 고객이 운동에 동참해주고, 우리와 동반 활동해주고, 우리만큼이나 사람들을 자주 이끈다. 우리는 즐거운 동반 향상 공동체다. 이는 지구를 살리려는 임무를 위해 우리의 직원과 고객이 더 많은 일을 하겠다는 신념에서도 드러나고, 우리의 성과에서도 드러난다.

_파타고니아Patagonia의 최고인사책임자 딘 카터Dean Carter

더 멀리, 더 높이 함께하라

내가 이 책을 쓴 궁극적인 목적은 당신을 동반 향상 챌린지에 동참시키기 위해서다. 이 챌린지를 통해 당신과 당신 주변에 있는 사람들의 인생이 측정 가능한 방식으로 나아지기를 바란다. 이 책에 실린 간단한 방법들은 실질적인 변화를 불러올 수 있는 힘을 지니고 있다. 당신의 팀은 물론 당신과 관련된 모든 조직, 더 나아가서는 전 세계적으로 엄청난 변화를 일으킬 수 있는 힘이다.

나는 동반 향상이 세계적인 추세가 될 것이라고 믿는다. 위계질서의 영향력은 하루가 다르게 약해지고 있는 반면 동반 향상의 중요성은 나날이 커지고 있기 때문이다. 여기에 권위와 상관없이 리더가 된 사람들의 마음이 더해져 동반 향상은 앞으로 대세가 될 것이다. 나아가 동반 향상은 직장에서뿐만 아니라 그 너머에서도 우리에게 많은 도움을 줄 것이다.

동반 향상의 효과를 상상하기 어려울 수도 있다. 하지만 오늘날의 세계는 과거에 있었던 변화에 대한 열망으로 만들어졌다. 모든 변화는 새로운 바람을 목격한 헌신적인 신봉자들로 구성된 작은 집단에서 시작됐다. 종종 나는 전설적인 인류학자 마거릿 미드Margaret Mead의 명언을 떠올린다. "사려 깊고 헌신적인 시민들로 이루어진 작은 집단이 세상을 바꿀 수 있다는 사실을 절대로 의심하지 마라. 그 집단이야말로 세상을 바꾼 유일한 사람들이다."

우리가 기억하는 모든 역사적인 변화는 이렇게 시작되었다. 처음엔 아무것도 바꾸지 못할 것처럼 보였지만 결국엔 많은 것을 바꿨다. 새로운 아이디어의 힘을 경험한 사람들은 그것을 주변 사람들에게 전했고, 그것은 하나의 운동이 되어 퍼졌고, 마침내 사회가 이를 수용하면서 아이디어는 뉴노멀로 자리 잡았다.

나는 동반 향상도 이와 비슷한 길을 걸으리라고 예상한다. 동반 향상의 마법을 경험한 사람들은 동반 향상의 메시지를 널리 전파할 것이다. 다른 사람들을 돕고, 아끼고, 우리에 관한 이야기를 공유하는 동반 향상은 많은 이들에게 전염될 것이다. 사람들이 새로운 것을 믿는 데 걸리는 시간은 꽤 길지만 새로운 환경에 적응하는 데 걸리는 시간은 상대적으로 짧다. 동반 향상의 가치를 동료들에게 드러내 보이면 머지않아 그들도 예상을 넘어서는 결과를 불러오는 동반 향상의 커다란 힘을 목격하게 될 것이다.

나는 가톨릭교의 교리를 믿으면서 성장했다. 이제는 동반 향상을 통해 선한 사람, 겸손한 사람, 일을 확실하게 처리하는 사람, 떠나고 나서 발자취를 남기는 사람으로 사는 것의 의미를 찾고 있다. 내 아이들과 가족, 지역사회, 그리고 직장 동료들이 내가 그들과 동반 향상하기로 선택한 덕에 긍정적인 영향을 받았기를, 지금도 받고 있기를 바란다.

이 책은 지금까지 단 한 사람, 즉 당신에게만 초점을 맞췄다. 주로 직장에서 당신의 행동을 바꾸고, 당신 주위에 있는 사람들을 향상시켜 더 큰 성공의 길로 나아가게 하는 데 초점을 맞췄다. 하지만 나는 당신이 여기서 멈추기를 바라지 않는다. 당신은 이제 밖으로 나가 다른 사람들에게 동반 향상을 가르치고, 그 사람들로 하여금 이 챌린지에 동참하게 해야 한다. 이를 통해 당신이 할 수 있는 가장 큰 변화를 불러오길 바란다.

나는 내가 사랑하고 아끼는 사람들과 더 깊은 관계를 형성하기 위해 동반 향상에 관한 이야기를 많이 들려준다. 함께 일하는 사람들에게는 직장 밖에서도 동반 향상의 언어를 사용해야 한다고 말한다. 심지어 내 지인 중에는 동반 향상을 연인을 구하는 기준으로 삼는 사람도 있다. "저에게 가장 중요한 인간관계가 동반 향상에 미치지 못한다는 것은 용납할 수 없습니다. 저는 제 인생에 속해 있는 사람들을 향상시키고 싶어요. 솔직히 말하면 그분들도 저를 위해 그렇게 해주셨으면 좋겠습니다."

2019년에 나는 결혼식 주례를 서 달라는 부탁을 두 번이나 받았다. 두 쌍 모두 동반 향상의 원칙을 결혼 서약에 담길 원했기 때문이다. 식을 올리는 동안 그들은 가족과 친구들 앞에서 자신들이 행동에 책임질 수 있도록 지켜봐달라고 부탁했고, 함께 더 높이 올라가자고 했다. 그렇게 평생 동반 향상하겠다는 다짐을 사람들 앞에서 약속해 보였다.

나는 어떤 일을 하든 동반 향상을 떠올린다. 동반 향상은 나를 인도해 주는 북극성 같은 존재다. 내가 궤도에서 벗어날 때도 말이다. 나는 강연을 할 때마다 동반 향상을 리더십과 영업 능력을 키워주는 과학이라고 소개한다. 그리고 동반 향상을 그 현장에 투입하려고 노력한다.

내 평생의 임무는 우리가 낯선 사람들로 가득한 방에 들어갔을 때 잡담 없이 마음속 깊은 이야기를 바로 시작해도 아무렇지 않은 세상을 만드는 것이다. 나는 우리 모두가 서로를 돕고 아끼고 자신에 관한 이야기를 솔직하게 공유할 수 있는 세상이 오길 바란다. 어떻게 해야 서로를 가장 잘 도울 수 있는지, 변화를 위한 임무를 효율적으로 실천할 수 있는지 모든 사람이 배우길 바란다.

아버지가 돌아가시고 난 뒤 어머니는 교회의 애도 모임에 참석하는 사람들과 동반 향상하면서 큰 위로를 받으셨다. 그분들은 한 달에 한 번씩 만나서 즐거운 대화를 나누는 것을 넘어 가장 강력한 방법으로 서로를 응원했다.

미래의 기업은 동반 향상과 민첩성에 의해 정의될 것이다. 유연하고 역동적인 팀들은 새로운 분야에 대한 개척과 혁신을 위해 속도를 높일 것이다. '팀'과 '리더십'의 정의가 확장되면서 동반 향상은 점점 더 성공의 핵심 요인이 될 것이다. 업무, 그리고 생활방식이 디지털로 전환되는 이 시기, 모든 리더들은 이를 받아들여야 한다.

_ 브이엠웨어VMware의 최고경영자 팻 겔싱어Pat Gelsinger

나는 다양성이라는 가치가 인정받는 세상에서 살고 싶다. 다양한 관점을 가진 사람들과 동반 창조하면 결국엔 가장 강력한 해결책을 찾을 수 있는 세상에서 살고 싶다. 아울러 다른 사람들과 솔직한 피드백을 주고받는 것이 보편적인 일상이 되었으면 좋겠다. 갈등 회피, 선의의 거짓말, 예의상 하는 거짓말이 설 자리는 더 이상 없었으면 좋겠다. 알량한 자존심과 반쪽짜리 진실이 설 자리도 이제는 없었으면 좋겠다.

나아가 나는 이 책이 동반 향상에 관한 새로운 생각을 불러일으키길 바란다. 학교, 교사, 부모가 동반 향상을 이용해 아이들을 가르치는 모습을 상상해보라. 아이들이 살아갈 미래에는 동반 향상이 그 어떤 능력보다 우선시될 것이다. 자선단체와 비영리 조직에는 이런 변화가 누구보다 절실할지도 모른다. 위계질서에 바탕한 낡아빠진 사고방식에 매달려 있을 시간이 없다.

나는 자선 단체에서 일하는 고객에게 무료 코칭을 지원하고 있다. 얼마나 놀라운 변화가 나타나는지 직접 목격했기 때문이다. 또한 나는 개인적으로 '그린라이트 기빙' 재단을 운영하고 있다. 우리 재단은 가정 위탁 보호 시스템을 개혁하는 것을 넘어 집과 부모가 없는 전 세계 1억 5천만 명 아이들의 생명을 살리는 일에 힘쓰고 있다. 이 일에 집중하다 보니 아동 학대에 맞서 일하는 비영리 조직들에 동반 향상을 소개할 기회가 생겼다. 우리는 모금 활동을 통해 10x의 결과를 얻는 것을 목표로 동반 향상 원칙을 이용해 핵심 기부자의 수를 늘리기도 했다.

세계은행그룹에서도 각 지점과 지역 정부, 그리고 다른 비정부기구들과 힘을 합쳐 동반 향상 운동을 전개했다. 빈곤 퇴치를 목표로 장기 자금 조달액을 수십억 달러에서 수조 달러로 늘린 것이다. 동반 향상 팀들은 저녁 식사, 학습 모임, 훈련 캠프 등을 통해 더 높은 목표를 설정하고 능력을 키웠다. 이제 세계은행그룹의 목표는 빈곤 퇴치에 배정한 총 자금의 10배에 달하는 금액을 마련하는 것이다.

나는 미국 상원 의원들을 비롯해 다른 국회의원들과도 일하고 있다. 정책에 대한 의견은 조금씩 다르지만 공통의 목표를 위해 노력하고 있다. 이런 일들은 분열된 상태에서는 절대로 해결할 수 없다. 기후 변화, 환경 파괴, 인구 이동, 편견과 같은 문제들이 그들을 기다리고 있다. 나는 동반 향상 챌린지가 서로 다른 생각을 가진 정치인들의 투과성을 높여 주리라고 생각한다. 이들은 오래되고, 고립되고, 파괴적인 사고방식에서 벗어나 이들 문제를 해결할 새롭고 강력한 방법을 동반 창조해낼 것이다.

비즈니스 세계는 통제와 위계질서에 의존하기에는 너무 빠른 변화가 나타나고 있다. 그렇게 해서는 경쟁에 이길 수 없다. 동반 향상은 팀원들이 파트너십을 통해 협업하는 방법을 배우는 길이다. 이런 파트너십 덕에 팀이 함께 성장하고 시장의 극심한 압력을 이겨낼 수 있다.

_ 판당고Fandango의 최고경영자 폴 야노버Paul Yanover

나의 꿈은 이 책을 읽는 당신과 다른 모든 사람이 동반 향상을 일상, 그리고 사회 활동에 편입시키는 것이다. 이제 당신도 당신이 가장 소중히 여기는 공간에서 동반 향상 코치로 활동할 수 있다. 당신의 개인적인 이야기는 동반 향상 운동의 연료이며, 다른 사람에게 전해지고 축하

받아 마땅하다. 이 책에 실린 내용을 당신의 인생에 적용해서 어떤 결과를 얻었는지 나에게 알려주길 바란다. 이 책이 당신에게 긍정적인 영향을 미쳤는가? 그렇다면 당신이 나에게 줄 수 있는 최고의 선물은 당신의 이야기를 들려주는 것이다. 내 메일 kf@ferrazzigreenlight.com은 언제나 열려 있다. 그러면 우리는 당신의 이야기를 공유하고, 함께 더 높이 올라갈 수 있도록 다른 사람들에게 영감을 불어넣을 방법을 동반 창조할 것이다.

이것은 시작에 불과하다. 우리는 이제부터 더 나은 세상을 만들기 위해 더 노력할 것이다. 상상하는 것 이상으로 더 기쁘고 큰 변화가 나타날 것이다.

코스를 가장 먼저 걷는 사람

내가 아직 학생이었을 때 아버지께서는 직장에서 해고당하셨다. 생계에 보탬이 되기 위해 집 근처 골프장에서 캐디로 일했다. 아버지께서는 골프에 관해 아무것도 모르셨지만, 나에게 이런 조언을 해주셨다. "매일 30분씩 일찍 나가렴."

아버지의 말을 이해하지 못했지만, 나는 매일 30분씩 일찍 나갔다. 처음에는 일찍 나가 사람들을 기다리는 게 쉽지 않았다. 며칠 뒤, 나는 남는 시간에 골프 코스를 걸어보기로 했다. 그린의 속도를 테스트했고, 세부 사항들을 알아차렸다. 잔디를 깎고 난 뒤엔 잔디가 어느 쪽으로 눕는지, 어떤 경사면이 페어웨이에서 볼 때보다 가파른지, 핀을 어디에 꽂으면 코스가 어려워지는지 등이 눈에 들어왔다. 그렇게 매일 30분씩 일찍 나가 걸었더니 코스에 대한 나만의 감이 생겼다. 나는 나와 함께하는 골퍼들이 타수를 줄이도록 도와줬고, 덕분에 팁도 더 많이 받았다. 다른 골퍼들이 나를 캐디로 요청하면서 나는 곧 인기 있는 캐디가 되었다. 결국 나는 클럽에서 주는 올해의 캐디상을 수상했고, 덕분에 그해에 골프계의 전설로 불리는 아놀드 파머Arnold Palmer의 캐디로 활약하는 영광을 누리기도 했다.

아버지가 해주신 조언을 이제는 당신에게 전달하려고 한다. 당신은 이 책을 읽으면서 다른 사람들보다 동반 향상의 길목에 일찍 도착했다. 그런 만큼 이 시간을 알차게 이용하기 바란다. 이 책을 손이 쉽게 닿는 곳에 두고 자주 참고하길 바란다. 이 책에 소개된 여러 가지 방법을 실천해보고, 새로운 업무 규칙을 당신이 하는 모든 일에 적용해보라.

지금이 바로 당신이 동반 향상하고 권위와 상관없이 사람들을 이끄는 데 특별한 감을 키울 때다. 팀원들을 코치하고 그들과 동반 개발하고 축하하면서 어떤 방법이 팀원들에게 가장 효과가 좋은지에 관한 당신만의 통찰력을 얻기 바란다.

언젠가 권위와 상관없이 사람들을 이끄는 일, 그리고 동반 향상이 직장생활의 필수 능력으로 인정받는 날이 오면 당신도 30분 일찍 출근한 골프 캐디처럼 될 것이다. 당신은 코스를 이미 여러 번 걸어봤을 것이고, 그런 만큼 앞으로 다가올 도전을 감당할 준비가 완벽하게 됐을 것이다.

감사의 글

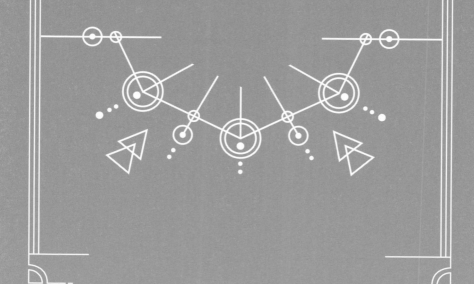

감사의 글

이 책에 실린 여러 가지 실천 방법과 해결책은 최근 몇 년 동안 페라지 그린라이트에서 함께 일한 수백 명의 간부와 그들이 속한 팀 덕에 얻은 보물이다. 많은 분들이 이 책의 탄생을 도와주셨는데, 지면상 전부 언급하지 못하는 것이 애석할 따름이다. 동반 향상 파트너로서 그분들에게 진심으로 감사드린다.

프로젝트를 진행한 순서에 따라 고마운 분들을 나열하려고 한다. 이 분들 외에도 정말 많은 분들이 도와주셨다는 것을 다시 한 번 강조하고 싶다. 링컨 파이낸셜Lincoln Financial의 리사 버킹엄, 톰슨 로이터Thomson Reuters에서 처음 만난 데빈 위니그와 존 리드 도딕, 이베이ebay의 크리스틴 예토, 제너럴 모터스GM의 마크 로이스, 히타치 데이터 시스템즈Hitachi Data Systems의 잭 돔과 스콧 켈리, 에이오엘AOL의 짐

노턴, 바스프BASF의 스테판 벡과 로버트 블랙번, 테라데이타Teradata의 리사 아서, 리갈쉴드Regal Shield의 제프 벨, 유니레버Unilever의 마이크 클레멘티, 버라이즌Verizon의 타미 어윈, 조지 피셔, 다이앤 브라운, 아네트 로우더, 마사 델레한티, 스콧 러너, 세계은행의 짐 킴, 플렉스Flex에서 처음 만난 마이크 데니슨, 파슨스Parsons의 척 해링턴, 캐리 스미스, 데브라 피오리, 디엔비DnB에서 처음 만난 밥 캐리건과 조쉬 페이레즈, 아메리칸 패밀리American Family의 텔리사 엔시, 인베스트 에이지Invest AG의 세르게이 영, 호라이즌 테라퓨틱스Horizon Therapeutics에서 처음 만난 샤오 리 린, 메릴 린치Merrill Lynch의 앤디 시그와 스티브 새뮤얼스, 델타Delta의 길 웨스트, 엑스프라이즈XPRIZE의 아누셰흐 안사리, 워크프론트Workfront의 하이디 멜린, 브이엠웨어VMware의 팻 겔싱어, 산제이 푸넨, 벳시 서터, 자신들의 포부를 통해 나에게 영감을 불어 넣어준 애플랙Aflac의 버질 밀러, 제이미 리, 리치 길버트, 권위와 상관없이 사람들을 이끌 수 있게 돕는 소프트웨어를 개발하는 싱귤래리티 대학교, 아이피피IPP, 하이그라운드HighGround, 멘토클라우드MentorCloud, 코너스톤Cornerstone, 글로보포스Globoforce, 워크데이Workday의 팀들, 요이Yoi에서 일하는 내 투자자와 지원자들, 배리언트Variant의 개릿 거슨은 권위와 상관없이 사람들을 이끄는 일의 원칙이 창업 초기의 신생 기업에도 적용될 수 있다는 사실을 내가 알아차리도록 도와주었다. 권위와 상관없이 사람들을 이끄는 최고마케팅책임자들로 구성된 글로벌 커뮤니티를 만드는 데 함께해준 제네시스Genesys 팀에도 감사드린다. 또 권위와 상관없이 사람들을 이끄는 일이 신뢰를 쌓는 데 도움이 된다는 연구를 함께해준 에델만Edelman 팀에게도 감사드린다. 미래의 노동력에 관한 콘퍼런스를 만드는 일을 함께한 캐시 맨다토, CIO들이 권위와 상관없이 사람들을 이끌 필요성을 알아차린 델Dell의 어맨다 호지스, 우리가 동반 향상을 널리 전파할 수 있도록 플랫폼을 제공한 마인드밸리MindValley의 비셴 라키아니, 수년 전 나에게 최고마케팅책임자의 많은 역할을 알려준 월드50World 50의 데이비드 윌키에게도 감사하다. 나는 월드50과 거기 있는 친구들 덕에 지금도 계속해서 배우고 성장하고 있다.

이 책은 또한 내가 사고의 리더십thought leadership 파트너라고 여기는 수많은 사람과 수 년 동안 나눈 대화의 산물이기도 하다. 그중에는 절친한 친구 피터 디아만디스, 내 코치인 션 맥팔랜드, 그리고 모리 셰흐트만, 애덤 그랜트, 짐 콜린스, 킴 스콧, 브레네 브라운, 에이미 에드먼슨과 같은 동료 작가이자 친구들도 있다.

우리 팀원들에게도 감사를 드려야겠다. 내가 리더로서 발전하려고 떠난 이 롤러코스터 같은 여정을 함께해주시는 분들이다. 그중에는 초창기에 나에게 많은 가르침을 주신 상사와 멘토들도 있다. 페라지 그린라이트의 이사진으로 활동하고 있는 그레그 실, 내가 동반 향상을 제대로 이해하지 못했을 때부터 이끌어준 짐 해넌, 외부 고문이자 친구인 레이 갤로, 피에르 올리비에 가르신, 에릭 풀리에가 그들이다. 우리 팀원들은 내가 이 책에 실린 리더가 되기 위해 최선을 다해 성장하는 모습을 곁에서 지켜봐 주고 있다.

나는 이 책의 원고를 2014년부터 쓰기 시작했다. 오랜 시간 내가 아이디어를 발전시킬 수 있도록 도와준 작가분들께도 감사드린다. 탈 라즈,

애니 브룬호즐, 어맨다 아이베이, 데니스 닐, 갤리 크로넨버그 같은 분들이다. 이 책에 실린 내용은 대부분 자진해서 테스트 리더가 되어준 수많은 친구들 덕에 다듬어졌다.

이 책에 사려 깊은 말씀을 신도록 허락해주신 권위 '있는' 리더들에게도 감사 인사를 전한다. 추가 원고 작성을 도와준 타깃Target의 토니 텔스차우와 닉 내도, 그리고 메릴 린치의 제리 돔브라우스키, 감사해요.

에비타스 크레이티브 매니지먼트Aevitas Creative Management에서 일하는 내 출판 에이전트 에스먼드 함스워스도 빼놓을 수 없다. 그분은 처음부터 끝까지 나를 지지하고 조언을 제공해주었다. 원고를 완성할 수 있게 도와준 나의 글쓰기 파트너 노엘 웨이리치에게도 감사드린다. 랜덤 하우스Random House의 탈리아 크론과 그녀가 이끄는 팀 역시 출판 과정 내내 나를 도와주었다.

크라운 퍼블리싱 그룹Crown Publishing Group의 주필이었던 로저 숄에게도 특별한 마음을 전한다. 그분은 이 책의 원고를 편집의 장인답게 손보고 난 뒤 바로 은퇴하셨다. 로저는 2003년에 내 인생을 바꿔주신 분이기도 하다. 그분은 한 잡지에 실린 내 인터뷰를 보고 나에게 전화를 걸어와 책을 써보자고 제안했다. 그 책이 바로《혼자 밥 먹지 마라》였고 나중에 〈뉴욕타임스〉 베스트셀러가 되었다. 첫 책을 쓴 것은 인생이 완전히 달라지는 경험이었고, 그 덕에 나와 페라지 그린라이트는 전 세계적으로 수많은 사람들을 도울 계기를 마련했다. 조금 더 보태면, 오늘의 나를 만들어준 것이 바로《혼자 밥 먹지 마라》였다. 지난 16년 동안 동반 향상 파트너가 되어준 로저에게 깊이 감사드린다.

마지막으로, 페라지 그린라이트를 통해 우리와 함께 일해준 전 세계 수십만 명의 동료들에게도 감사 인사를 전한다. 함께 일할 수 있어서 더없는 영광이었다. 그중 몇 분의 이야기는 이 책에 실었다. 위기에 대처하고, 배우고, 성장하고, 더 나은 리더가 되기 위해 노력하는 그들의 열정과 투지에도 박수를 보낸다. 나는 우리 모두가 동반 향상하고 함께 더 높은 곳으로 올라갈 수 있을 것이라 믿으며, 동시에 그분들이 세상을 더 밝힐 것이라 확신한다.

요즘 세대와
원 팀으로 일하는 법

초판 1쇄	발행일	2022년 12월 20일			
초판 2쇄	발행일	2023년 1월 2일			

지은이   키이스 페라지
펴낸이   유성권
옮긴이   황선영

편집장	양선우				
기획	정지현	책임편집	윤경선	편집	신혜진 임용옥
홍보	윤소담 박채원	디자인	박정실		
마케팅	김선우 강성 최성환 박혜민 김단희				
제작	장재균	물류	김성훈 강동훈		

펴낸곳   ㈜이퍼블릭
출판등록   1970년 7월 28일, 제1-170호
주소   서울시 양천구 목동서로 211 범문빌딩 (07995)
대표전화   02-2653-5131 | 팩스 02-2653-2455
전자 우편   milestone@epublic.co.kr
포스트   post.naver.com/milestone

- 이 책은 저작권법으로 보호받는 저작물이므로 무단 전재와 복제를 금지하며, 이 책 내용의 전부 또는 일부를 이용하려면 반드시 저작권자와 ㈜이퍼블릭의 서면 동의를 받아야 합니다.
- 잘못된 책은 구입처에서 교환해 드립니다.
- 책값과 ISBN은 뒤표지에 있습니다.

마일스톤 은 ㈜이퍼블릭의 경제경영·자기계발·인문교양 브랜드입니다.